献身祖国大农业

戴松恩 传

谭光万 祁葆滋 刘旭 ◎著

中国科学院院士传记丛书
科学家学术成长资料采集工程

1907年	1936年	1947年	1955年	1960年	1987年
出生于江苏常熟	获美国康奈尔大学博士学位	任中央农业实验所北平农事试验场场长	选聘为中国科学院院士（学部委员）	任中国农业科学院副秘书长	逝世于北京

老科学家学术成长资料采集工程
中国科学院院士传记丛书

献身祖国大农业

戴松恩 传

谭光万 祁葆滋 刘 旭 ◎ 著

中国科学技术出版社
·北京·

图书在版编目（CIP）数据

献身祖国大农业：戴松恩传 / 谭光万，祁葆滋，刘旭著 . —北京：中国科学技术出版社，2023.2

（老科学家学术成长资料采集工程丛书 . 中国科学院院士传记丛书）

ISBN 978-7-5236-0036-8

Ⅰ.①献… Ⅱ.①谭… ②祁… ③刘… Ⅲ.①戴松恩 – 传记 Ⅳ.① K826.3

中国版本图书馆 CIP 数据核字（2023）第 036083 号

责任编辑	余　君
责任校对	焦　宁
责任印制	李晓霖
版式设计	中文天地

出　　版	中国科学技术出版社
发　　行	中国科学技术出版社有限公司发行部
地　　址	北京市海淀区中关村南大街 16 号
邮　　编	100081
发行电话	010-62173865
传　　真	010-62173081
网　　址	http://www.cspbooks.com.cn
开　　本	787mm×1092mm　1/16
字　　数	230 千字
印　　张	14.5
彩　　插	2
版　　次	2023 年 2 月第 1 版
印　　次	2023 年 2 月第 1 次印刷
印　　刷	北京顶佳世纪印刷有限公司
书　　号	ISBN 978-7-5236-0036-8 / K·353
定　　价	96.00 元

（凡购买本社图书，如有缺页、倒页、脱页者，本社发行部负责调换）

老科学家学术成长资料采集工程领导小组专家委员会

主　任：韩启德
委　员：（以姓氏拼音为序）
　　　　陈佳洱　　方　新　　傅志寰　　李静海　　刘　旭
　　　　齐　让　　王礼恒　　徐延豪　　赵沁平

老科学家学术成长资料采集工程丛书组织机构

特邀顾问（以姓氏拼音为序）
　　　　樊洪业　　方　新　　谢克昌

编委会
主　编：老科学家学术成长资料采集工程领导小组办公室
编　委：（以姓氏拼音为序）
　　　　定宜庄　　董庆九　　郭　哲　　胡化凯　　胡宗刚
　　　　刘晓堪　　吕瑞花　　潘晓山　　秦德继　　申金升
　　　　王扬宗　　吴善超　　熊卫民　　姚　力　　张大庆
　　　　张　剑　　张　藜　　周德进

编委会办公室
主　任：孟令耘　　杨志宏
副主任：宋维嘉　　韩　颖
成　员：（以姓氏拼音为序）
　　　　高文静　　李　梅　　刘如溪　　罗兴波　　马　丽
　　　　王传超　　余　君　　张佳静

戴松恩学术成长资料采集小组

采集组成员

组　　长：刘　旭

副组长：杨建仓

组　　员：（按姓氏笔画排序）

王雯玥　祁葆滋　李　平　陈新华　谭光万

编写组成员

主要编写人员：谭光万

参加编写人员：王雯玥　杨建仓

编　　审：祁葆滋　刘　旭

老科学家学术成长资料采集工程简介

老科学家学术成长资料采集工程（以下简称"采集工程"）是根据国务院领导同志的指示精神，由国家科教领导小组于2010年正式启动，中国科协牵头，联合中组部、教育部、科技部、工信部、财政部、文化部、国资委、解放军总政治部、中国科学院、中国工程院、国家自然科学基金委员会等11部委共同实施的一项抢救性工程，旨在通过实物采集、口述访谈、录音录像等方法，把反映老科学家学术成长历程的关键事件、重要节点、师承关系等各方面的资料保存下来，为深入研究科技人才成长规律，宣传优秀科技人物提供第一手资料和原始素材。

采集工程是一项开创性工作。为确保采集工作规范科学，启动之初即成立了由中国科协主要领导任组长、12个部委分管领导任成员的领导小组，负责采集工程的宏观指导和重要政策措施制定，同时成立领导小组专家委员会负责采集原则确定、采集名单审定和学术咨询，委托科学史学者承担学术指导与组织工作，建立专门的馆藏基地确保采集资料的永久性收藏和提供使用，并研究制定了《采集工作流程》《采集工作规范》等一系列基础文件，作为采集人员的工作指南。截至2021年8月，采集工程已启动592位科学家的学术成长资料采集项目，获得实物原件资料132922件、数字化资料318092件、视频资料443783分钟、音频资料527093分钟，具有重要的史料价值。

采集工程的成果目前主要有三种体现形式，一是建设"中国科学家博物馆网络版"，提供学术研究和弘扬科学精神、宣传科学家之用；二是编辑制作科学家专题资料片系列，以视频形式播出；三是研究撰写客观反映老科学家学术成长经历的研究报告，以学术传记的形式，与中国科学院、中国工程院联合出版。随着采集工程的不断拓展和深入，将有更多形式的采集成果问世，为社会公众了解老科学家的感人事迹，探索科技人才成长规律，研究中国科技事业的发展历程提供客观翔实的史料支撑。

总序一

中国科学技术协会主席 韩启德

老科学家是共和国建设的重要参与者，也是新中国科技发展历史的亲历者和见证者，他们的学术成长历程生动反映了近现代中国科技事业与科技教育的进展，本身就是新中国科技发展历史的重要组成部分。针对近年来老科学家相继辞世、学术成长资料大量散失的突出问题，中国科协于2009年向国务院提出抢救老科学家学术成长资料的建议，受到国务院领导同志的高度重视和充分肯定，并明确责成中国科协牵头，联合相关部门共同组织实施。根据国务院批复的《老科学家学术成长资料采集工程实施方案》，中国科协联合中组部、教育部、科技部、工业和信息化部、财政部、文化部、国资委、解放军总政治部、中国科学院、中国工程院、国家自然科学基金委员会等11部委共同组成领导小组，从2010年开始组织实施老科学家学术成长资料采集工程。

老科学家学术成长资料采集是一项系统工程，通过文献与口述资料的搜集和整理、录音录像、实物采集等形式，把反映老科学家求学历程、师承关系、科研活动、学术成就等学术成长中关键节点和重要事件的口述资料、实物资料和音像资料完整系统地保存下来，对于充实新中国科技发展的历史文献，理清我国科技界学术传承脉络，探索我国科技发展规律和科技人才成长规律，弘扬我国科技工作者求真务实、无私奉献的精神，在全社会营造爱科学、学科学、用科学的良好氛围，是一件很有意义的事情。采集工程把重点放在年龄在 80 岁以上、学术成长经历丰富的两院院士，以及虽然不是两院院士、但在我国科技事业发展中作出突出贡献的老科技工作者，充分体现了党和国家对老科学家的关心和爱护。

自 2010 年启动实施以来，采集工程以对历史负责、对国家负责、对科技事业负责的精神，开展了一系列工作，获得大量反映老科学家学术成长历程的文字资料、实物资料和音视频资料，其中有一些资料具有很高的史料价值和学术价值，弥足珍贵。

以传记丛书的形式把采集工程的成果展现给社会公众，是采集工程的目标之一，也是社会各界的共同期待。在我看来，这些传记丛书大都是在充分挖掘档案和书信等各种文献资料、与口述访谈相互印证校核、严密考证的基础之上形成的，内中还有许多很有价值的照片、手稿影印件等珍贵图片，基本做到了图文并茂，语言生动，既体现了历史的鲜活，又立体化地刻画了人物，较好地实现了真实性、专业性、可读性的有机统一。通过这套传记丛书，学者能够获得更加丰富扎实的文献依据，公众能够更加系统深入地了解老一辈科学家的成就、贡献、经历和品格，青少年可以更真实地了解科学家、了解科技活动，进而充分激发对科学家职业的浓厚兴趣。

借此机会，向所有接受采集的老科学家及其亲属朋友，向参与采集工程的工作人员和单位，表示衷心感谢。真诚希望这套丛书能够得到学术界的认可和读者的喜爱，希望采集工程能够得到更广泛的关注和支持。我期待并相信，随着时间的流逝，采集工程的成果将以更加丰富多样的形式呈现给社会公众，采集工程的意义也将越来越彰显于天下。

是为序。

总序二

中国科学院院长　白春礼

由国家科教领导小组直接启动,中国科学技术协会和中国科学院等12个部门和单位共同组织实施的老科学家学术成长资料采集工程,是国务院交办的一项重要任务,也是中国科技界的一件大事。值此采集工程传记丛书出版之际,我向采集工程的顺利实施表示热烈祝贺,向参与采集工程的老科学家和工作人员表示衷心感谢!

按照国务院批准实施的《老科学家学术成长资料采集工程实施方案》,开展这一工作的主要目的就是要通过录音录像、实物采集等多种方式,把反映老科学家学术成长历史的重要资料保存下来,丰富新中国科技发展的历史资料,推动形成新中国的学术传统,激发科技工作者的创新热情和创造活力,在全社会营造爱科学、学科学、用科学的良好氛围。通过实施采集工程,系统搜集、整理反映这些老科学家学术成长历程的关键事件、重要节点、学术传承关系等的各类文献、实物和音视频资料,并结合不同时期的社会发展和国际相关学科领域的发展背景加以梳理和研究,不仅有利于深入了解新中国科学发展的进程特别是老科学家所在学科的发展脉络,而且有利于发现老科学家成长成才中的关键人物、关键事件、关键因素,探索和把握高层次人才培养规律和创新人才成长规律,更有利于理清我国科技界学术传承脉络,深入了解我国科学传统的形成过程,在全社会范围内宣传弘扬老科学家的科学思想、卓越贡献和高尚品质，推动社会主义科学文化和创新文化建设。从这个意义上说，采集工程不仅是一项文化工程，更是一项严肃认真的学术建设工作。

中国科学院是科技事业的国家队，也是凝聚和团结广大院士的大家庭。早在1955年，中国科学院选举产生了第一批学部委员，1993年国务院决定中国科学院学部委员改称中国科学院院士。半个多世纪以来，从学部委员到院士，经历了一个艰难的制度化进程，在我国科学事业发展史上书写了浓墨重彩的一笔。在目前已接受采集的老科学家中，有很大一部分即是上个世纪80、90年代当选的中国科学院学部委员、院士，其中既有学科领域的奠基人和开拓者，也有作出过重大科学成就的著名科学家，更有毕生在专门学科领域默默耕耘的一流学者。作为声誉卓著的学术带头人，他们以发展科技、服务国家、造福人民为己任，求真务实、开拓创新，为我国经济建设、社会发展、科技进步和国家安全作出了重要贡献；作为杰出的科学教育家，他们着力培养、大力提携青年人才，在弘扬科学精神、倡树科学理念方面书写了可歌可泣的光辉篇章。他们的学术成就和成长经历既是新中国科技发展的一个缩影，也是国家和社会的宝贵财富。通过采集工程为老科学家树碑立传，不仅对老科学家们的成就和贡献是一份肯定和安慰，也使我们多年的夙愿得偿！

鲁迅说过，"跨过那站着的前人"。过去的辉煌历史是老一辈科学家铸就的，新的历史篇章需要我们来谱写。衷心希望广大科技工作者能够通过"采集工程"的这套老科学家传记丛书和院士丛书等类似著作，深入具体地了解和学习老一辈科学家学术成长历程中的感人事迹和优秀品质；继承和弘扬老一辈科学家求真务实、勇于创新的科学精神，不畏艰险、勇攀高峰的探索精神，团结协作、淡泊名利的团队精神，报效祖国、服务社会的奉献精神，在推动科技发展和创新型国家建设的广阔道路上取得更辉煌的成绩。

总序三

中国工程院院长　周　济

由中国科协联合相关部门共同组织实施的老科学家学术成长资料采集工程，是一项经国务院批准开展的弘扬老一辈科技专家崇高精神、加强科学道德建设的重要工作，也是我国科技界的共同责任。中国工程院作为采集工程领导小组的成员单位，能够直接参与此项工作，深感责任重大、意义非凡。

在新的历史时期，科学技术作为第一生产力，已经日益成为经济社会发展的主要驱动力。科技工作者作为先进生产力的开拓者和先进文化的传播者，在推动科学技术进步和科技事业发展方面发挥着关键的决定的作用。

新中国成立以来，特别是改革开放30多年来，我们国家的工程科技取得了伟大的历史性成就，为祖国的现代化事业作出了巨大的历史性贡献。两弹一星、三峡工程、高速铁路、载人航天、杂交水稻、载人深潜、超级计算机……一项项重大工程为社会主义事业的蓬勃发展和祖国富强书写了浓墨重彩的篇章。

这些伟大的重大工程成就，凝聚和倾注了以钱学森、朱光亚、周光召、侯祥麟、袁隆平等为代表的一代又一代科技专家们的心血和智慧。他们克服重重困难，攻克无数技术难关，潜心开展科技研究，致力推动创新发展，为实现我国工程科技水平大幅提升和国家综合实力显著增强作出了杰出贡献。他们热爱祖国，忠于人民，自觉把个人事业融入到国家建设大局之中，为实现国家富强而不断奋斗；他们求真务实，勇于创新，用科技为中华民族的伟大复兴铸就了辉煌；他们治学严谨，鞠躬尽瘁，具有崇高的科学精神和科学道德，是我们后代学习的楷模。科学家们的一生是一本珍贵的教科书，他们坚定的理想信念和淡泊名利的崇高品格是中华民族自强不息精神的宝贵财富，永远值得后人铭记和敬仰。

通过实施采集工程，把反映老科学家学术成长经历的重要文字资料、实物资料和音像资料保存下来，把他们卓越的技术成就和可贵的精神品质记录下来，并编辑出版他们的学术传记，对于进一步宣传他们为我国科技发展和民族进步作出的不朽功勋，引导青年科技工作者学习继承他们的可贵精神和优秀品质，不断攀登世界科技高峰，推动在全社会弘扬科学精神，营造爱科学、讲科学、学科学、用科学的良好氛围，无疑有着十分重要的意义。

中国工程院是我国工程科技界的最高荣誉性、咨询性学术机构，集中了一大批成就卓著、德高望重的老科技专家。以各种形式把他们的学术成长经历留存下来，为后人提供启迪，为社会提供借鉴，为共和国的科技发展留下一份珍贵资料。这是我们的愿望和责任，也是科技界和全社会的共同期待。

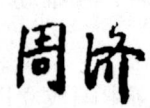

周济

戴松恩
（1907—1987）

在中国农业科学院采访庄巧生院士
（左一祁葆滋、左二庄巧生、左三杨建仓。2015年6月21日）

在中国农业科学院采访李振声院士
（左一谭光万、左二钱曼懋、左三李振声、左四杨建仓。2016年11月5日）

在中国农业科学采访戴蜀珏和祁葆滋
（左一杨建仓、左二戴蜀珏、左三祁葆滋、左四谭光万、左五王雯玥。
2015年11月14日）

序

　　戴松恩先生是我的研究生导师。他学识渊博、管理有方、为人谦和。戴松恩先生从事过小麦、烟草、油菜、玉米等作物的遗传育种研究，对农业增产、农业现代化、种子管理、农业科研、教育与推广等问题也有过深入研究，并提出了诸多有益建议。戴先生在不同岗位上做过许多管理工作。从1947年开始，他担任北平农事试验场场长。北平解放后，在华北农业科学研究所任副所长。1957年，中国农业科学院成立以后，他先后担任作物育种栽培研究所副所长、中国农业科学院副秘书长、中国农业科学院研究生院副院长等职。他的同事们都赞扬他管理有方。两年前，我遇见华南农业大学的卢永根院士，卢院士说："戴先生的管理水平是很高的。"无论在北平农事试验场任场长，还是解放后在中国农业科学院担任领导，戴先生为人很谦和。曾有一位长期给戴先生理发的田师傅谈及戴先生说，戴先生平易近人、为人很好、学识很好，既是一个很好的领导，也是一个很好的科学家。

　　戴先生为我国农业科学奉献了一生。我认为戴先生在学术生涯中有两次重大选择，他都做出了正确的选择。

　　第一次重大选择是在美国康奈尔大学毕业后，他毅然选择回国。戴先生于1933年考取清华大学首届留美公费研究生，他是作物遗传育种专业的第一名。1934年至1936年，他在康奈尔大学跟随著名作物育种学家洛夫教授攻读博士学位，并以出色的成绩毕业，被选为美国西格玛赛（Sigma Xi）科学荣誉学会会员，荣获"金钥匙奖"。导师极力挽留他，并承诺将他的妻儿接到美国。但为了建设祖国的作物遗传育种事业，戴先生毅然拒绝了导师的挽留，于1937年回到祖国。

第二次选择是在1949年北平解放前夕，当时担任北平农事试验场场长的戴先生，拒绝执行国民党政府命令，选择报效新中国，配合中国共产党地下党员保护了北平农事试验场的科研物资和人员，为新中国农业科研事业的快速恢复提供了条件。这两次选择对戴先生的学术生涯非常关键，体现出戴先生的爱国情怀，以及报效新中国、为国效力的基本思想和政治立场。

戴先生一生在不同的地方和岗位上工作过。1937年，他留学回国后不久，全面抗日战争便爆发，他被迫辗转各地，在艰苦的条件下，依然坚持开展科研工作。总体而言，他对我国农业科学主要有三大贡献。

第一是抗日战争期间，他在贵州开展的烟草引种和烤烟技术推广工作，为贵州烟草事业的发展奠定了基础。1938年，戴松恩先生到达贵阳，通过对贵阳农业生产条件的考察，发现贵阳地区适合发展烟草种植业。但当时贵州缺乏烤烟品种和工艺，烤烟业发展亟待突破。戴先生便采集各地品种，并利用个人关系从美国引进烤烟品种进行对比种植试验，最终选择"佛州黄金叶"，在贵阳地区推广种植，为贵州烟草产业的发展奠定了坚实的基础。直到我跟随戴先生读书的八十年代初期，贵州烟草专卖局、贵州烟草研究所的同志只要到北京来，就要看望戴松恩先生。他们认为戴松恩先生为贵州的烟草产业奠定了基础、做出了贡献。

第二大贡献是戴先生担任北平农事试验场场长期间，广泛招揽人才，重塑了北平农事试验场，为华北农业科学研究所乃至中国农业科学院的成立储备了人才。1945年抗日战争胜利后，"中央农业实验所"副所长沈宗瀚负责接收日本人在北平的农事试验总场、各附属支场及原种圃，并在1946年将其改组为"中央农业实验所北平农事试验场"。1947年，戴先生开始担任北平农事试验场场长。在抗战时期，农事试验场从事研究的多为日本人，中国人只是助理。抗战胜利后，日本科学家都被遣送回日本，研究人员缺乏。于是，戴松恩先生依靠个人的学术影响力，从国内广泛招揽农业科研人才，重塑北平农事试验场。在戴松恩招募的人才中，不少人后来成为新中国著名的农业科学家，如庄巧生、吴辅中等。为了吸引人才、给人才充分的科研空间，戴松恩将一直钟爱的小麦育种研究事业，交给了庄巧生来负责。在戴松恩和这些专家的努力下，北平农事试验场逐步建立起了各个粮食作物的研究系室、土壤肥料研究系和植保系等研究机构，形成了较为齐全的农作物科学研究体系。北平解放后，戴先生将这个体系完整地保留下来。华北农业科学研究所的成立便以此为班底。在中国农业科学院成立后，又成为作物育种栽培研究所、植物保护研究所等部门的基础。

第三大贡献是戴松恩先生率先组织和开展了小麦非整倍体研究工作。在改革开放初期，戴松恩敏锐地感觉到，当时在世界小麦细胞遗传学上有一个重大的突破和引领，就是小麦非整倍体的研究。戴先生在这方面不仅做了大量细致的准备工作，还翻译了美国学者西尔斯的《普通小麦的非整倍体》，协助组织召开了"全国小麦非整倍体研究第一次座谈会"，推动了全国小麦非整倍体的研究。他带领课题组成员经过连续的实验和研究，育成了我国第一套小麦非整倍体的单体系统"京红1号"春小麦单体系统。该成果获得了1984年农牧渔业部技术改进一等奖。可以说，戴松恩先生不仅引领了全国小麦非整倍体的研究，而且还推动了小麦染色体工程及其育种工作。随后中国的小麦非整倍体研究和小麦染色体工程研究，以及细胞工程育种，曾经在二十世纪八九十年代居于世界领先地位，这与戴先生在小麦非整倍体研究上的引领和推动是密不可分的。

戴松恩先生一直是我学习的榜样，他给我们留下来四份科学遗产。

一是精益求精的科学精神。戴松恩先生在求学期间，成绩很好，精益求精。他在大学、研究生时期曾两次获得"金钥匙奖"，这在当时的学生中是极为少见的。他参加工作后，不仅对自己要求高，而且对我们这些学生也是这样要求的。比如我们在田间做小麦杂交实验，他要亲自示范。我还记得1982年春节，他带着我和张洪生在温室做杂交，一步一步地教我们。同时他对我们形成的文稿都要逐字逐句地看，连标点符号也要修正。

我们学生想偷一点懒，一些笔画多的字就简化写，比如播种的"播"比较难写，我们就写"才"加"布"。小麦分蘖的"蘖"我们就写"艹"加"也"。戴先生看到后，每次都要指出，不允许我们使用这些不规范的简化字。他在这方面一直教导我们，包括有的英文单词，他都一笔一划地教。他这种精益求精的科学态度很值得我们学习。

二是科研服务生产一线。1937年，戴先生从美国获得博士学位回国，入职"中央农业实验研究所"。粮食增产是当时农业最重要的问题，他先被派到江苏北部督察和指导粮食生产，后来又在湖北农业改进所担任所长，围绕推动湖北农业增产而开展了一系列工作。在贵州，他从当地实际出发，引进烤烟品种，推广烤烟技术，解决了贵州烟草产业发展的问题。在改革开放以后，他敏锐地意识到种子在我国农业生产上的重要性，建议通过加强作物育种工作和推广优良品种，推动我国粮食增产；针对当时我国种子管理中存在的问题，他较早提出了制定《种子法》的建议。戴先生对农业生产一线的关注度一直很高，主张农业科学家要密切联系群众，农业科学研究要面向农业生产实际。

三是举贤荐才。戴松恩先生在举贤荐才方面做得比较突出，因而能为中国农业科学院集聚一批农业科学家。从北平农事试验场到华北农业科学研究所，戴松恩都有机会亲自领导开展自己所钟爱的小麦育种研究工作，但他从大局出发，引进了庄巧生先生，并将小麦研究交给庄先生负责，这为中国农业科学院后来成为中国小麦育种研究中心奠定了基础。八十年代初，中国农学会换届时，原农业部副部长、中国农学会会长杨显东先生推荐戴松恩先生接任下一届中国农学会会长。戴先生经过反复考虑后，认为自己年龄比较大了，不适合担任，推荐了时任中国农业科学院院长的卢良恕先生担任。这充分反映出戴先生淡泊名利，对年轻人的提携和重视。

四是高瞻远瞩的战略眼光。1956年，戴先生参与制定了新中国第一个中长期科学技术发展规划《一九五六至一九六七年全国科学技术发展远景规划纲要》，主持农业科技规划说明书的全部定稿工作。他引领我国小麦非整倍体研究工作，推动了小麦染色体工程以及育种工作的开展，他的工作对李振声、郝水、刘大钧、董玉琛四位院士开展小麦染色体工程、小麦野生近缘植物等研究产生了重要的影响。八十年代初期,戴先生便关注了农业生产过程中自然资源破坏和环境污染等问题,向全国政协提交了保护森林、草原和湖泊的建议,在不同场合多次呼吁保护自然资源和环境。他关于我国自然资源和环境保护的部分建议,在今天看来,依然具有参考价值。这些充分体现出他所具有的前瞻性思维和战略眼光。

戴松恩先生对我影响很大。我跟随戴松恩先生读研三年、工作四年,一共有七年的时间在他身边学习。我感谢戴先生,他把我领进了科学之门,使我有机会得到深造,有机会学习他的研究方法和科学精神,使我成长成为一个科技工作者,并且做了贡献。希望本书的出版,可以让更多的人了解戴松恩先生,传承和弘扬老一辈科学家的科学精神,激励更多的科技工作者,为国家做出更大的贡献。

刘 旭

中国工程院院士

目 录

老科学家学术成长资料采集工程简介

总序一 ······································韩启德

总序二 ······································白春礼

总序三 ······································周　济

序 ··刘　旭

导　言 ······································· 1

| **第一章** | **出身贫寒，艰辛求学** ······················· 13

　　幼年丧父，勤读求进·························· 13
　　入读金陵大学农学院，立志作物遗传育种研究·········· 18
　　赴康奈尔大学深造，树立科学救国理想·············· 23

第二章	回国效力，战乱中坚持科研 ································· 32
	入职中央农业实验所为贵州引种烟草 ························· 33
	担任湖北农业改进所所长推动粮食增产 ······················· 42
	抗战胜利回南京转赴北平 ··································· 49

第三章	正确抉择，为新中国农业科学奉献 ························· 51
	北平解放前夕的重要抉择 ··································· 51
	当选学部委员参与制定科技远景发展规划 ····················· 58
	卷入遗传学之争 ··· 62

第四章	聚焦农业增产，推动作物育种工作 ························· 73
	协助成立中国农业科学院，担任作物所副所长 ················· 73
	围绕农业增产推进作物育种工作 ····························· 77
	饱受磨难，初心不改 ······································· 87

第五章	率先主持开展小麦非整倍体研究 ··························· 88
	小麦非整倍体研究的缘起 ··································· 88
	育成我国第一套小麦单体系统 ······························· 98
	小麦 ph 基因材料的研究与利用 ···························· 102

第六章	协助恢复作物学会，倡议制定《种子法》 ·················· 108
	参与创立和恢复中国作物学会 ······························ 108
	参加全国科学大会，投身学术活动 ·························· 114
	关注种子管理问题，建议制定《种子法》 ···················· 118

第七章	建言献策，助力农业现代化建设 ·························· 125
	农业现代化与粮食增产问题 ································ 126

　　　　自然资源和环境保护……………………………………… 138

　　　　农业科研、教育与推广……………………………………… 140

第八章 致力于培养农业科研人才 …………………………… 150

　　　　参与创办中国农业科学院英语培训班……………………… 150

　　　　建言中国农业科学院研究生教育…………………………… 152

　　　　悉心培养研究生……………………………………………… 160

结　语 ……………………………………………………………… 165

附录一　戴松恩年表 ……………………………………………… 176

附录二　戴松恩主要论著目录 …………………………………… 193

参考文献 …………………………………………………………… 198

后　记 ……………………………………………………………… 202

图片目录

图 1-1	蒋叔雍写给戴松恩的信	16
图 1-2	戴松恩	22
图 1-3	清华大学第一届录取留美公费生履历成绩一览表	25
图 1-4	清华大学第一届考选留美公费生揭晓通告	25
图 1-5	戴松恩出国留学前与夫人龚桂芬合影	26
图 1-6	戴松恩在康奈尔大学留影	27
图 1-7	戴松恩与同学在埃兹拉·康奈尔雕塑前合影	28
图 1-8	戴松恩博士论文	29
图 1-9	戴松恩《美国产谷州参观记》	30
图 2-1	戴松恩在贵州农业改进所	41
图 2-2	戴松恩在贵阳车站	41
图 2-3	《送戴松恩博士》	48
图 3-1	中华全国第一次自然科学工作者代表大会筹备会合影	58
图 3-2	戴松恩《关于发展我国农业和畜牧业的问题》	59
图 3-3	戴松恩访问苏联期间与专家合影	60
图 3-4	《关于农学及园艺等方面的访苏传达报告》	61
图 4-1	农业部任命书	75
图 4-2	《关于新疆农业增产措施的几点意见》	80
图 4-3	《种子的科学》中收录的戴松恩文章	84
图 4-4	戴松恩《试论作物栽培的科学实验问题》	86
图 5-1	《农业科技通讯》刊登的戴松恩研究小麦非整倍体的照片及文章	92
图 5-2	戴松恩翻译《普通小麦的非整倍体》手稿和油印本	93
图 5-3	戴松恩《关于小麦非整倍体研究问题》手稿	97
图 5-4	戴松恩《全国小麦非整倍体研究座谈会纪要》手稿	97
图 5-5	戴松恩在小麦试验地工作	99

图 5-6　戴松恩在试验地做杂交 ··101
图 5-7　戴松恩与课题组成员一起在试验地做杂交 ····················101
图 5-8　戴松恩在观察小麦试验材料 ···103
图 5-9　戴松恩与陆平在温室工作 ··107
图 6-1　《作物学报》创刊号封面及《创刊词》·····························110
图 6-2　中国农学会座谈会全体代表合影 ··································112
图 6-3　戴松恩参加全国科学大会后与全体中国科学院学部委员合影·····115
图 6-4　戴松恩向农林部建议迅速制定《种子法》的手稿 ··············121
图 6-5　《关于迅速制定〈种子法〉的建议》································122
图 6-6　《关于迅速制定〈种子法〉的建议》手稿 ··························123
图 7-1　戴松恩关于农业现代化问题的手稿 ·······························136
图 7-2　《大抓耕地以确保粮食生产案》·····································137
图 7-3　戴松恩手稿《重视农业推广，使农业科学技术真正
　　　　转化为生产力》···147
图 7-4　戴松恩《建议中央和省级农业科学研究单位设立推广
　　　　部门以利把科研成果迅速转化为生产力案》··················148
图 8-1　戴松恩与中国农业科学院英语培训班第一届毕业生合影 ·········152
图 8-2　国务院学位委员会聘请戴松恩为农学学科评议组成员的聘书 ·····154
图 8-3　戴松恩《关于加强我院研究生院工作的请示报告》手稿 ·········156
图 8-4　中国农业科学院研究生院第一届毕业生合影 ··················157
图 8-5　中国农业科学院研究生院原教学办公楼 ·························158
图 8-6　戴松恩《建议研究生院招收在职研究生的信》手稿 ············159
图 8-7　张洪生、刘旭写给戴松恩的信 ······································161
图 8-8　戴松恩在家中指导刘旭修改论文 ··································163
图 8-9　戴松恩写给张洪生的寄语 ··164

导 言

传 主 简 介

戴松恩,著名的细胞遗传学家,中国农业科学院作物科学研究所研究员,中国科学院院士(学部委员)。1907年1月6日(农历十一月二十二日),出生于江苏省常熟县唐市镇(今常熟市沙家浜镇)一个贫寒的家庭。1913年9月,进入唐市初级小学。1917年6月,以第一名成绩从唐市初级小学毕业,9月,进入唐市高等小学。1920年6月,以第一名成绩从唐市高等小学毕业,9月,升入苏州晏成中学,学理科,免学费。1925年7月,因学习成绩优异被金陵大学农业专修科免试录取。1926年6月,以第一名的成绩从金陵大学农业专修科毕业。7月,留在金陵大学农学院农艺系任助理,协助沈宗瀚教授进行小麦、水稻遗传育种研究工作。1928年9月,以工读方式插入金陵大学农学院作物遗传育种专业二年级学习,课余担任沈宗瀚教授助理。1931年6月,以第一名的成绩从金陵大学毕业,获农学士学位,学校授予他"金钥匙奖",被选为"斐陶斐荣誉学会"[①]会员。1933年夏,清华大学第一次公开招考留美研究生,戴松恩以作物遗传育种

[①] 斐陶斐荣誉学会(The Phi Tau Phi Scholastic Honor Society),是民国时期最重要的学术团体之一。斐陶斐即希腊字母 Phi Tau Phi 的音译,用于表示哲学(Philosophia)、工学(Techologia)及理学(Physiologia)。

专业第一名的成绩考取清华大学公费留美生。1934年1月,由上海搭乘威尔逊总统号远洋邮轮赴美国纽约,进入康奈尔大学研究生院攻读作物育种及细胞遗传学博士学位,师从洛夫教授。1936年冬,博士论文"中俄美小麦品种杂交之遗传研究"通过答辩。1937年1月,获得康奈尔大学农学博士学位,并被选为西格玛赛（Sigma Xi）荣誉学会会员,2月,搭乘加拿大皇后号轮船回国。3月,受聘到南京中央农业实验所全国稻麦改进所担任技正,负责小麦抗病育种和细胞遗传学研究。七七事变后,戴松恩负责江苏省北部的小麦增产工作,推广种植和改良小麦,利用农贷发动农民增加施用肥料。抗日战争期间,因战事紧迫,戴松恩随中央农业实验所撤离南京,先后辗转于安徽、广西、贵州、四川、湖北、重庆等地。1947年2月,担任中央农业实验所北平农事试验场场长。主持改良小麦、玉米、小米、甘薯、蔬菜、洋麻等作物的品种示范及小规模推广工作。1948年12月,拒绝执行国民党政府"迅速将试验场全部人员、设备及财产运往南京,决不能落入共产党之手"的命令,在中共地下党员和民盟盟员的指导和帮助下,留在北平,保护北平农事试验场的人员、财产、仪器设备和档案资料。解放后,戴松恩一直在中国农业科学院从事农业科研和管理工作,先后担任华北农业科学研究所（今中国农业科学院）副所长,全国第一次科学界会议筹委会委员,北京市第三届各界人民会议代表,国务院科学规划委员会农业组委员,中国农业科学院作物育种栽培研究所副所长,中国农业科学院副秘书长,北京市第一、第二、第四、第五届人民代表大会代表,第三届全国人民代表大会代表,中国作物学会常务理事,中国人民政治协商会议北京市第五届委员会委员,中国民主同盟第四届中央委员会中央委员,中国农业科学院研究生院副院长,中国人民政治协商会议第五、第六届全国委员会委员,中国民主同盟第五届中央委员会顾问等职。1955年,当选为中国科学院院士（生物学地学部学部委员）。

  戴松恩毕生从事农业科研事业,为我国作物遗传育种研究做出杰出贡献。他早期从事小麦育种、细胞遗传和抗赤霉病研究,参与选育中国第一批小麦优良品种（金大2905等）,以及玉米、烟草、油菜育种等研究。1978年开始,在我国率先主持开展小麦非整倍体研究,为作物遗传育种研究的纵深发展奠定了基础。

戴松恩从美国康奈尔大学毕业并获得博士学位后，放弃留美工作的机会，怀抱科学救国之志，毅然回到祖国。即使是在抗日战争的极为艰苦的条件下，他依然坚持开展农业科学研究工作，在贵州贵定首次引进试种烟草品种，选育出适合当地种植的改良烤烟品种"佛州黄金叶"，并在贵阳大规模推广，为贵州烤烟事业的发展奠定基础；在贵州还培育出油菜改良品种"罗甸一号"，形成了油菜基本育种法；在湖北恩施担任湖北农业改进所所长期间，利用农贷大力解决良种、肥料、农具、耕牛等问题，促进农业生产，提高了鄂西小麦产量，为保障后方的粮食供应和湖北的农业发展做出了贡献。北平解放前夕，戴松恩作出抉择，为新中国农业科学研究的迅速恢复保存了仪器设备和档案资料。中华人民共和国成立后，百废待兴，农业科学研究工作亟待恢复和发展。戴松恩克服困难，兼顾科研和管理，迅速投入恢复和发展新中国农业科学事业的工作中。他积极为新中国农业科学事业建言献策，在《农业科学通讯》上先后发表《纪念五一作物育种工作者应有的认识》《两年来华北农业科学的进展》《我对于提高单位面积产量运动的认识》《新中国五年来农业科学的主要成就》等文章，为新中国农业科学研究的恢复和发展做出了贡献。戴松恩当选为中国科学院生物学地学部学部委员后，更加忘我地投入农业科学事业，他参加了我国十二年科学技术发展远景规划（1956—1967）会议，并主持农业科技规划说明书的全部定稿工作，在规划会议上作了《关于发展我国农业和畜牧业问题》的报告，提出了有益的建议。1957年11月，戴松恩随同以郭沫若为团长的"中国访苏科学技术代表团"赴苏联进行了两个多月的考察访问。其间，他就实施国家十二年科学技术发展远景规划与中苏合作项目等有关农业方面的重大问题与苏联学者进行了广泛交流。1958年3月，戴松恩从苏联访问回国后，在《农业学报》发表了《关于农学及园艺等方面的访苏传达报告》，对提高农作物单位面积产量、荒地开发问题等提出了建议，对指导当时我国农业发展及农业科学研究，具有十分重要的意义。他还先后在《中国农业科学》《红旗》《人民日报》上发表《试论我国作物育种工作的发展问题》《充分发挥作物良种的增产作用》《试论作物栽培的科学实验问题》等文章，为我国农业科学研究建言献策。

从1978年开始，戴松恩率先在我国主持开展了小麦非整倍体研究，先后发表和出版了《为什么研究小麦非整倍体》《普通小麦的非整倍体》等论著。1980年3月8日至12日，戴松恩在北京主持召开了全国小麦非整倍体研究第一次座谈会，提出了全国分工协作开展小麦非整倍体研究的设想。1981年，戴松恩带领课题组成员，育成了"京红一号"春小麦单体系统，为揭示小麦遗传规律并探索新的育种途径提供了条件。此后，戴松恩不顾体弱多病，带领助手和研究生坚持参加实验室和田间研究。他首次提出，鉴于ph基因突变具有促进部分同源染色体配对的特性，可以直接将其用于品种间杂交，创造出更多优良变异。他还设法从美国引进相关小麦材料，在他的助手和研究生的共同努力下，获得许多小麦优良变异类型，为细胞遗传学研究和小麦育种工作奠定了基础。他们的研究证实了ph基因在小麦品种间杂交利用的可行性，提出的研究思路和学术观点对当时及以后我国小麦遗传育种领域的研究产生了重要影响。

1978年，戴松恩向全国政协委员会提交《关于迅速制定〈种子法〉的建议》，针对当时我国品种和良种繁育存在的问题，借鉴国外经验，提出迅速制定符合我国情况的《种子法》、恢复和健全良种审定、繁育推广等制度、重点建设一些良种仓库和良种轧花厂等建议。1981年8月，他在《人民日报》发表《围湖造田、后果严重：科技工作者对发展多种经营的建议》，分析了造成我国湖泊面积日益缩小的原因，并提出了重视湖泊在生态平衡中的重要性及成立全国水利资源委员会等有益的建议。对于"文化大革命"后科研人才缺乏的问题，戴松恩积极倡导成立中国农业科学院研究生院，并为研究生院的创办付出了大部分精力。在担任中国农业科学院研究生院副院长期间，戴松恩致力于提高研究生培养水平、招收在职研究生、筹备中国农业科学院英语培训班等工作，为我国农科事业培养了一批人才。

为了表彰戴松恩在作物遗传育种研究所取得的成绩和对我国农业科学的贡献，1984年，中国农学会向他颁发了"从事农业科研五十周年表彰奖"，1985年，中国科学院授予他"从事科学工作五十年"荣誉。

采集过程

"戴松恩学术成长资料采集"课题由中国农业科学院作物科学研究所承担。课题的开展得到中国农业科学院领导的重视和支持。课题组由中国工程院院士、中国农业科学院作物科学研究所研究员刘旭担任组长,负责总体设计、协调采集活动、审阅采集资料和研究报告。课题日常行政事务由中国农业科学院作物科学研究所研究员、人事处处长杨建仓负责。课题组成员有祁葆滋、陈新华、谭光万、王雯玥和李平。祁葆滋和陈新华曾与戴松恩院士有过交往,是戴松恩院士多篇传记的作者。谭光万、王雯玥和李平都是"董玉琛学术成长资料采集"课题组的骨干成员。在本项目中,他们三人主要负责资料采集和整理工作。

戴松恩院士的家属戴蜀珏、孙序等对采集工作非常支持,无偿向采集小组捐赠了大量珍贵的照片、手稿、信件等。戴松恩院士家属的大力支持和帮助,是本课题能够顺利完成的重要保障。

访谈

戴松恩院士于 1987 年去世,他的大部分同事和朋友也年事已高或不在世了。自 2015 年 7 月开始,课题组成员经过多方搜集并多次召开课题会议进行商讨,逐步联系到部分戴松恩院士的同事,从而确定了包括戴松恩院士家属、同事、朋友、学生在内的访谈对象,并根据不同的访谈对象建立由联系员、访谈员、记录员、摄影录音员构成的访谈小组。在每次访谈前,制定好访谈提纲,并提前送达被访谈者,在被访谈者做好准备后,再开展正式访谈。为保障访谈质量,访谈小组对重点访谈对象,至少进行两次访谈,第一次进行音频访谈,第一次访谈后的访谈记录整理后,交给被访谈者校对。然后开展第二次的视频访谈。通过访谈,我们获得了关于戴松恩院士学术成长的一些关键信息。我们对庄巧生院士进行了两次访谈,通过庄巧生院士的回忆,我们才了解到抗日战争期间戴松恩院士在湖北农业改进所开展工作的细节。我们对黄佩民研究员进行了两次访谈,黄佩民向我们详细讲述北平围城期间北平农事试验场的情形和戴松恩开展的工作，以及华北农业科学研究所的发展历程，为我们研究北平解放前戴松恩开展的工作和作出重大抉择提供了重要的资料。我们对原小麦非整倍体课题组的杜娟老师进行了访谈，她曾在戴松恩院士的指导下开展小麦非整倍体研究。通过她的讲述，我们更详细地了解到戴松恩院士开展小麦非整倍体研究的经过和戴松恩院士的科研精神。在对戴松恩院士的女儿戴蜀珏的访谈中，我们了解到戴松恩院士为国家农业科学献身的事迹，深受感动。在贵州省农业科学院和贵州烟草科学研究院，我们通过专家座谈，了解到戴松恩院士对贵州烟草产业做出的贡献，深刻体会到贵州省农业科学家对戴松恩的尊敬和感激之情。刘旭和张洪生从学生的角度向我们讲述了戴松恩严谨求真的治学态度及对学生的关心和影响。这些口述访谈为我们从不同角度来了解戴松恩院士，提供了丰富的资料。

资料采集

一是从戴松恩家属处采集的资料。从 2015 年 7 月开始，采集小组先后多次赴戴松恩院士家属戴蜀珏、孙序女士家中，采集到 1043 件实物原件，其中包括手稿、照片、论文、著作、信件、证书、笔记等。尤其是戴松恩的论文手稿、政协提案初稿、"文化大革命"期间的笔记等珍贵资料。

二是从常熟市档案馆采集的资料。由于 2005 年戴松恩家属将一批实物资料捐献给了常熟档案馆，所以我们赶赴常熟档案馆进行了采集。我们将常熟档案馆藏戴松恩资料全宗进行了扫描，其中包括证书、信件、照片、手稿、报纸等。尤其是采集到戴松恩发表在《农报》上的论文，以及民国时期《新湖北日报》对戴松恩的专题报道等重要史料。

三是从贵州省农业科学院、贵州省档案馆和贵州省烟草科学研究院采集的资料。在贵州省农业科学院、贵州省档案馆和贵州省烟草科学研究院我们采集到戴松恩院士在贵州工作期间开展烟草引种试验的相关资料，在贵州省档案馆我们还采集到原中央农业实验所派戴松恩去贵州工作站的公函，1938 年 9 月 7 日至 10 日戴松恩赴都匀采购种子的工作日记簿、工作报告等珍贵的档案资料。

四是从第二历史档案馆采集的资料。在第二历史档案馆，我们采集了中央农业实验所1939年和1941年的工作报告提要和正文、1946年北平农事试验场职员任职卸职概况表、1947年中央农业实验所北平农事试验场实有任用人员支领薪额名册岁入概算书及其他与戴松恩相关的资料。

五是从中国农业科学院采集的资料。在中国农业科学院人事局，我们借阅了戴松恩的人事档案，从中采集了1949年《思想和历史自传》、1982年《自传》《亲身体验的几件小事》等重要资料。

采集工作还有一些不足。第一，戴松恩的英文博士论文应存于康奈尔大学图书馆，虽多次努力联系但未果。第二，戴松恩的同学、朋友和同事大多都已经过世，或年纪太大而不能接受访谈，音视频资料的采集难度大。尤其是戴松恩在康奈尔大学留学时期的同学难以联系到，对于戴松恩在康奈尔大学留学时期的学习情况了解还有待加强。第三，抗日战争期间，戴松恩曾辗转贵州、湖北、重庆等多地开展科研，这一时期的研究报告等资料搜集存在一定困难，还需要进一步到各地档案馆调研，充实相关资料。

采 集 成 果

在课题组全体成员的共同努力和相关单位的帮助下，采集小组共采集了一千多件实物原件和一千多件数字化资料。现将重要的采集成果简介如下。

论文及著作

戴松恩院士发表的论文和出版的著作是研究学术思想和成就的重要资料。我们共采集到戴松恩院士五十四篇论文和一部公开出版的著作。戴松恩院士在解放前发表的论文资料较为珍贵，我们共采集到了十一篇戴松恩在1937年至1948年间发表的论文，其中有发表在《农报》1937第4卷第21期的《中俄美小麦品种杂交之遗传研究摘要》，这是戴松恩在美国康奈尔大学博士学位论文的摘要，这对我们了解戴松恩博士期间的研究成果有很高的参考价值。《美国产谷州参观记》（农报，1937年第4卷第20期）一文，则有助于我们了解戴松恩院士在美国的科研活动。此外还有《菜子人工自交影响研究之初步报告》《抗建期中玉米杂交种之推广问题》《菜子育种方法之我见》《小麦品种抗赤霉病之育种问题》《川东及川西菜子栽培调查》等戴松恩发表在《农报》上的论文，这些论文是戴松恩在抗日战争时期所做科研工作成果的集中体现。尤其是《小麦品种抗赤霉病之育种问题》一文中，戴松恩通过实验发现云南"牟定火麦""平坝30"等小麦品种有极强抗赤霉病能力，可以作为抗病杂交育种基本材料，从而证明了选育小麦抗赤霉病品种的可能性，反驳了当时某些国外专家认为不能进行小麦抗赤霉病育种的观点。我们还采集到戴松恩1944年发表在《新湖北日报》上的《告别湖北友人》和《湖北农业改进之过去与将来》，这有助于深入了解和研究戴松恩在湖北农业改进所期间的工作以及对湖北农业做出的贡献。我们采集到了四十五篇戴松恩院士在解放后发表的论文，其中包括发表在《农业科学通讯》《中国农业科学》等期刊上的学术论文，也包括在《红旗》《人民日报》《光明日报》等重要报刊上发表的文章，这些为研究戴松恩院士为新中国农业科学事业所做出的贡献提供了依据。我们采集到著作类实物资料有《关于发展我国农业和畜牧业的问题》。

手稿

本次采集到的戴松恩院士手稿资料较为丰富，共计258件，其中实物原件215件。手稿资料按照内容可以分为论文草稿、工作笔记、读书笔记、回忆文章草稿、审稿意见草稿和鉴定材料草稿等。重要的手稿实物资料有"我国小麦之前途（1946）""洛夫和沈宗瀚对戴松恩思想和研究的影响""自我检讨——批判我接受米丘林学说的抵抗思想和我所修订的系统育种法""我曾经以为接受了米丘林学说""只有在中国共产党领导下才能开展我国社会主义农业科学研究工作""作物遗传选种座谈会日程表""关于刘少奇来院我回忆的材料""关于遗传学问题""回忆在康奈尔大学参加的活动""北平围城期间的活动情况""北平围城期间我和蒋鸿宾的接触情况的补充交代材料""关于组织应变委员会的问题""中国作物学会常务理事扩大座谈会纪要""关于迅速制定《种子法》的建议（抄送至《人民日报》科教部王友恭）""在纪念毛主席视察山东省农科院二十周年棉花学术讨论会上的发言草稿""建议农林部迅速制定《种子法》""关于举办我院英语培训班的计划（草案）""谈谈小麦非整倍体研究""关于小麦非整倍体研究问题（在全国小麦非整倍体研究座谈会上的讲话草稿）""案由：关于保护森林、草原、湖泊的建议（两份）""中国人民政治协商会议全国委员会委员提案：大抓耕地以确保粮食生产以及提案的草稿""中国人民政治协商会议全国委员会委员提案：建议中央和省级农业科学研究单位设立推广部门以利把科研成果迅速转化为生产力"等。

信件

我们共采集到信件资料520件，其中实物原件247件。信件可以分为两大类，一是他人写给戴松恩的信，二为戴松恩写给他人的信件底稿。这些往来的信件时间集中于1966年至1987年，通信内容包括稿件修改、召开学术会议事宜、学生学习情况、推荐学生出国、邀请国外专家来华、与国内专家商讨科研合作等方面。从这些信件中可以窥见戴松恩院士与国内外植物遗传学家之间的友好学术联系、对研究生的关怀等重要信息。其中具有重要史料价值的如"中国农学会写给戴松恩的信""农业出版社农作物栽培育种编辑室写给戴松恩同志的信""《现代化》杂志编辑部写给戴松恩的信""戴松恩写给徐冠仁的信及徐冠仁的回信""科学出版社第二编辑室写给戴松恩的信及戴松恩的回信""中华人民共和国农林部写给戴松恩的通知""农业出版社写给戴松恩的信""中国科学院写给戴松恩的通知""E. R. Sears写给戴松恩的信""K. C. Lu写给戴松恩的信""戴松恩写给E. R. Sears的信""Gordon Kimber写给戴松恩的信""戴松恩写给李振声的信""戴松恩写给胡含所长的信""李振声写给戴松恩的信"等。

照片

采集小组共计采集到了492张照片资料，其中实物资料111张。所采集的照片时间范围从1929年到1987年，涵盖了戴松恩青年到老年时代，其中既包括单人照片、生活照片也有大量戴松恩参与学术会议、进行学术考察的照片，大部分照片时间、地点等信息清楚，具有很高的史料价值。

我们采集到的珍贵的照片包括1929年戴松恩的个人照片、戴松恩与康奈尔大学同学在安德鲁·迪克森·怀特雕塑前留影、戴松恩在康奈尔大学期间与同学在埃兹拉·康奈尔（Ezra Cornell）雕塑前的合影、1933年戴松恩与夫人（龚桂芬）合影、1940年戴松恩在贵阳车站合影、1940年戴松恩在贵州农业改进所合影、1940年戴松恩等人在农林部中央林业实验所华北林业试验场西山分场的合影、1946年戴松恩和夫人龚桂芬及四个女儿的合影、1947年戴松恩在庄巧生婚礼上讲话的照片、1956年戴松恩全家合影、1957年戴松恩与祖德明合影、1957年戴松恩赴苏联访问留影、1958年全国春小麦现场会议全体代表合影、1963年中华人民共和国农业部科学技术委员会成立纪念合影、1963年戴松恩在杭州与农科专家同行的合影、1964年谭震林副总理接见科学教育为农服务会议全体代表合影、毛泽东主席及党和国家其他领导人与1964年北京科学讨论会的全体科学家合影、1964年北京科学讨论会现场刘少奇讲话、1964年戴松恩出席北京科学讨论会、1978年中国农学会座谈会全体代表合影、1978年全国科学大会与全体中科院学部委员合影、1978年党和国家领导人接见出席全国科学大会代表合影、1978年中国遗传学会成立大会暨学术报告会与全体代表合影、1979年戴松恩与中国农科院第一届英语培训班毕业生在农科院老大楼前合影、1980年中国农业科学院学术委员会全体学术委员合影、1980年中国民主同盟北京市第四次代表大会全体代表的合影、1981年党和国家领导人会见中科院第四次学部委员大会全体同志合影、1982年《中国农业百科全书·农作物卷》编委成立大会、1982年戴松恩和庄巧生等人在乾陵博物馆合影、1982年中国农业科学院研究生院七九级首届毕业生毕业留念合影、1983年中国农业科学院工作会议全体与会人员合影、1984年戴松恩在网室、1986年第一届国际植物染色体工程学会会议等照片。

证书

采集小组共采集到180件证件和证书资料，由于大部分证件和证书资料已经被家属捐赠给常熟市档案馆，所以我们采集到的证件和证书资料以数字化资料为主。证件和证书资料的时间从1951年至1987年，涵盖了戴松恩学术活跃期，具有较强的史料价值，这些证件和证书资料包括各类学术会议参会证、代表证、出席证、入场证、聘任证、荣誉证书等。其中重要的如，1951年戴松恩当选为北京市第三届各界人民会议代表证书、1954年戴松恩当选北京市第一届人民代表大会代表证书、1955年中国科学院聘戴松恩为生物学地学部委员证书、1955年中国科学院植物研究所聘戴松恩为学术委员会委员聘书、1956年戴松恩当选北京市第二届人民代表大会代表证书、1957年戴松恩出席全国农业劳动模范代表会议的出席证、1957年农业部聘戴松恩为中国农业科学院学术委员会委员聘书、1963年中国科学院聘请戴松恩为中国科学院《科学通报》第五届编辑委员会委员证书、1963年戴松恩当选北京市第五届人民代表大会代表证书、1964年戴松恩当选中华人民共和国第三届全国人民代表大会代表代表证书、1978年戴松恩的全国科学大会代表证、1978年戴松恩的颁发重大科技成果奖状大会的出席证、1979年农业部聘请戴松恩为农业部科学技术委员会委员证书、1979年戴松恩的中华人民共和国农业部科学技术委员会聘书、1979年戴松恩的中国科学院会议出席证、1979年中国农学会邀请戴松恩出席全国稻麦棉玉米抗病育种学术讨论会的邀请函与出席证、1979年戴松恩的中国民主同盟第四次全国代表大会代表出席证、1980年戴松恩当选中国人民政治协商会议第五届全国委员会委员证、1980年戴松恩的中国人民政治协商会议第五届全国委员会第三次会议出席证、1981年国务院学位委员会聘戴松恩为国务院学位委员会农学学科评议组成员证书、1981年国家农业委员会聘戴松恩为《中国农业百科全书》总编辑委员会委员证书、1981年戴松恩被聘为《中国大百科全书》农业卷编委会委员兼农艺编写组主编聘书、1981年戴松恩的中国人民政治协商会议第五届全国委员会第四次会议出席证、1982年戴松恩的中国遗传学会植物体细胞遗传和染色体工程学术讨论会代表证、1982年戴松恩的中国人民政治协商会议第五届全国委员会第五次会议出席证、1983年戴松恩的中国遗传学会第二次代表大会暨学术讨论会出席证、1983年戴松恩当选中国人民政治协商会议第六届全国委员会委员证、1984年中国农学会颁发的"从事农业科研、教学、推广或行政工作五十年以上，年逾七十五岁的老一辈农业科学家"证书、1985年戴松恩的从事科学工作五十年的荣誉奖状、中国遗传学会为感谢戴松恩在担任中国遗传学会第一届理事会理事期间为促进中国遗传学会的工作和发展我国遗传学事业做出的贡献颁发的荣誉证书等。

传 记 写 作

戴松恩是我国现代农业科学事业发展的亲历者。他从美国留学归国后，便在国家级农业科研机构中从事科研和管理工作，对新中国农业科学研究事业的恢复和发展做出了重要贡献。本书以戴松恩学术成长经历为主线，结合学科发展背景，以关键事件为节点进行谋篇布局。

本书一共八章。第一章主要叙述戴松恩学习成长的历程，戴松恩家境贫寒，但凭借个人勤奋努力，在师友的帮助下，以优异成绩从金陵大学毕业并留校工作，后考取首届清华大学公费留美，赴康奈尔大学，攻读作物育种和细胞遗传学，获得博士学位，从此确定了学术研究方向和为祖国农业奉献的理想。第二章叙述戴松恩回国后，在抗日战争中，辗转贵州、湖北等地坚持开展农业科研工作的经历。他在贵阳引种选育烤烟品种，为贵州烤烟事业的发展奠定了基础，担任湖北农业改进所所长，为战时推动湖北粮食增产做出了贡献。第三章叙述了戴松恩在北平解放前夕做出的重大抉择，以及在新中国成立初期所开展的农业科学研究和工作。中国农业科学院成立后，戴松恩先后担任中国农业科学院作物育种栽培研究所副所长、中国农业科学院副秘书长等职务，他科学研究和管理工作齐头并进，进入学术生涯的活跃时期。第四章至第八章，从戴松恩科研和工作的不同方面展开叙述，包括围绕农业增产来推进作物育种工作、率先主持开展小麦非整倍体研究、协助恢复作物学会、倡议制定《种子法》、建言农业现代化、致力培养农业科研人才等。最后是结语部分，在梳理戴松恩学术成长历程的基础上，总结出戴松恩学术成长的重要特点和关键影响因素，提炼出规律性认识，发掘其科学精神。

第一章
出身贫寒，艰辛求学

幼年丧父，勤读求进

1907年1月6日（农历十一月二十二日），戴松恩出生于江苏省常熟市唐市镇（今沙家浜镇）。戴松恩的父亲戴瑞儒是唐市镇倪新泰米行的店员，常年在上海、无锡一带推销粮食，收入微薄。母亲周氏在唐市镇上摆摊糊口。家境贫寒。

戴松恩的家乡唐市镇又称东唐市镇，是常熟四大名镇之一，位于今常熟市东南，距离常熟市区约18千米。唐市镇为典型的江南水乡，河流纵横，尤泾河穿流而过，镇东有金庄泾，西有语濂泾。历史上唐市镇又名尤泾、语溪。明代中叶，有唐姓将军带族人聚集于此，逐渐发展成集市。当地人为纪念唐氏，更名为唐市镇。唐市镇土地肥沃，物产丰富，盛产鱼虾。镇内河网密布，水路交通便利，尤泾河南达昆山，北抵常熟。明清时期，南北商船云集，镇上店铺众多，商贸活动繁盛，因而有"金唐市"的美誉。民国时期，唐市镇依然店铺林立，有米行、油坊、典当铺、木行、竹行、布庄、南货店、百货店、书场、国药店、酒店等店铺数百家。

唐市镇历史文化悠久，重教兴学，人才辈出。明代思想家顾炎武在唐市镇避乱十年,并在河西街创办亭林书院讲学,留下"国家兴亡,匹夫有责"的传世名言。明末复社先驱杨彝在唐市镇凤基园创立应社,集结文人名士,讲礼论文,被称为唐市学派。杨彝所建凤基楼藏书与常熟横泾毛晋汲古阁、钱谦益绛云楼齐名。明清时期,常熟重教,书院兴盛,有文学书院、游文书院、养贤书院、琴川课院、东湖书院、正修书院、梅里书院、智林书院等书院十余座,还有社学、义学多家。在如此浓厚的文化和教育氛围下,唐市镇人才辈出。明清两朝,唐市镇便考取进士十二名,举人二十八名。

清末戊戌变法以后,"科举垂废,学校递兴",常熟有识之士,开始出资创办新式学校,先后建立七十多所小学、两所师范学校。在唐市镇,1902年,孙晓卿、嵇洛如创办语溪中西学堂;1904年,从善局创办亭林小学;1909年,唐市米业公所创办米业小学。民国初年,亭林小学和米业小学分别改为第一、第二国民学校,并设立唐市高等小学,分初级部和高级部,学制七年,毕业生可以投考外地初中。

戴松恩家中没有田地。父亲戴瑞儒在唐市镇倪新泰米行作推销员,整年在上海和无锡一带推销粮食,隔数年才能回家一次。作为家中唯一的孩子,戴松恩从小就跟随着母亲在集市上售卖商品。贫困的生活环境磨练了他的意志,培养了他勤劳的品德。

他从小便自立自强,不畏艰苦,还形成了"用功读书,将来好养家"的思想。然而,贫寒的家庭条件,生活尚属勉强维持,读书更是一种奢望。直到1913年,戴松恩才得到亲友的推荐,免费入读镇上的教会小学唐市初级小学(今唐市中心小学)。戴松恩十分珍惜这难得的读书机会,终日静默寡言,勤奋学习。[①] 1917年6月,戴松恩以第一名的成绩从唐市初级小学毕业。9月,戴松恩升入唐市高等小学。

戴松恩的父亲戴瑞儒因常年在外奔波,积劳成疾,在这年冬天,便离开了人世,年仅三十六岁。父亲离世后,戴松恩和母亲相依为命,生活全靠母亲的摆摊来维持。然而,父亲的早逝、母亲的辛苦,并没有让戴松恩

---

① 戴松恩:《思想和历史自传》,1949年7月28日。存于中国农业科学院。

放弃学业，而是更加强化了他刻苦学习，掌握本领养家的意志。据戴松恩回忆："当时觉得母亲太苦了，我应当用功读书，将来好担起家庭的担子，尤其到十二岁的时候父亲病故，更加强了我的这种思想。"正是在这种强烈希望通过读书改变生活状况的愿望激发下，戴松恩更加刻苦努力地学习。1920 年 6 月，戴松恩以全校第一名的成绩从唐市高等小学毕业，考入苏州晏成中学（今苏州市第三中学），并得到校方免费就读的奖励。戴松恩在 1949 年撰写的《思想自传》中，这样总结他在中学以前的学习动机："我在中学以前的读书奋斗是为了起家，就是说由自私自利出发来解决家庭生活问题，当时的确光想中学毕业当个教员，并没有什么功名利禄的思想。"①

升入晏成中学，常怀学医之愿

1920 年 9 月，戴松恩因成绩优异免费入读苏州晏成中学，学理科。

苏州晏成中学具有深厚的文化底蕴，源自 1906 年美国南浸信会西差会创办的浸会小学。1909 年，浸会小学搬迁到临顿路谢衙前，并增设中学部。1913 年，改名为晏成中学。民国初年，梁启超、蔡元培、章太炎等名人曾到晏成中学讲学。1919 年，孙中山先生为晏成中学题写了"其道大光"的匾额。

但家庭的微薄收入依然难以供养戴松恩完成学业，他只能向亲戚举债读书。据戴松恩《历史自传》的记载，小学的教育费用他母亲尚能供给，而上中学，就只能向亲戚借钱。在晏成中学，戴松恩的大部分同学的家境都较好，甚至还有外国同学。戴松恩感觉到他们看不起他，便发奋读书。②

据戴松恩回忆："我在中学读书时，常有学医的想法，所以我读的是理科。学医的念头萌发于幼年时期。当我亲眼看到小镇上许多老百姓那么苦，疾病和传染病死亡率很高，我的父亲就在三十六岁时害肺痨病死去。镇上只有私人挂牌的中医看病，收费高，没钱看不起病。当时我想，我若

---

① 戴松恩：《思想和历史自传》，1949 年 7 月 28 日。存于中国农业科学院。
② 戴松恩：《历史自传》，1949 年 7 月 28 日。存地同上。

是一个医生多好。可是我后来知道进医科大学不容易，要读八年，根本读不起。"①

中学时期的戴松恩有很强的正义感。戴松恩在1949年所写的《思想自传》中便记载了他赶走两个经常去他家敲诈母亲钱财用来抽大烟的叔父的事情。他写道："我记得在十七岁的时候，我曾很凶，打过我的长辈，事实是如此的：我有两个叔父，过着无赖的生活，并且天天要抽大烟，没有大烟抽的时候，就到我家里来向我母亲借钱。首先尽可能地敷衍，后来我们母子二人的生活还很难维持，他们还是经常来敲诈。母亲实在无法应付。有一次，刚好我放寒假回家，最小的叔父又来借钱了，这一回没有给他，他就坐在我们家里不走，到了晚上还是不走。当时我非常气愤，同时想到母亲以血汗换来的少量金钱，为什么随随便便给他去抽大烟？经过再三的考虑，我就不顾一切地以强硬态度对付他，他还是以无赖的态度来对付我，我气极了，就顺手拉着他胸前的衣服一把拉出大门，因为用力过

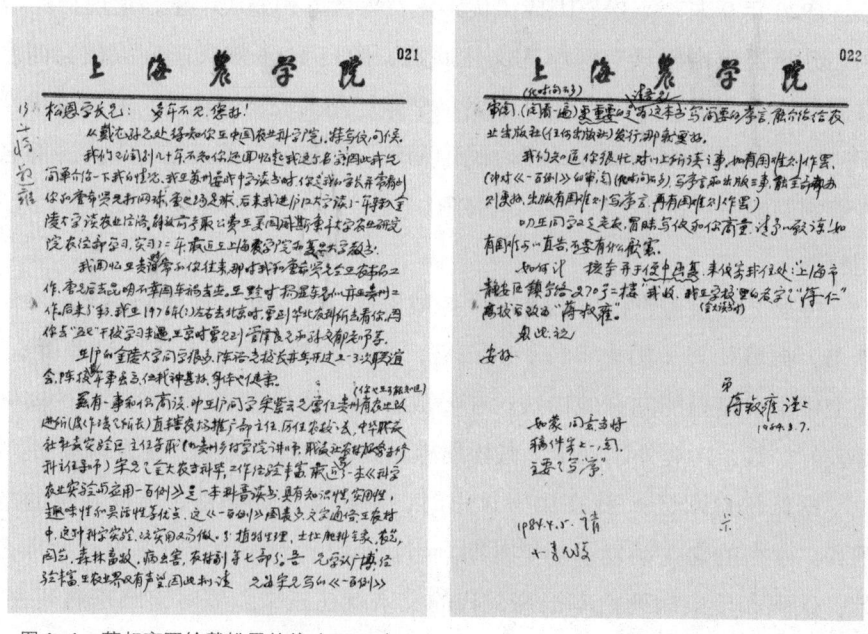

图1-1　蒋叔雍写给戴松恩的信（1984年3月7日）

① 戴松恩：《入党申请书》，1982年7月31日。存于中国农业科学院。

猛，把他摔了一跤。这从此以后，只要我在家，他就不敢再来了。这一个刺激，加上我家境清寒，使我随时随地会产生一种正义感，这种正义感发展到相当程度就会有所行动。"①

中学时期的戴松恩在学习之余，也爱好运动。他喜欢踢足球、打网球和篮球等，通过运动来锻炼身体。同在晏成中学上学的蒋叔雍在1984年写给戴松恩的信件中还提及"我在苏州晏成中学读书时，你是我的学长，并常看到你和唐希贤兄打网球，尝也踢足球。"②

离开新民社，转而学农

1924年6月，戴松恩从苏州晏成中学毕业。由于成绩优秀，7月，戴松恩被学校领导推荐到苏州教会所办的新民社，担任交际干事。1925年夏天，戴松恩在新民社工作一年后，觉得这种社会活动工作不适合自己，并有了辞职去学医的想法。而此时，又有一位吴姓好友来到新民社与他争夺职位③。戴松恩愤而提出辞职。虽然戴松恩还是很想去考医科大学，但是他打听到医科大学学费高昂，而且需要学八年时间，基本没有免费进医科大学学习的机会。正在戴松恩为难之际，看到金陵大学农业专修科在报纸上的招生简章，专修科一年就能毕业。这对当时希望通过读书深造来改变家庭生活条件的戴松恩来说，无疑是一个难得的机会。在友人的资助下，戴松恩凭借优异的中学成绩，免试进入金陵大学农业专修科。从此，他与农业科学结下了不解之缘。

戴松恩在1982年《自传》中记载了这段经历："1924年7月中学毕业，我被学校领导分配在苏州教会办的新民社（相当于当时教会办的青年会）当干事。我干了一年，深深地感觉到干这种社会活动工作和我的志愿不合，没有意义，我学医的念头又萌发出来了。幼年时期，我看到镇上许多老百姓生活那么苦，由于疫病和传染病死亡率很高，我的父亲就在他三十六岁时患肺

---

① 戴松恩：《思想自传》，1949年7月28日。存于中国农业科学院。
② 蒋叔雍写给戴松恩的信，1984年3月7日。资料存于采集工程数据库。
③ 戴松恩：《思想自传》，1949年7月28日。存于中国农业科学院。

痨病病死去。镇上只有私人挂牌的中医看病,收费高,没钱看不起病。我的父亲就因为没钱看病和养病而过世。当时我想如果我是一个医生多好。所以我在中学读书时就一直想毕业后进医科大学读书。可是后来我知道进医科大学不容易,要读八年,要花许多钱,根本没有免费读书的机会。就在1925年夏天,当我感到当新民社干事没有意义时,看到报上登载南京金陵大学农业专修科招生,一年就毕业。当时我想学医根本不可能,学农也可以。得到友人资助,并由于中学学习成绩优异我得以免试入学。"①

在1949年戴松恩所写的《思想自传》中,也回忆了这一时期他的思想变化过程:"我决定进专修科(等于大学的一年级)是因为受了刺激,我在民国十三年中学毕业后,当了一年的新民社交际干事,自己觉得工作不称心,想另谋出路,正在此时,有一位好友吴某忽然来夺我的职务,我愤而提出辞职,当时觉得中学程度还不够谋生自立,所以坚决地向同学借钱读专修科。我的思想也由单纯解决家庭生活观点而改变为做番事业的观点,现在看起来是由单纯的起家观念而转变为功名的思想。"②

入读金陵大学农学院,立志作物遗传育种研究

金陵大学农学院始于1914年裴义理(Bailie Joseph)发起创办的金陵大学农科。1915年,金陵大学成立林科。同年,农林科合并,学制四年,由裴义理任农林科长,采用美国高等农业院校教学、科研、推广三位一体的办学模式。金陵大学农林科是我国近代第一所四年制高等农业院校。1930年,金陵大学农林科更名扩充为金陵大学农学院。二十世纪二十年代后期至三十年代初,金陵大学农学院有芮思娄、卜凯、章之汶、过探先、谢家声、孙文郁等,可谓名师云集。农学院不仅注重教学,而且采用科学方法开展作物育种实验,有良好的教学仪器设备和实验条件,并与康奈尔

---

① 戴松恩:《自传》,1982年5月23日。存于中国农业科学院。
② 戴松恩:《思想自传》,1949年7月28日。存地同上。

大学开展作物改良合作，为学生的培养和继续深造创造了良好的条件。

戴松恩在金陵大学农业专修科学习一年后，以第一名的成绩毕业，并留校担任沈宗瀚的助理。正是在协助沈宗瀚开展作物遗传育种试验的过程中，戴松恩认识到研究作物遗传规律的重要意义，并对作物遗传育种产生了浓厚的兴趣，立志成为作物遗传育种专家。天道酬勤，在老师的推荐下，戴松恩获得带薪入读金陵大学农学院农艺系作物遗传育种专业的机会。虽然承受着生活、工作和学习的重压，但戴松恩依然出色地通过了金陵大学农学院严格的学术训练，以第一名的成绩毕业，拿到了从事农业科学研究的第一把"金钥匙"。

金陵大学农业专修科

1925年，在友人的资助下，戴松恩凭借优异的中学成绩，免试进入金陵大学农业专修科。从此，他开始学习农学知识，并逐步走上了农业科学研究的道路。

金陵大学农业专修科始创于1922年，隶属于金陵大学农林科。金陵大学农业专修科以解决乡村问题，培养农业技术人才、农业推广人才、农业经营人才、农业教育人才、乡村改进人才为目的，招生对象为中学毕业生，教学方法上，工读并重，培养学生"以学理证诸实验，以事实印证学理"的能力。农业专修科的修学期限连同暑假仅三学期。[①] 戴松恩在入读该科之前有过工作经历，深知学习机会难得，因此更加努力地学习专业知识和参加实践。1926年，戴松恩以第一名的优异成绩从金陵大学农业专修科毕业。

半工半读研习作物遗传育种

1926年夏，戴松恩以第一名的成绩从金陵大学农业专修科毕业，并留在

---

① 自1928年起，金陵大学农业专修科的学制修改为二年，一年工读，一年实习。参见：《本科概况》.《金大农专月刊》，1934年第4卷1—2合期，第146—156页。

金陵大学农林科，后担任沈宗瀚[①]的助手。戴松恩开始跟随沈宗瀚学习和研究作物遗传育种。1928年，戴松恩破格免试插班入读金陵大学农学院作物遗传育种专业大学二年级，系统学习了作物遗传育种的理论知识；协助沈宗瀚开展作物育种和良种推广工作，积累了研究经验；通过沈宗瀚与康奈尔大学作物遗传育种学的知名教授们建立了联系，提高了英语水平，开拓了学术视野。

戴松恩与沈宗瀚的相识缘于金陵大学与康奈尔大学合作开展的"中国作物改良合作计划"。"中国作物改良合作计划"是近代中美两国首次有组织、有规模的正式农业科技交流合作。为了协助中国应对1919年和1920年淮河流域的两次饥荒，美国总统威尔逊成立了中国赈灾百人委员会。赈灾工作结束后，救灾基金尚有余款。1922年，金陵大学农林科长芮思娄（J. H. Reisner）教授赴美国申请将救灾基金余款用于华北农林改良。芮思娄毕业于康奈尔大学，是著名作物育种学家洛夫（H. H. Love）教授的学生。1925年，芮思娄聘请洛夫教授担任金陵大学特约教授，并积极与康奈尔大学沟通合作开展中国作物改良事宜。

1925年，金陵大学与康奈尔大学、洛克菲勒基金会世界教育委员会签订为期五年的"中国作物改良合作计划"，1927年因战事中断，故延长至1931年。双方约定每年从康奈尔大学选派一名作物育种学教授到中国，与金陵大学农学院合作开展作物改良研究，由金陵大学提供试验设备与场地。康奈尔大学教授赴中国的相关费用，则由芮思娄争取到的赈灾余款和洛克菲勒基金会世界教育委员会的资助来支付。中美双方希望通过该计划既能够改良中国主粮作物（小麦、大麦、水稻等）品种，提高粮食产量和品质，又可以培训一批中国本土的作物育种专业技术人员，持续地开展作物品种改良的研究和调查。

1925年，康奈尔大学选派洛夫作为第一位赴华开展"中国作物改良合作计划"的作物育种学教授。其时，沈宗瀚正在康奈尔大学攻读作物遗传

[①] 沈宗瀚（1895—1980）：字海槎，号克难居士，浙江余姚人。农学家、作物遗传育种学家、农业行政管理专家。1918年毕业于北京农业专门学校。1923年留学美国乔治亚大学农学院，后转入康奈尔大学研究院，兼纽约洛克菲勒基金会世界教育委员会研究员，1927年获哲学博士学位。回国后历任金陵大学农学院副教授、教授、系主任，中央农业实验所总技师、所长等职。

与育种学博士学位。据沈宗瀚回忆，1925年4月，洛夫教授在赴金陵大学之前，向他详细了解了当时中国的作物情况，并约定以后让沈宗瀚回金陵大学主持作物改良工作。

从1925年4月至1931年，康奈尔大学先后派遣了洛夫、玛雅思（C. H. Myers）、魏根（R. G. Wiggans）三位教授，到金陵大学农学院指导实施作物改良合作计划。三人均为沈宗瀚在康奈尔大学读博士期间的老师。他们在金陵大学农学院讲授作物育种理论与技术，将近代作物遗传育种理论、技术和方法，尤其是生物统计方法传入中国，指导开展小麦、大麦、高粱、大豆、水稻等作物育种试验，并制定了一套科学的育种方法体系，使我国作物育种方法日臻完善，进入一个更加缜密、科学的新时期。

随着"中国作物改良合作计划"的开展，作物品种改良成为当时金陵大学农学院的中心工作，金陵大学的许多教师和学生都参与了这一工作，他们向美国康奈尔大学的作物育种学教授学习，了解了当时最新的作物育种理论和方法，增长了知识，开拓了视野。戴松恩、王绶、郝钦铭、沈学年、沈寿铨等先后赴康奈尔大学留学深造，逐步成长为我国作物育种领域的专家。

1926年3月，尚在康奈尔大学读博士的沈宗瀚陪同玛雅思教授到金陵大学，协助其开展作物改良计划。沈宗瀚开始在金陵大学任教，主讲遗传学、作物育种学，并开展小麦、高粱、水稻等作物育种研究。戴松恩从农业专修科毕业后，开始担任沈宗瀚的助手，协助其开展作物育种研究。玛雅思和沈宗瀚在南京太平门试验场和一些合作站场总共种植了八千株穗行试验的小麦，通过仔细研究，他们筛选出二千株小麦用于进一步的试验。10月，为了尽快完成博士论文，沈宗瀚回到美国康奈尔大学。

1927年3月，国民革命军进入南京，不明身份的歹徒枪杀了金陵大学副校长文怀恩（J. E. Williams）。为了安全起见，金陵大学美国籍教授全部暂时离开南京。1927年11月，在康奈尔大学获得博士学位的沈宗瀚回到金陵大学任教，继续开展"中国作物改良合作计划"。戴松恩一直协助沈宗瀚开展小麦、水稻遗传育种的田间试验，并负责处理英文信件和报告。在沈宗瀚的指导下，戴松恩一边工作一边自学遗传学理论，逐渐发觉研究小麦遗传规律很有意义。他认识到"医学能治病救人，农业能解决人们吃饭穿衣的问题，同样是人生的重大需求"，他对作物遗传育种产生了浓厚的兴趣，立志成为作物遗传育种专家。从此，戴松恩下定决心更加努力地学习和工作，希望进入金陵大学农学院深入学习作物遗传育种的专业知识。

戴松恩的勤奋学习和对作物遗传育种工作的执着和热情，让金陵大学农学院的老师看到了一个可塑之才。1928年夏，经老师推荐，戴松恩破格带薪进入金陵大学农学院农艺系作物遗传育种专业大学二年级学习。课余时间，他继续参与沈宗瀚教授主持的小麦遗传育种研究。戴松恩非常珍惜这难得的机会，放弃休息时间，全力以赴地学习和工作。五十多年后，戴松恩还能清晰地回忆起在金陵大学这段半工半读的时光，正是这一经历让他对作物遗传育种产生了浓厚的兴趣，并将之作为一生的事业。据戴松恩回忆："1926年夏，我毕业时考了第一名，被留在金陵大学农学院农艺系，帮助老师搞小麦遗传育种研究工作。从此，我对农学发生了兴趣。我觉得学习小麦的遗传规律很有意义。于是我就在这方面下功夫，自学遗传理论及育种学原理和方法，越读越有兴趣。从此我下决心一定要更努力学习和工作，希望能进金陵大学农学院读书。老师们看我这样努力工作，勤奋学习，就在1928年夏天推荐我破格免试升入大学二年级插班学习，但要抽出一定时间到系里工作，仍给我原来的工资，不仅可以维持上学的一切费用，还可赡养母亲。回想起来在这段时间里全力以赴地努力学习和工作，简直没有时间休息。亏得我在中学读书时喜欢踢足球、打网球和篮球等运动，身体有较好的锻炼，因而身体还能顶得住。"

图1-2　戴松恩（1929年左右）

以优异的成绩毕业留校

1931年6月，戴松恩以第一名的成绩从金陵大学毕业，取得农学学士，荣获当时学校最高的"金钥匙奖"，并被选为"斐陶斐"荣誉学会会员。1931年7月，戴松恩留在金陵大学担任农学院助教，继续协助沈宗瀚开展小麦育种试验工作。

戴松恩在担任沈宗瀚助手的过程中，最重要的是参与了选育小麦品种"金大2905"的工作。1925年，沈宗瀚在南京通济门外农田中选取小麦单穗，采用纯系育种法历经八年的科学选种、田间试验，于1934年育成"金大2905"。"金大2905"小麦品种产量比我国首个采用纯系育种法选育的小麦品种"金大26"高出32%，而且还具有早熟、抗倒伏、抗锈病的特性。该品种在长江流域得到大面积推广，1934年至1937年，四年间推广了一百三十万亩，是1937年前粮食作物中推广面积最大的一个品种。①

在金陵大学农学院的学习和工作中，戴松恩不但系统地掌握了作物遗传育种的理论知识，而且在沈宗瀚的指导下开展了一系列小麦遗传育种的试验，参与"金大2905"等中国最早一批小麦优良品种的选育和推广工作，完成了从事小麦遗传育种研究的学术训练。这为他此后继续深入开展作物遗传育种研究奠定了坚实的基础。

赴康奈尔大学深造，树立科学救国理想

作为美国基督教会美以美会创办的教会大学，金陵大学与康奈尔大学是姊妹大学。二十世纪二三十年代，美国康奈尔大学农学院与金陵大学农学院有着频繁的学术交流，多名康奈尔大学的教授和毕业生在金陵大学任职。这为金陵大学农学院师生出国深造提供了便利条件，不少学生毕业后留学康奈尔大学。当戴松恩以作物遗传育种专业第一名的成绩考取第一届

---

① 郝钦铭：《金大二十余年来之农作物增产概述》，《农林新报》，1929—1930年，第19期。

国立清华大学公费留美生后，康奈尔大学的大门向他敞开。

考取清华公费留美

1933年夏天，国立清华大学第一次从理、工、农、医等三十多个专业中公开招考公费留美研究生，每个专业仅录取一名。戴松恩听到消息，喜出望外，马上报考了作物遗传育种专业。国立清华大学第一届公费留美考试的消息刚一公布，便吸引众多报考者，竞争非常激烈。据统计，1933年国立清华大学第一届公费留美考试录取率为13.7%。

考试分普通科目和专业科目。普通科目包括党义（不计入总成绩）、国文、英文、第二外语（德文或法文），专业科目则根据各专业而设置，各科考试时间均为三小时。在成绩构成上，普通科目成绩占20%，专门科目占70%。为了全面考察考生的研究和工作能力，还将考生的研究及服务成绩作为考察内容（占10%）计入总成绩（参见表1-1）。这次考试非常注重语言能力，不仅考试英文，还要求专业课用英语作答。此外，还考第二外语（德语或法语）。据戴松恩回忆，这次考试"要考五门专业课笔试，必须用英语回答，还要考英语作文。及格后，还要进行英语口试"[①]。戴松恩在金陵大学担任沈宗瀚助理期间，经常打印和翻译英文材料，英语能力得到极大提升。他在这次考试中英文获得了97分的高分。而他在金陵大学农学院刻苦学习作物育种专业知识和积极参与的小麦育种研究实践，也为他考好专业科目奠定了基础。最终，戴松恩从众多考生中脱颖而出，以总分排名第一的成绩获得公费赴美留学的宝贵机会。金陵大学农学院还有植物系植物病理组的助教魏景超也于同年考取了植物病理专业的公费留美生。魏景超后来留学美国威斯康星大学，回国任职于金陵大学，成为我国著名植物病理学家、农业教育学家，在我国水稻病虫害、真菌分类学和植物病毒学研究上做出了卓越的贡献。

---

① 戴松恩：《自传》，1982年5月23日。存于中国农业科学院。

表 1-1　戴松恩参加清华大学第一届公费留美生考试成绩表①

普通科目成绩				专门科目成绩					研究及服务成绩	总平均
党义	国文	英文	法文	遗传学	植物生理学	育种学	生物统计	作物学		
56	26	97	0	58	59	67.5	82	86.2	75	66.72

附注：各科成绩共计 100 分；普通科目占 20%（国文 8%，英文 8%，德文或法文 4%）；专门科目占 70%；研究及服务占 10%。

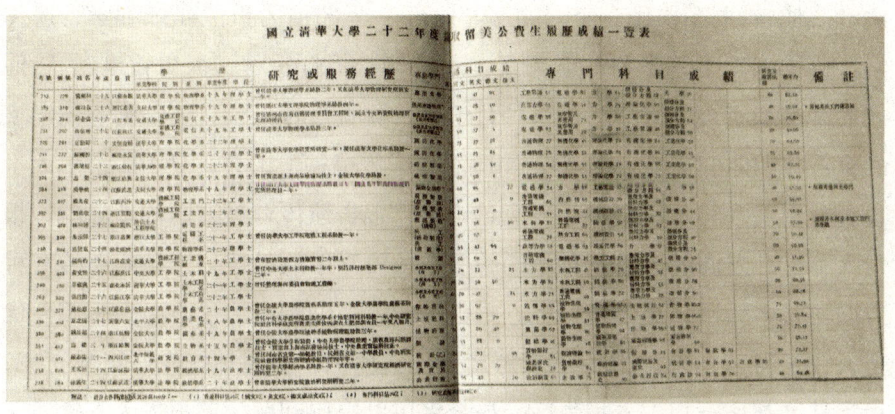

图 1-3　清华大学第一届录取留美公费生履历成绩一览表（戴松恩考号 306）②

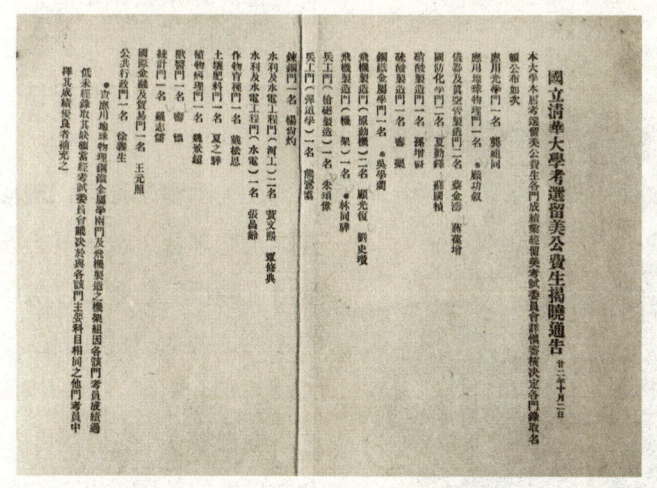

图 1-4　清华大学第一届考选留美公费生揭晓通告（1933 年 10 月 2 日）③

---

① 顾良飞：《清华大学档案精品集》。北京：清华大学出版社，2011 年，第 40 页。
② 顾良飞：《清华大学档案精品集》。北京：清华大学出版社，2011 年，第 40-41 页。
③ 顾良飞：《清华大学档案精品集》。北京：清华大学出版社，2011 年，第 42 页。

进入康奈尔大学钻研细胞遗传育种

1934年1月,戴松恩从上海搭乘威尔逊总统号远洋邮轮赴美国,随后进入康奈尔大学研究生院,跟随著名作物育种学家洛夫教授攻读作物育种和细胞遗传学。

戴松恩非常珍惜在康奈尔大学深造的机会,全身心地投入学习和学术活动。他曾回忆:"我在美国的三年时间,全部精力贯注在细胞学、遗传学、植物病理学等学科的学习上,不跳舞,不打桥牌,很少看电影。"他还经常参加康奈尔大学遗传育种讨论会,聆听当时美国著名细胞遗传学家的报告并和他们交流。据戴松恩回忆:"遗传育种讨论会,是由康奈尔大学育种学系主办的,每周举行一次讨论会,报告遗传育种方面的新成就,报告人有这几方面的人:育种系的教授,植物学系的教授,来访的遗传育种方面的著名教授,进修教师等。报告的内容,细胞遗传学方面占压倒性优势,我记得著名细胞遗传学家为艾曼生、沙伯、麦克林托克、特曼立克、白立其等都作过报告。报告后,与会者可以提出问题,请报告人答复或开展讨论。讨论会结束后,会后并没有讨论。中国同学经常参加讨论会的有曹诚英、俞锡璋、夏泽良、汤湘雨和我。"

在美国留学期间,戴松恩加入了美国农艺学会,成为其会员,还和导师洛夫教授一起参加过美国农艺学会的年会。据戴松恩回忆:"当时,美国农艺学会出版一本刊物叫《美国农艺学会杂志》。它有一条规定:这种杂志只发给美国农艺学会的会员,也只有该会会员才有资格把论文送交该杂志刊登。换一句话说,它要吸收一大批会员,实质上就是要收入一大笔

图 1-5 戴松恩出国留学前与夫人龚桂芬合影

会员费，每年五元美金（据说以后增加到每年十元）。我也花了五元美金，参加了美国农艺学会，目的想收到一份杂志，有论文还可以送去刊登。我记得我跟洛夫去参加过一次年会，地点在康萨斯州的孟赫顿。在会上，有很多人宣读了论文，洛夫也宣读了他的有关生物统计的论文。我记得论文宣读完年会就算结束，一共开了三天，没有讨论。我在美国的三年中，每年都付五元会员费，1937年1月回国后，我就停付会员费，取消了会员资格，也就是和美国农艺学会脱离了关系。"①

戴松恩的导师洛夫教授还带他参加学术性的聚餐会，并让他在会上用英文发言交流。"在康奈尔大学有一批教授有定期的聚餐会，有一次，他（洛夫）请我去吃饭，并叫我讲话，题目是'中国的作物育种事业的发展'，题目是他出的，经我写出初稿，并由他修改定稿，他还叫我要背出来，音调还由他指点过。"后来，洛夫教授还带戴松恩去参加了纽约州农业博览会，并让戴松恩在会上作了题为"中国的作物育种事业的发展"的报告。②

学习之余，戴松恩还参加了中国学生会。这是一个由康奈尔大学中国留学生组成的松散学生组织。当时中国学生会的主要活动就是组织中国留学生制作并售卖中餐，为国际联谊会筹款。据戴松恩回忆："有的人负责做菜，有的人送菜，我每次负责做大米饭。"此外，1934年2月，中国学生会还为著名男中音歌唱家、音乐教育家赵梅伯在康奈尔大学组织

图1-6 戴松恩在康奈尔大学留影

---

① 戴松恩：《回忆在康奈尔大学参加的活动》，1986年7月10日，手稿。资料存于采集工程数据库。

② 戴松恩：《回忆在康奈尔大学参加的活动》，1986年7月10日，手稿。

了一次独唱音乐会。1936 年，戴松恩开始负责中国学生会的事务，戴松恩组织成员开展了售卖中餐筹款、集体收听西安事变新闻等活动。

康奈尔大学育种学系的教授也常邀请戴松恩和中国留学生参加家庭聚会，尤其是曾在金陵大学农学院任教过的洛夫、玛雅思、魏根思教授，请戴松恩等人去他们家参加晚会，聊聊家常，玩些游戏。戴松恩还曾被"付系导师"细胞学家沙伯（L. W. Sharp）邀请去家中听交响乐唱片。据戴松恩回忆："沙伯是细胞学家，他是我的付系导师，我可能是他的唯一

图 1-7 戴松恩（右三）与同学在埃兹拉·康奈尔（Ezra Cornell）雕塑前合影

的中国学生。他请我到他家听过一次交响音乐唱片，都是所谓著名的经典唱片，他听的津津有味，却闭了眼睛听，一言不语。而我欣赏不了，又不好意思离开。这是另一种家庭晚会的开法。此外还有一些教授，病理学家韦则尔（Whetzel），遗传学家福来传（Fraser）等也请我到他们家玩过。"①

在导师洛夫教授的指导下，戴松恩选择了研究不同普通小麦品种杂交后性状遗传规律的课题。在康奈尔大学的图书馆、实验室和试验地里都留下了戴松恩专心攻读和辛勤耕耘的身影。他对来自中、俄、美三国的五个普通小麦开展杂交实验，对杂交后小麦的叶片、叶鞘、秆毛、小穗、外芒、内芒等性状进行研究，探究引起各种性状形态变化的遗传因子，阐明了小麦单性状遗传和性状间连锁遗传的规律，并以英文完成了《中俄美小麦品种杂交之遗传研究》的博士论文。这种规模的小麦遗传研究，在

---

① 戴松恩：《回忆在康奈尔大学参加的活动》，1986 年 7 月 10 日，手稿。

当时国内农学界尚属首次。因此，戴松恩博士论文的摘要后被刊发在1937第4卷第21期《农报》，供国内学者参阅。1936年冬，戴松恩获得康奈尔大学博士学位，并凭借出色的成绩，获得"金钥匙奖"，被选为西格玛赛（Sigma Xi）荣誉学会会员。

为了加深对当时美国各地农作物育种实践的了解，1936年夏，在导师洛夫教授的帮助下，戴松恩孤身一人，乘坐火车和公共汽车参观考察了美国二十一个产谷州的农学院和农事试验场，较为全面地了解了当时美国各地在农作物育种上的先进技术和方法。戴松恩后来回忆："1936年夏季，我用了三个月的时间，到主要产麦州（相当于我国的省）农学院和试验场区参观小麦研究工作。差不多每处都有洛夫的学生和同行，所以我带着洛夫的介绍信去旅行的。我到过美国中部、北部、西部和西北部所有产麦州，也到过中南部几个产棉州。我一个人乘坐火车和公共汽车，住在农学院或试验场里。对冬小麦工作，主要在室内参观和交谈，对春小麦工作，田间和室内并重。我收集了不少论文的单印本，对小麦赤霉病接种、小麦蛋白质的测定、细胞切片的新方法等，我还进行了实习。途经西部黄石公园时，花了四天的时间去观光了一下，结果钱不够用，所幸遇上一个美

图1-8　戴松恩博士论文

第一章　出身贫寒，艰辛求学

国人主动地借钱给我。最后我还到哥伦比亚特区的华盛顿,目的是去参观农部及其爱灵顿农场,我参观了好多技术部门。"[①]

1937年回国后,戴松恩根据这次考察,撰写了《美国产谷州参观记》,并发表在1937年第4卷第20期的《农报》上,文中详细论述了他在考察中所见的美国各地在作物育种试验区排列、杂交育种方法、抗病虫害试验、抗旱育种、小麦品质研究、细胞遗传研究等方面的做法和经验,为当时我国农学界开展作物遗传育种研究提供了有益的参考。

图1-9 戴松恩《美国产谷州参观记》

拒绝留美,毅然回国

在美国留学期间,戴松恩亲身体验到当时美国存在的严重的种族歧视和所谓民主自由的虚伪性,以及对弱国的欺侮。戴松恩曾回忆:"1933年冬,我从上海坐船到旧金山想买加拿大至太平洋铁路线的车票,经加拿大到纽约,但售票员问我是否日本人,日本人可以买票,中国人不能买,因为过加拿大境时中国人要被扣留。这件事使我开始觉悟到种族歧视的压力

---

① 戴松恩:《回忆在康奈尔大学参加的活动》,1986年7月10日,手稿。

和弱国人民的遭遇。在美国三年我曾多次遭到类似遭遇。有一次我看电影有这样一个镜头：标题是'中国的军队常常是后退的'，实际上是把片子倒接后放映。有一次随导师到加拿大边境观看尼亚加拉大瀑布，中国人不能走过山涧上大桥中间的美加交界处。还有一次我到美国南部去参观某州立农学院时，三K党强迫我去看处置黑人的情景，把黑人吊在十字架上，下面用火烧。还有其他在日常生活中的无数次遭遇。回忆起来，历历在目，特别像处置黑人的情景，真是惨不忍睹。在我思想上留下了极其深刻的印象，迫使我考虑所谓'民主自由'原来是惨无人道，压迫弱小民族的勾当，只有资本家的'民主自由'，只有强国人民的'民主自由'。正是这么多的悲惨遭遇，促使我从向往美国而逐渐认识到它的虚伪性和残酷性。"[1]

在美国留学期间的这些经历，让戴松恩深刻地体会到国家贫弱而遭受强国凌辱的痛苦，并认为"我有责任把贫穷落后的祖国振兴起来"，树立了"科学救国"的理想。戴松恩获得博士学位后，美国导师主动提出请他留在美国工作，并承诺将他的妻儿都接到美国。然而"为了建设祖国的作物遗传育种事业"，戴松恩拒绝了导师的再三挽留。戴松恩坚定地认为"搞农业离不开土地，只有在祖国的土地上，我才能更好地为家乡父老，为更多人服务"。1937年2月，戴松恩搭乘加拿大皇后号轮船，踏上了回国的旅程。

---

[1] 戴松恩：《入党申请书》，1982年7月31日。存于中国农业科学院。

第二章
回国效力，战乱中坚持科研

戴松恩回国后，进入中央农业实验所担任技正，准备开展小麦抗病育种研究，但日军侵略的炮火阻断了这一切。全面抗日战争期间，戴松恩随中央农业实验所西迁。他辗转于芜湖、柳州、贵阳、金堂、恩施、重庆北碚等地，在有限的条件下，坚持开展了烟草、油菜和玉米等作物育种研究工作。在中央农业实验所贵阳工作站和贵州农业改进所，戴松恩为贵阳地区引种了烟草品种"佛州黄金叶"，并推广示范栽培技术和烤烟技术，为贵州烟草事业的发展奠定了基础。他在贵州和四川开展了油菜人工自交以及油菜育种方法的研究，培育出"罗甸一号"改良品种。他组织人员经过四年的连续试验，筛选出云南"牟定火麦""平坝30"等高抗赤霉病小麦品种，论证了选育小麦抗赤霉病品种的可能性，在当时具有开拓性意义。在湖北农业改进所担任所长期间，戴松恩以粮食增产为中心，领导开展了作物改良与栽培试验、病虫害防治、作物良种推广等工作，为保障湖北粮食需求和农业发展做出了积极贡献。

入职中央农业实验所为贵州引种烟草

1937年2月,戴松恩搭乘加拿大皇后号轮船回到祖国。在回国前,戴松恩已获中央农业实验所、清华大学农学院等单位的邀请,考虑到老师沈宗瀚对他的器重和提拔,便决定到中央农业实验所担任技正,负责小麦遗传育种研究工作[①]。1937年3月,戴松恩受聘前往南京中央农业实验所担任技正,在全国稻麦改进所负责小麦抗病育种和细胞遗传学研究。

中央农业实验所成立于1932年1月,是我国近代第一个国家级的农业科学研究和技术改进机构。中央农业实验所的职责包括研究及改进农业技术方法,中外已知良法的研究、试验与推广,调查农业实际情况并引入有益的农业动植物,以科学方法研究农产品等。中央农业实验所聚集了一大批国内外农学专家,开展农业科学研究和实验工作。

1935年11月,为了谋划全国粮食的自给,以中央农业实验所农艺系稻麦工作为基础,在中央农业实验所内成立全国稻麦改进所,分设稻作组和麦作组。由当时中央农业实验所所长谢家声、副所长钱天鹤,分别兼任全国稻麦改进所的正副所长。张连芳任稻作组的主任,沈宗瀚兼任麦作组主任。中央农业实验所与全国稻麦改进所,虽然外部看似两个机构,但内部实际上是一体。1937年,戴松恩回国后,就在全国稻麦改进所的麦作组工作。

沈宗瀚在其自述传记《克难苦学记》中记载,全国稻麦改进所成立后,麦作组的人员"除沈骊英、徐季吾两技正外,马保之、戴松恩两技正,蒋德麒、张义荣两技士,万德昭、金阳镐、李联标、蒋彦士、陆钦范、范福仁、伍子才、张宪秋、张学明、吕国桢等技佐"。沈宗瀚认为他们"工作极为努力,成绩极好"。

沈宗瀚还总结了当时中央农业实验所与全国稻麦改进所的工作具有

[①] 戴松恩:《入党申请书》,1982年7月31日。存于中国农业科学院。

"守时间""注重田间工作""研究改良作物，注重多方面，由各系分工合作"以及"研究改良注重实用而兼顾理论"四个特色。他还以麦作组内的小麦品种改良为例说明："例如在麦作组内改良小麦品种是实用，而其理论则根据遗传细胞与生物统计。故我与骊英分别改良品种兼做遗传研究，戴松恩研究小麦遗传与细胞，马保之研究生物统计与小麦抗病。在实用方面，小麦检验与分级，由徐季吾、张义荣等研究并实施，小麦改良品种的繁殖与推广由蒋德麒在陕西、李联标在河南、马鸣秦在安徽北部、金阳镐在南京，分区负责推行。"由此，我们可知戴松恩当时在全国稻麦改进所麦作组已经担任技正，主要开展小麦遗传与细胞研究。

1937年5月10日至26日，戴松恩受全国稻麦改进所麦作组的委派，赴丹阳、无锡、杭州、淮阴等地考察小麦抗锈病试验情况。戴松恩的考察总结，刊发在1937年第4卷第17期《农报》。

全国稻麦改进所工作消息：戴技正视察江浙各地合作小麦区域及抗锈病试验

本所麦作组以小麦成熟期近，为欲明了各地小麦区域及抗病性等合作试验之实况，特于五月十日派技正戴松恩赴京沪、沪杭及江苏北一带视察小麦区域及抗锈病试验，至五月二十六日毕，返所。兹将其视察结果，略述如下：

（一）丹阳：区域试验中之小麦生长均不甚佳，或由去秋播种太迟，及播种时土壤太干所致，条锈病为害甚烈，褐锈病记载时为害尚轻，散黑穗病为害亦甚烈，当地农家小麦，植株高而细，分蘖力强，受锈病害极重，散黑穗病亦不轻。

（二）无锡：区域试验中之小麦，生长甚佳，锈病为害较轻，散黑穗病为害甚烈，美国玉皮及金大二九〇五号似颇有希望。抗锈病试验，秋播者受害均甚轻，即当地易染锈病之农家品种亦受害甚轻，春播者完全失败，因土地太湿，发芽后生长不良，均无抽穗希望。农家小麦有二：1.无锡小麦，分蘖力强，秆细，雁锈病轻，受散黑穗病害极重，约为百分之五；2.美国白皮，分蘖力弱，产量较低，病害较少，出粉佳，为面粉厂所欢迎。

（三）浏河：区域试验中之小麦，生长极佳，受锈病害甚重，散黑穗病害亦不轻，金大二九〇五号小麦，似颇有希望。农家小麦，分蘖力极强，秆壮，略受锈病及散黑穗病害。

（四）杭州华家池：区域试验中之小麦，生长极佳，惟多数倒伏，赤霉病为害甚烈，许多品系竟全部受害，锈病为害亦不轻。农家小麦有二：1. 有芒，分蘖力弱，散黑穗病多，受条锈病害不轻；2. 无芒，分蘖力弱，受锈病害不轻。此二种小麦，受赤霉病害均极轻。小麦抗锈病试验，秋播者记载时受锈病害极轻，春播者尚在幼苗期，均无病，恐无抽穗希望。

（五）杭州拱宸桥：区域试验中之小麦，生长过佳，几完全倒伏，恐由土地过肥所致，锈病为害不轻，赤霉病则为害极轻。

（六）淮阴：区域试验中之小麦，生长甚佳，条锈病为害甚烈，钻心虫为害颇烈，美国玉皮小麦，似有希望。抗锈病之试验，秋播者，易染锈病之当地品种罹条锈病甚重，惟春播者，五月二十日记载时均未抽穗，多数恐无抽穗希望，农家小麦有三种：1. 五花头，易染条锈病，秆弱；2. 大玉花，与五花头相似；3. 葫芦头，易染褐锈病，秆弱，以上三种小麦，均易受钻心虫害。

（七）泰兴黄桥：区域试验中之小麦，生长甚佳，条褐锈病为害均甚烈，惟记载时期已晚，难以辨明，秆黑粉病为害极烈，散黑穗病亦不轻，赤霉病为害极轻，青虫害甚重，麦叶几全部受害。农家小麦无芒，秆细，分蘖力强，褐锈病害重，赤霉病害轻。金大二九〇五号小麦，受褐锈病害较重，赤霉病害轻，穗大，分蘖力强，秆壮，较当地农家小麦生长优良，颇得农民信仰，现繁殖近四百市亩，其唯一缺点为有芒，盖大麦壳不能喂猪。美国玉皮小麦，生长极佳，能抵抗锈病，惟易染黑殼病（得病晚时，对于产量恐无甚影响），或能替代金大二九〇五号，下半年将作比较试验（包括美国玉皮、金大二九〇五号及农家种），以确定其价值。①

---

① 《全国稻麦改进所工作消息：戴技正视察江浙各地合作小麦区域及抗锈病试验》，《农报》，1937年，第4卷第17期，第891页。

从这篇报道可以看出，戴松恩通过考察，细致地总结了在丹阳、无锡、浏河、杭州华家池、杭州拱宸桥、淮阴、泰兴黄桥进行区域试验的小麦生长和抗病虫害情况，虽然区域试验是以研究小麦条锈病为主，但戴松恩也非常细致全面地记录了各地区不同小麦品种在抗赤霉病、散黑穗病、秆黑粉病以及虫害方面的表现，并注意对比美国玉皮小麦、金大二九〇五号以及当地农家小麦品种在抗小麦条锈病、赤霉病性上的差异，为进一步开展比较试验和深入研究提供了参考。

然而，戴松恩的研究工作刚刚开始，日军侵略的炮声，就在卢沟桥响起。1937年7月7日，日本发动了全面侵华战争。国难当头，戴松恩不得不中断原定的研究计划，将工作重点转移到服从战时需要上来。1937年至1940年，戴松恩先后辗转江苏北部、南京、芜湖、柳州、贵阳等地，在极其困难的条件下，以保障战时粮食为重点，开展了小麦增产、烟草、玉米、油菜等育种研究和推广工作。

1937年8月，戴松恩被派往江苏北部，负责督导小麦增产。9月中旬，戴松恩到达苏北各县，以贷款和贷种方式督促各县县长积极展开工作。他除了在当地推广改良种子外，还普遍利用农贷发动大规模增施肥料以促进粮食增产。在各县的奔波劳累，让戴松恩的身体疲惫不堪。11月12日，戴松恩因患病，返回南京治疗。此时，上海已被日军占领，而随着战事的发展，南京也岌岌可危。中央农业实验所自8月日军进攻上海时，便开始奉令将重要图书、仪器以及试验材料搬迁到湖南，并在长沙设立办事处。淞沪失守后，中央农业实验所便奉令全部西迁至长沙。11月28日，戴松恩舍弃多年积累的资料和书籍，搭乘最后一班火车抱病离开南京。[①]1937年冬季，戴松恩到达安徽舒城。

1938年1月，国民政府进行机构调整，实业部改组为经济部，中央农业实验所随之改属经济部，并奉令搬迁至重庆。中央农业实验所取道水路经过江苏、安徽、河南、湖北、江西、湖南、广西、贵州、四川九省，于2月15日到达重庆，技术人员大部分派往各省协助改进农业。4月，贵州

---

① 戴松恩：《思想和历史自传》，1949年7月28日。存于中国农业科学院。

省建设厅与中央农业实验所共同筹建贵州省农业改进所，负责改进贵州农业。所有经费由贵州省政府与中央农业实验所平均负担，技术方面则由中央农业实验所派员协助。戴松恩被派往中央农业实验所贵阳工作站，并协助贵州农业改进所的工作。①

戴松恩于1938年1月抵达广西柳州，因风湿病未痊愈，又患上直肠炎，在柳州的广西省立医院医治，直至5月31日出院。6月，戴松恩辗转抵达中央农业实验所贵阳工作站②。到了贵阳后，由于各种原因，戴松恩转向烟草、油菜和玉米的改良研究。

戴松恩对贵阳农业生产条件进行了深入考察，发现贵阳地区适宜发展烟草种植。贵州种植烟草始于清代中叶的贵定县。民国初年，贵定烟叶已运销到贵州各地及临近的湖南、广西。全面抗日战争前，贵州烟产量已居全国第四位。但当时贵州所种烟草均为土烟，产量高而质量欠佳，缺乏烤烟品种和工艺，不能制造卷烟，卷烟还需从外省输入，仅贵阳一市，每年输入卷烟价值达二百万元。贵州烤烟业的发展亟待突破。戴松恩深知贵州烤烟业发展的关键在于引入合适的烤烟品种和烤烟技术。于是，戴松恩、冯福生等人从1938年开始，利用贵州农业改进所从贵定、龙里、福泉、平坝、清镇、开阳、黄平、遵义、金沙、三穗等二十五个县采集的六十五个当地土烟品种，以及从山东烟叶试验场，广西柳州、贺县等地征集的二十个国外烤烟品种进行了品种比较试验。1940年，戴松恩选育出了来自美国弗吉尼亚的烤烟品种"佛州黄金叶"（Virginia Bright leaf，又名"佛光"），该品种不仅产量高，而且色香味俱佳，适宜在贵州引种推广。戴松恩首先在贵阳地区推广种植了"佛州黄金叶"，还示范推广了烟草育苗、移栽、管理、采收和烤烟技术。

1940年，由贵州农业改进所提供技术和种子，贵州企业公司提供经费，在贵州全省推广美国烟草品种"佛州黄金叶"等，并请技术人员指导

---

① 《经济部中央农业实验所公函贵州省建设厅》，第127页载："为派本所技正戴松恩及技士杜修昌二员，驻省本所工作站工作，请查照由。转令农业改进所知照。"1938年6月24日。贵州省档案馆，原档案全宗号：M60-1-8756。

② 戴松恩：《思想和历史自传》，1949年7月28日。存于中国农业科学院。

农民种植烟草和烘烤烟叶的方法，以低价向农民提供烟苗、建立标准烘烤房，聘请技师传授烤烟分级打包、评定标准等知识。1942年，美国烟草品种"佛州黄金叶"等已推广到十余县，种植面积三十七万余亩，产量一百三十多万斤。抗战后期，烤烟成为贵州农业最主要的经济作物。随着美烟的迅速推广种植，到解放前夕，贵州成为我国四大烤烟生产基地之一。"佛州黄金叶"等烤烟品种的引种和推广还推动了贵州烟草制造业的迅速发展。1940年，贵州企业公司与汉口中国青年协记烟厂合作，成立了贵州烟草公司，用"佛州黄金叶"等为原料，制成多款畅销香烟，扭转了贵州卷烟依赖外省输入的局面，而且成为贵州商品输出大宗，每月外销二三百吨。1943年以后，贵州烤烟逐步打开了东南沿海市场，远销广州、香港等地。1942年，贵州烟税收入占全省财政收入的65%以上，烟草产业成为贵州财政收入的主要来源。戴松恩在贵州开展的烟草引种研究和推广工作，为贵州烟草产业的发展奠定了坚实的基础。1984年，贵州省烟草学会副秘书长苑文林在寄给戴松恩的信中开篇便写道："松恩老师：贵州烟草事业是你开创的，你是贵州烟草事业的重要创始人和奠基人之一。"[①]

油菜是我国重要的油料作物之一，油菜籽是植物油脂的重要来源。民国初期，农学家多注重水稻、小麦等主粮作物，对油菜的研究较少，对西南地区油菜的研究更为缺乏。抗日战争期间，西南地区作为大后方，油菜的重要性日益增显。戴松恩在贵州和四川开展了油菜人工自交以及油菜育种方法的研究，并培育出"罗甸一号"改良品种。1938至1939年，戴松恩在贵阳利用贵州所产油菜（白菜型油菜，*Brassica campestris L.*）和细叶芥菜（芥菜，*Brassica cernua thunb.*）为试验材料，开展了油菜籽人工自交影响实验，探究了改进油菜的方法，以作为长期抗战中油菜籽增产的参考。实验结果表明人工自交对白菜型油菜和芥菜的性状影响差异较大，白菜型油菜经过人工自交后所表现损益全距较芥菜大，损益之均数较芥菜也大；人工自交对白菜型油菜影响差异大，而芥菜差异小；普通油

[①]《苑文林写给戴松恩汇报贵州烟草学会情况的信》，1984年11月13日。资料存于采集工程数据库。

菜及芥菜花枝顶部的花蕾不结角果，打顶能增加其结角果百分率。① 为了探究油菜的育种方法，戴松恩先后在贵州和四川，利用从我国西南五省收集的 125 个农家品种种植 1619 棵试验单株，包括白菜型油菜（*Brassica campestris L.*）、芥菜（*Brassica cernua thunb.*）和芥菜型油菜（*Brassica juncea Coss.*），开展了自交实验，研究自交对直系一代和二代性状的影响。通过分析实验结果，戴松恩指出芥菜型油菜与白菜型油菜的育种方法应区分开，即分为芥菜育种法与油菜育种法。芥菜型油菜育种可以采用纯系育种法，但白菜型油菜的育种方法还难以确定。戴松恩认为不能完全将当时盛行的玉米杂交育种法用于白菜型油菜，但可以应用自交育种法的原理来生产出优良的油菜品系，并对此提出了建议，为后续研究提供了参考。②

玉米在民国时期已经成为重要粮食作物之一，在西南、西北地区种植尤为普遍。抗日战争期间，玉米除了用作粮食，还可用来制造酒精以掺和或替代汽油，供军方使用。因此，增加玉米产量成为当时的一大要务。全面抗日战争期间，在西南、西北地区增加玉米产量，是通过增加玉米栽培面积还是采用优良杂交玉米品种更为快速有效呢？当时国内外农学界大部分人认为我国应该效仿欧美，通过引进和推广美国杂交玉米品种，能够迅速提高玉米产量。戴松恩通过玉米品种和产量的对比试验对这一问题进行了研究，先后在《农报》上发表了《美国杂交玉米在我国的利用问题》和《抗建期中玉米杂交种之推广问题》两篇文章，指出美国杂交玉米不一定适合我国西南和西北地区种植，其产量并不一定高于本地的优良品种。在《美国杂交玉米在我国的利用问题》中，他通过对比试验指出美国双杂交玉米品种并不比当地品种好，直接引种美国双杂交玉米品种并不能解决玉米增产问题，只有利用它们的自交系与中国玉米材料杂交，才能获得适用于中国的高产玉米品种③。戴松恩还联合在广西柳州的马保之、四川成都的李先闻、云南昆明的徐季吾等人，开展了美国玉米杂交品种在西南四省产

---

① 戴松恩：《菜子人工自交影响研究之初步报告》。《农报》，1940 年第 5 卷第 13—15 合期，第 222—227 页。
② 戴松恩：《菜子育种方法之我见》。《农报》，1941 年第 6 卷第 1—3 合期，第 667—679 页。
③ 戴松恩：《美国杂交玉米在我国的利用问题》。《农报》，1939 年。

量的对比试验，结果表明美国玉米杂交种只有在肥沃的土地上可以比普通优良品种多产20%左右，在贫瘠的土地上则体现不出产量增加。而西南、西北地区种植玉米的土地均较为贫瘠，美国玉米杂交种的增产优势难以体现。抗日战争时期，美国杂交玉米在西南、西北地区的推广还存在诸多困难，其大规模的推广也难以实现。因而，戴松恩指出，抗日战争时期，西南、西北地区玉米产量的增长，"似不宜以增加每单位面积之产量为主要途径，而应集中力量于增加栽培面积"。①

小麦赤霉病是小麦的主要病害之一，备受国内外农学界关注。当时部分国内外农学界专家认为小麦抗赤霉病不能通过育种途径来解决。戴松恩对此提出了疑问，并进行了连续四年的小麦赤霉病抗病性鉴定试验。他组织姜秉权、王焕如等人，在贵阳、荣昌等地利用"金大2905""美国玉皮""金大26"等国内改良品种研究小麦赤霉病抗病性，研究表明赤霉病人工接种法可靠、赤霉病天然接种不可靠，并探究了各品种抗病性的差异及其原理。试验证明将小麦赤霉病人工接种法稍微改进后，颇为适用；小麦赤霉病天然接种结果表现出极不合理的差异；人工接种品种表现差异大，各小麦品种染病程度不一②。戴松恩指出在严格接种条件下中国小麦品种中具有抗赤霉病的材料，并筛选出云南"牟定火麦""平坝30"等品种具有极强的抗赤霉病能力，可以作为抗赤霉病杂交育种的基本材料，从而论证了选育小麦抗赤霉病品种的可能性，反驳了当时某些国外专家认为不能进行小麦抗赤霉病育种的观点，在当时小麦抗赤霉病育种研究上具有开拓性意义。

1940年7月，戴松恩跟随贵阳中央农业实验所工作站迁移到四川荣昌中央农业实验所。戴松恩愤于当时中央农业实验所存在的宗派问题，于1940年10月，从中央农业实验所辞职。③之后，受同学之邀，进入位于四川金堂的铭贤农工专科学校，担任教授兼垦殖系主任。

铭贤农工专科学校是今山西农业大学的前身。1907年，孔祥熙受美国

---

① 戴松恩:《抗建期中玉米杂交种之推广问题》。《农报》，1941年第6卷第10—12合期，第221—228页。

② 戴松恩:《小麦品种抗赤霉病之育种问题》。《农报》，1941年第6卷，第28—30合期，第1—11页。

③ 戴松恩:《思想和历史自传》，1949年7月28日。存于中国农业科学院。

图 2-1　戴松恩（左三）在贵州农业改进所
（1940 年 10 月 26 日）

图 2-2　戴松恩（左二）在贵阳车站
（1940 年 10 月 26 日）

欧柏林学院（Oberlin College）所托，将在山西太谷县南的公理会小学接收，创办铭贤学堂。1908 年，学校增设中学班，欧柏林大学毕业生韶华熙夫妇到校担任教师，成为该校第一批美籍教师。1909 年，铭贤学校迁入太谷县城二华里杨家庄附近的孟家花园（今山西农业大学校址），在此，铭贤学校逐渐发展壮大。1916 年秋，增设大学预科（相当于高中），学制三年，分师范、文、理、工、商科。1927 年，铭贤学校在民国政府正式立案。1928 年增设农科，1931 年创办工科。1937 年 10 月，由于日军侵入山西，铭贤学校的师生被迫南迁，经运城、陕县、西安、勉县，于 1939 年 3 月迁到四川省金堂县姚家渡曾家寨。1940 年，经民国政府教育部批准立案，在四川金堂成立铭贤农工专科学校，设科不设系，分农学、工学科。戴松恩的同学杨蔚在铭贤农工专科学校任职。当他得知戴松恩在四川，便极力邀请他到铭贤农工专科学校工作。[①] 于是，戴松恩便来到铭贤农工专科学校任教授，并开设了遗传学课程。在铭贤农工专科学校任教两年后，戴松恩又投身到发展湖北农业的工作中。

---

① 庄巧生访谈，2015 年 6 月 21 日，北京。资料存于采集工程数据库。

担任湖北农业改进所所长推动粮食增产

　　1942年4月，戴松恩应湖北省建设厅之邀到恩施①担任湖北省农业改进所的所长。湖北省农业改进所于1937年由湖北省政府将原农业改进推广处、棉业改进处合并改组而成，隶属于建设厅，负责全省农业改进及推广。1938年10月，武汉沦陷，湖北省政府向西迁入恩施，湖北农业改进所奉令结束。湖北省政府机关、学校、军队等机构均迁入恩施，约十万人涌入，粮食供应紧张。发展鄂西农业生产，提高粮食产量迫在眉睫。1939年1月，湖北省委员会决定重新成立湖北省农业改进所，隶属于湖北建设厅，其目的在于改进湖北农业，增加生产，并为农民谋福利。湖北省农业改进所下设总务组、农艺组、棉业组、茶叶组、林业组、畜牧兽医组、农业工程组。

　　戴松恩担任所长时，湖北农业改进所的组织机构包括"纯行政部门的总务组和会计室。技术行政部门已设立农艺、森林、畜牧、兽医、植物病虫害、推广等五组。"在附属机构上，隶属于农艺的有"鄂北、鄂西农场及其分场，五峰茶改良场"；隶属于森林的与之相似，机构分布于恩施、咸丰、利川、来凤、房县、均县、襄阳；隶属畜牧兽医方面的有咸丰兽疫血清制造厂，并将鄂西七县分为三个防疫中心区。②

　　戴松恩在湖北农业改进所期间以开展粮食增产工作为重心，尤其以小麦和玉米增产为主，利用农贷大力增加良种、肥料、农具、耕牛等，促进农业生产，提高了鄂西小麦产量。除此以外，在戴松恩的主持下，湖北农业改进所还对鄂西、鄂北的林业进行了调查，并提出了保护湖北西北部林区的建议。在1943年戴松恩提交给湖北省政府建设厅的报告中，便附上了该所对鄂西、鄂北林业调查报告。这两份报告分别对鄂西、鄂北林地概况、林木种类、各县森林概况及特产进行了论述。在《鄂西林业调查报告》最后指出"是故森林复旧主须育成多数林业人才，健全林政机构，励

---

① 1938年10月武汉沦陷。11月，湖北省政府西迁至恩施。
② 戴松恩：《湖北农业改进之过去与将来》，《新湖北日报》，1933年4月2日第3版。

行森林法令，普及爱林思想，使林垦各得其所，营林渐能合理，则木材收获可以期其保续，国民经济可以因而发展，若徒盲目造林直舍本逐末耳"。①《鄂北林业调查报告》认为鄂北"是年来水旱交互为灾，民不聊生"，是由于森林破坏严重而导致。调查者提出"挽救之道，应速禁止盲目农垦及放火烧山，并施行林区管理制度，选派林董、林保，严密防止一切不合理之破坏侵袭，更应将一切不合理之荒坡废田还林。如此不但森林可资恢复，即国土保安，解决人民生计，实亦利赖之"。②

戴松恩认为当时湖北工业不发达，"举凡衣、食、住、行之原料，大部实仰给于农产品"。因此，改进湖北农业对保障人民生活有重要意义，而从事农林技术的人员，具有义不容辞的责任。在这种强烈的责任感下，戴松恩"总思为本省科学农业奠定一良好巩固之基础，庶几后来者得宽其崇高之建树而无所困难"。

但由于当时正处于抗日战争最为艰难的时期，工作条件艰苦，加之政府机构中还存在贪污腐败、派系之争，很多工作难以顺利开展，戴松恩深感失望，决定离开湖北农业改进所。在离开之前，戴松恩还不忘建言湖北农业，在《新湖北日报》发表了《湖北农业改进之过去与将来》和《告别湖北友人》。

戴松恩写作《湖北农业改进之过去与将来》一文是希望通过追述湖北农业改进的发展历程，以为继任者开展工作，推动湖北农业发展提供参考。在该文中戴松恩认为湖北农业改进发轫于清末，并将湖北农业改进机构的变迁按照草创期、调整期和恢复期三个时期进行了梳理，随后，戴松恩总结了湖北农业改进所西迁后，1940年至1944年开展的工作。我们可以从中看到戴松恩在湖北农业改进所期间领导开展的农业科研和工作情况。

> 甲、自二十九年农改所全部毁于轰炸之后，图书仪器，一空如洗，既乏参考资料，亦无精细分析工具，仅有田间试验及粗放之室内观察。

---

① 戴松恩：《鄂西林业调查报告1943》.《湖北档案史料》，1984年第4期，第43-44页。
② 戴松恩：《鄂北林业调查报告1943》.《湖北档案史料》，1984年第4期，第54页。

子、作物改良及栽培试验——四年来之主要作物试验结果如下：（一）水稻品种以鄂农三号，成绩最良，平均超出当地种产量百分之二十以上，其次则"湘农六三八号""湘潭云南号"等均佳，惟鄂西水源困难，旱魃■炽①，尤以过热梗盛，实水稻改良之一大困难，陆稻经试验后亦少得望。（二）小麦除推广者，有"金大二九〇五号""中农二八号"及"美国玉皮"三品种外，中农杂交系数种尤有希望，其最大优点即早熟与抗病力强。鄂西山多饥寒，一带小麦成熟较迟，无法利用稻田种麦，否则易误插秧期。故早熟二丰产之麦种，乃农民至所欢迎者。（三）鄂西植棉，不甚适宜，但为解决战时衣用原料计，亦勉加改进。本省来凤分场曾作数年之试验，以对栽培技术之改良，较之品质之改良为有希望。三十二年已将棉种运往鄂北农场，由该场继续试验，因鄂北天时地利，对于棉花生长，较鄂西为适宜也。（四）蔬果品种新收■者，与年俱增，三十二年已超出二十九年原有之三倍，凡四百种有奇。尤以练马署葡■地瓜、番茄且■获得大量销场。（五）其他试验值得提及者，花生以直茎品种省工，而"北流"及"美国塔州白"二种产量最高。马铃薯栽培以增加播种量及切削法栽培之效果为佳，目诸，油菜、芝麻均选出指导繁殖佳种。果树除引入沙田■新种外，二十九年至三十年且会作各种柑橘贮藏试验，利用硼酸石灰溶液洗果处理，以期减少贮藏损失。

丑、病虫防治及药物之研究。五年以来，本省主要防治病虫工作，可分二部：一为主要作物病虫害之观察，防治研究，二为药物之收集试验与制造。前者如五年水螟害之观察研究，知低劈稻椿实能减少螟害又各作物受害损失率，以蔬菜害虫及玉米螟最烈，损■将达二分之一，稻虫，麦病，仓虫均在百分之十五下。土药之研究则有杀虫效力之试验，及薄荷，苦树皮之繁育除虫育苗，已达十二万株有奇，杀虫药物制造件有蚊香、臭虫药等出品，■经试用颇著成效。此外附带尚有益虫繁殖工作，如家蚕之饲养，蜂之繁殖等，已出蜂蜜二五〇余斤。

---

① 因年代久远，该报纸原文部分脱落，一些文字难以辨识，以"■"代替。下同。

寅、森林采集育苗，木材研究，自二十九年起，每年■在从事之调查，及各种标本之采集，鄂西、鄂北等地之森林标本，大抵齐备。三十二年秋，并派技术人员会同房县府勘查神农架之原生林，发现大量冷杉等极有军事之价值之林木，并已采制高山植物标本，以备参考。又本省育苗工作，四年来本省各林场育苗，每年总计均在百万株以上。日特间着重于经济林木之繁殖。森林部门另一研究，并对木材之解析。三十二年度曾解析马尾松、杉木、柏木、枫树四种，测其高■体积、直径、材积等，以供利用之参考。

卯、兽疫血清之制造，本省过去以设备不足，运输困难，对于畜牧品种改良方法无大进展，兽疫血清厂于三十年度开始筹备。至三十一年，本人到任充实以后，开始制造血清及各种菌苗，两年之间，主要出品计有牛瘟血清三十五万余西西，牛瘟脏器苗十万余西西，三十二年度开始试制猪瘟脏器，苗及出血性败血病菌苗，均有少量出品，数千西西，此外两年共制牛瘟血毒■千余西西，以供免疫之用。

乙、推广方面，本省农业推广，本于增加生产，以供军需民用之原则，计有下列四项业务。

子、粮食增产。本省粮食增产工作，自三十年起，遵照中央规定设立湖北省粮食增产总督专团，负责推行。三十二年复扩■编制，由农改所指定技术人员一人，兼任秘书，下设推广员十四人，专司其事，■年粮食增产业务质量并重。一方面扩大土地面积，计二十九年生产面积为二八八九九三市亩，三十年扩为五九四四八七亩，三十一年再扩为七四九六七二市亩，三十二年估计可达一一〇〇〇〇〇市亩以上，每年增加粮食面积约三十万市亩。增加方法，以利用冬季闲田，及田坎屋隙生熟荒地为主，另一方面提高作物产量，三年来，计推广稻种三六七四斤，优良小麦八一九市石，推广种植绿肥并指导用堆肥约达二三〇〇〇市亩。

丑、特种作物增产，本省鄂北光（化），谷（城），襄阳等县为产棉特区，鄂西来凤县亦勉可栽培，自三十年在来凤推广澧县洋棉一九〇一八市斤，三十二年自河南购进■字棉■〇〇市斤，推广于光、谷、均等三县。桐油亦鄂西特产,三十年在鄂西各县推广植桐四三一〇三九九株,■理旧桐树一一三一五一株,三十一年复在鄂西增植一一七四九〇一株,鄂西林场所植三年桐,已开始结果实。

寅、动植兽疫瘟病虫防治,植物病虫方面,民国三十年以来,每年防治稻虫面积,均在十五万市亩以上,每年剪除麦病,一百七八十万穗,三十二年利用药物防治菜虫,凡二〇〇市亩。其他如处理积谷等工作,年来迄未间断。牲畜瘟疫方面,自三十一年血清厂研制出及防疫中心区成立以来,两年共注射牛四二六头,猪一一七九头,尤以三十二年注射耕牛头数增加最剧,为前年之四倍有余。

卯、农业推广贷款为利用财物贷放,以达到推广良种美法,增加生产起见,两年来同中国农民银行签订约洽贷有下列各种贷款:(一)洋芋贷款三十万元分贷恩施、宣恩两县,作为补植作物,以救三十一年之春荒。(二)良种小麦贷款,公用二十九万余元,遵奉农林部命令,运用该款收购三十一年度所贷良种小麦,留于秋季转贷农民使用,在恩、宣、咸、来、建、巴、房、保八县共购良麦四万九千余斤,已分别贷出。(三)耕牛贷款三十一年及三十二年共借两批,共二百八十二万元,购买耕牛四百一十五头,分贷于恩施、咸丰、来凤、宣恩、建■、五峰、襄阳、利川等六县。①

最后,戴松恩展望了湖北农业的未来,提出发展湖北农业的建议:根据省内各地自然条件的差别将农业分区,并进行分区试验和改进;健全基层农业行政机构;注重发展农林渔业特产。

在《告别湖北友人》一文中,戴松恩向湖北的农友表达离别的伤感之情,并提出在抗战胜利后,要发展鄂西的林畜特产,但不要在鄂西地区滥伐森林,超限制的垦荒,注意水土保持,养护资源,才能为战后鄂西农业的持续发展提供保障。时至今日,我们依然可以从这篇文章中,感受到戴松恩对湖北农业发展的关切和他的远见卓识。②

---

① 戴松恩:《湖北农业改进之过去与将来》,《新湖北日报》,1944年4月2日,第3版。
② 该文刊登于《新湖北日报》1944年3月28日。

到鄂西来了两年，肩负着鄂省全省农业改进工作，应该时常和各位农友们接近才对。由于本人的短于才干，应付行政工作特别忙，故很少这样的机会，实在是一件异常遗憾的事。

本来很想勉强如其难，竭尽个人的力量，为湖北全省农业谋致农村一切幸福，创造一个新的湖北环境。可是惭愧至极，我这屏弱的身体，先已不配做农民领导者的资格，甚而病魔迫我和各位农友分开，心中异常伤感。

两年以来，农友们竭尽了你们的力和汗，支持抗战的湖北，你们增加六十万亩的耕地，一百万石以上的粮食，你们的工作伟大，超过应尽的天职有余。我惭愧的除了领导你们行动而外，很少给予你们功益。

幸赖同仁们的协助，两年中替你们诸位农友增加了四百头以上的耕牛，替你们准备了五万斤以上的麦种，替你们购到了六千余万斤棉种，替你们医治了五千头以上的病畜，介绍给你们以前鄂西所未有的几种作物品种，这算是对你们些微的贡献。实在说不上成绩。

各位农友，临别了，无所赠言，谨以下面两点意见转致各位。

（一）鄂西是林产和畜产的特适区域，将来抗战胜利以后，鄂西唯一有发展农林事业，就是以上两项，例如桐油、漆、倍子、乌桕、厚朴等都是鄂西林产的精华，也是战后最有希望的最有价值的输出品。畜产方面，猪鬃、羊皮也是鄂西出产大宗。农友们，莫贪眼前的近利，自己毁坏固有的资源，努力培植饲养，将来定有良好的收获。

（二）鄂西地势多山，水源缺乏，水土保持的作用，切不可忽视，莫滥伐森林，莫超限度的垦荒，宁可忍受战争时代短缺的短痛。要知道战后的鄂西断不会食粮缺乏。可是目前如果不注意以上保持，任意破坏土壤，战后所受损害和痛苦，将十百倍于今日。

最后，向各位介绍新任所长刘发煊博士，是我的知友，刘所长的工作精神与能力，强我百倍。刘所长对于你们将来的贡献，不用说，能作你们满意，我愿意代表你们欢迎和感谢刘所长的莅临。希望你们在刘所长领导之下完成新湖北农业建设的使命。

1944年3月28日,《新湖北日报》以《送戴松恩博士》为题刊文,肯定了戴松恩为湖北农业做出的贡献。

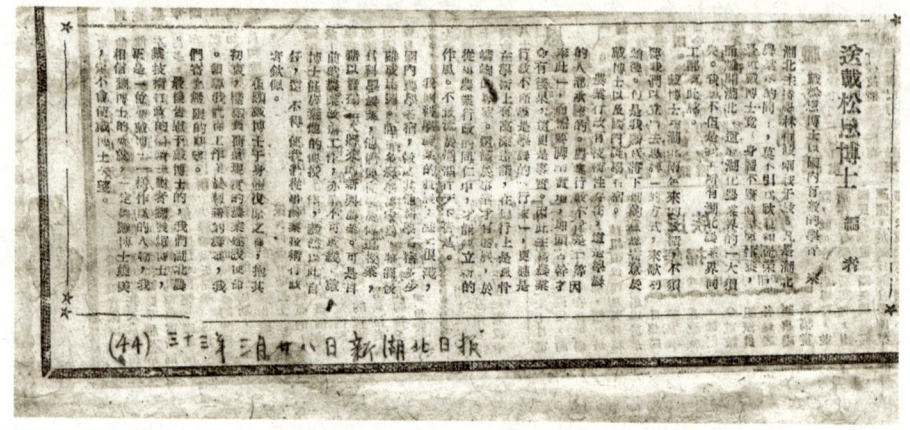

图2-3 《送戴松恩博士》(新湖北日报,1944年3月28日)

1944年4月,戴松恩卸任湖北农业改进所所长,离开恩施赴重庆①。戴松恩回到重庆后,原计划赴新疆迪化工作,后因飞机停航,新疆政局变化而放弃。当年6月,戴松恩回到位于重庆北碚的中央农业实验所担任技正兼麦作杂粮系主任。负责小麦改良和推广工作,期间开展了"中农483"的示范工作以及"中农28"的推广。

1945年5月至8月,经杨显东②介绍,戴松恩被借调到美国对外经济作战局工作。杨显东当时在美国对外经济作战局负责农业统计工作,戴松恩去了后,在杨显东领导下开展农业生产情况的统计工作。据戴松恩回忆:"1945年5月间,由杨显东(当时他在敌伪美国对外经济作战局负责农业生产情况的统计工作,现在他在中央农业部工作)介绍,并由该局备函向伪中央农业实验所借调,我从6月1日起暂时借调到该局工作,在杨显东的领导

---

① 戴松恩:《思想和历史自传》,1949年7月28日。存于中国农业科学院。
② 杨显东(1902—1998):湖北仙桃人,著名棉花和农学家、农业行政管理专家、社会活动家。曾任农业部副部长、农学会理事长和中国科协副主席。1923年考入南京金陵大学农科,1934年留学美国康奈尔大学,与戴松恩是同学。他先后获得了康奈尔大学硕士和博士学位。1937年全面抗日战争爆发后,他放弃高薪厚禄,毅然离美途经苏联考察后回国,同年11月参加革命。在任美国经济作战局农业顾问期间,为新四军筹集了大量经费、医药和物资。

下，进行具体的农业生产情况的统计工作，到 8 月底为止，共工作三个月。农业生产情况的统计工作，完全是采用当时伪中央农业实验所出版的《农情报告》的资料，主要是采用当时大后方几省，特别是四川省的农业生产数字。统计的目的是要看，当抗日战争期间，大后方几省的粮食供应情况。我记得当时的统计工作就是把已经发表的《农情报告》数字，分析历年粮食生产的消长情况，及其发展前途。1945 年 8 月 15 日，日本投降，我就请求立即调回伪中央农业实验所，到 8 月底，我就结束工作回所。当时杨显东叫我留下，以后可以跟他到伪善后救济总署工作，我没有同意，因为我愿意在科学研究机关搞研究工作。"① 于是，1945 年 8 月底，戴松恩回到了中央农业实验所，继续工作。

抗战胜利回南京转赴北平

1945 年 8 月 15 日，日本宣布无条件投降。1945 年 12 月 1 日，中央农业实验所派人收回在南京孝陵卫的原址，中央农业实验所奉令迁回原址。从 1946 年 1 月开始，中央农业实验所人员陆续从四川北碚迁回南京。1946 年 6 月 25 日，戴松恩带领中央农业实验研究所的员工及眷属二百余人乘坐木驳船由重庆驶往南京。7 月 13 日平安抵达。

1945 年 12 月，国民政府农林部派中央农业实验所副所长沈宗瀚赴北平接收日伪农林机构。从 1946 年 1 月开始，沈宗瀚先后接收了华北农事试验总场、各附属支场及原种圃。1946 年春，完成接收的华北农事试验场被改组为中央农业实验所北平农事试验场，由沈宗瀚兼任场长。1946 年 5 月，沈宗瀚返回南京孝陵卫中央农业实验所，准备重建所内损毁建筑。1946 年 12 月，国民政府农林部发令由戴松恩担任中央农业实验所北平农事试验场场长。

---

① 戴松恩：《简单自传（四）：参加敌伪美国对外经济作战局工作的经过》，手稿。资料存于采集工程数据库。

1947年2月28日，戴松恩抵达北平，接任中央农业实验所北平农事试验场场长。原北平农事试验场的研究人员多为日本人，抗战胜利后相继被遣送回日本。当时的北平农事试验场，亟须引进农业科研人才和重建科研体系。戴松恩在主持改良小麦，玉米、小米、甘薯、蔬菜、洋麻等作物的品种示范及推广工作的同时，依靠个人的学术影响力，在全国范围内招募人才，重塑北平农事试验场。在戴松恩招募的人才中，不少人后来成为新中国著名的农业科学家，如庄巧生、吴辅中等。为了吸引人才和给人才充分的科研空间，戴松恩将一直钟爱的小麦研究事业，交给了庄巧生来负责。在戴松恩和这些专家的努力下，北平农事试验场逐步建立起了各个粮食作物的研究系室、土壤肥料研究系和植保系等研究机构，形成了较为齐全的农作物科学研究体系。

第三章
正确抉择，为新中国农业科学奉献

抗战胜利后，戴松恩担任北平农事试验场场长，从国内广泛招募人才，在北平农事试验场建成了比较齐全的农作物研究体系，重塑北平农事试验场。在北平解放前夕，戴松恩作出了重大抉择，拒绝执行国民政府的命令，留在了北平，并在中共地下党员的指导下，将北平农事试验场的设备、人员和资料完整保留下来，为新中国迅速恢复农业科学研究事业提供了条件。北平解放后，戴松恩先后担任北平农事试验场场长、华北农业科学研究所副所长。1955年，戴松恩当选为中国科学院生物学地学学部学部委员。他积极投身新中国农业科研事业，参与制定了新中国第一个中长期科学技术发展规划《1956—1967年全国科学技术发展远景规划纲要》，主持农业科技规划说明书的定稿工作，为新中国农业科研事业的恢复和发展做出了贡献。

北平解放前夕的重要抉择

1948年8月，戴松恩接到时任中央农业实验所所长沈宗瀚的紧急通知，抵达南京。沈宗瀚指示戴松恩回到北平农事试验场后，迅速成立应变委员会，组织把原来从南京调去北平农事试验场的研究人员全部调回南京，并把北平农事试验场的贵重仪器设备全部装好，以备紧急时刻运往南京。戴松恩在回到北平后，组织成立了应变委员会，派张纪增到军粮城试验站把大约五万斤稻谷运到北平，将仪器设备装好运进北平城内保存。①

1948年11月29日，平津战役打响。戴松恩考虑到北平农事试验场工作人员的安全，于1948年12月13日将北平农事试验场大部分的职工运送进北平城内暂住，并把从军粮城运来的未分配完的大米，全部运进北平城。在北平农事试验场成立了护场小组，由俞斯健、夏天昇、盛家廉组成，俞斯健负责。12月14日，解放军完成对北平的包围。北平围城期间，物价骤涨，货币贬值。戴松恩还要考虑如何保障北平农事试验场职工的生活问题。他写道"在围城期间，物价更剧烈猛涨，伪金元券贬值也更快，简直不值什么钱。在这种情况下，我一进城就考虑筹划经费，如何把当时现存的伪金元券换成银元，如何合理分配当时现存的一点实物，大米、面粉等。我一面向南京伪中农所告急，希望迅速拨经费，一面召开应变委员会会议，讨论如何解决经费及实物的分配问题。我记得在会上讨论决定：把伪北平农事试验场经费下的现金和福利委员会经费下的现金，都由刘英尧负责兑换银元，并负责保管，并把城外工人的工资全部换成银元，以免伪金元券贬值，由张纪增负责去调换，交刘英尧保存。此外，还讨论决定把当时存放在城里的一些大米和面粉在必要时作适当的分配。"戴松恩在安顿迁入城内职工的同时，还关心着留在试验场里的员工，在北平围城刚开始的几天，他通过电话与留守试验场的员工联系，了解相关情况。据他回忆："北平围城后的头几天，城内外还可以通电话，有时俞斯健、盛家廉、夏天昇等人来电话，有时我打出去。当时通话的内容集中在：城外的人讲场里的情况，我就问他们是否安全。回忆起来，总的有这些内容：最早的一次，他们说场内毫无动静，一如既往。有一次，他们说国民党反动军队砸烂一些大楼里实验室门上的大玻璃，并抢走一些粮食。又有一次，他们说：撤退到西郊动物园的国民党反动军队，向伪北平农事试验场的院

---

① 戴松恩：《关于组织应变委员会问题》，1974年10月25日。手稿。资料存于采集工程数据库。

子里放过许多发杀伤炮弹(即在近地面空中爆炸的炮弹),他们只好躲到大楼锅炉房的地下室里,很安全。我记得打了这几次电话后,城内外电话就中断。以后,我记得城外两次派人进城来转告消息,第一次转告的情况大体是这样:国民党反动军队又到场里抢走一些粮食,驻西郊动物园的国民党反动军队不断向场里炮击,但没有发生伤亡事故。第二次情况大体是这样:俞斯健失踪,不知道到哪里去了,有可能被解放军带走了,当时我为他担心。"[1]

北平解放前夕,戴松恩已收到国民党政府的命令,要求将北平农事试验场"全部人员、设备及财产运往南京,决不能落入共产党之手"。时局动荡、人心忐忑,戴松恩的思想上也产生了矛盾,是前往南京,还是留在北平?戴松恩在紧张和混乱中,也曾犹豫不决。

戴松恩在1949年7月所写的《思想和历史自传》中记载了北平围城时期的思想矛盾:"当时我有两种矛盾思想:(1)希望北平早些解放,但又怕共产党的严厉作风;(2)有时希望国民党军队能打出去,但又痛恨过去的腐败作风。这种矛盾的起因很明显的是:一方面看到了、听到了、体验了过去国民党反动派的腐败事实;一方面又看到了许多文字宣传说共产党如何杀人放火,更听到了一些由解放区逃到北平的农民叙述地主某某如何被共产党斗争,如何打死等。这种矛盾实际上很简单,只要当时对共产党没有反面宣传,毫无疑义的我就会很快地决定留在北平,因为我对于国民党反动派的坏印象已经深透了,事实上我在围城前早已布置,是所有人员及设备绝不南迁,不过我在当时受反动宣传的影响相当大,因此当时有人劝我离开北平,我很想动,但是动一动需要很多路费,我又没有钱。再想到我所负担的责任,我又不能轻易动,这又是严重的矛盾,总之,当时我的思想非常矛盾,一直十分动摇。"[2]戴松恩在后来"文化大革命"时期所写的汇报材料中,再次描述了自己当时思想上犹豫不决的情形。他这样写道:"北京解放前夕,我的思想是非常紧张的,也是非常混乱的。由于当时我政治上非常幼稚,相信了反动派的宣传,对中国共产党是不认识的,是

---

[1] 戴松恩:《北平围城期间的活动情况》,1969年8月9日。手稿。资料存于采集工程数据库。
[2] 戴松恩:《思想和历史自传》,1949年7月28日。存于中国农业科学院。

很害怕的。当时，我心里很想离开北京，南京伪中央农业实验所也是这样安排的，在必要时，我可以离开北京，从南京调来的人都可以离开。但是实际上是存在着许多问题的。走得过早，又怕擅离职守，受到反动政府的惩处，走得过晚，那就走不掉了。一度，我虽派人到天津去买船票，由于天津局势紧急而作罢。后来，我有机会走，但只能一个人走，舍不得丢下家，结果没有走掉。当时北平局势急剧转变，人民解放军很快就把北平城围住，我住在城里，走是不可能了，只得留下，但又万分害怕。"①

1949年1月中旬，正在戴松恩举棋不定而又紧张恐惧之时，中国共产党地下党员蒋鸿宾和中国民主同盟地下盟员姜秉权先后联系他。据戴松恩回忆："大概是1949年1月中旬的某一天，在印象中好像是鲍国宝在电话中和我联系，说有人要和我谈谈，希望我到伪电业局去一下。我走到伪电业局，在大门内的院子里就遇见鲍国宝和那个人，经鲍国宝介绍，并说蒋鸿宾要找我谈谈。蒋鸿宾就把我带到他的家里谈。蒋鸿宾开头就和我讲：'我是中共地下党员，奉命负责联系在北平的学科学的高级知识分子（也有可能是负责联系技术业务部分，我已记不清楚），希望他们留下安心为党工作。我已了解你的情况，所以我暴露我的身份。你只要把试验场的财产保护好，保证你没有事，党会信任你，重用你。'我说：'我对共产党一点都不了解，一直想走。'他又说：'国民党的反动宣传全是假的。你只要留下，慢慢通过学习，改造思想，好好为人民服务，党需要你这样的知识分子。毛主席决心要解放全中国，这里有一个元旦社论《将革命进行到底》，是毛主席亲自写的，你带回家去好好看看。'我接过文件就装在袜筒里，思想上感到很害怕。他又说：'你回去，不要同任何人讲今天我们的见面，就是对家里人也不要说。你回去把文件看完后就烧掉。'我说：'我一定这样做'。我记得我走回家时天已黑。"②

由此，戴松恩开始了解中国共产党的政策，并学习了《将革命进行到底》等文件，从而打消了种种顾虑，决心拒绝执行国民党政府的命令，留

---

① 戴松恩：《北平围城期间的活动情况》，1969年8月9日。手稿。资料存于采集工程数据库。
② 戴松恩：《在北平围城期间我和蒋鸿宾的接触情况的补充交代材料》，1968年11月25日。手稿。资料存于采集工程数据库。

在北平。据戴松恩回忆："蒋鸿宾（中共城工队）和我接洽如何保护场产，遂决定留在北平，等待解放。因为他介绍我《城市政策》《约法八章》《将革命进行到底》三种文件，我看过后遂觉悟过来，知道共产党是为人民大众服务的，要保护私人生命财产，并且要没收官僚资本作为国家的财产等。"[①]"正在万分为难的时候，蒋鸿宾同志和姜秉权同志，先后和我联系。蒋鸿宾同志当时就对我暴露他的中共地下党员的身份，我想他事先对我一定有所调查研究，否则他不敢这样做，他们都给我讲了一些党的政策，蒋鸿宾同志还给我带回一些文件看（其中有《将革命进行到底》）并且严肃的指出，只要我好好保护场内一切财产，保证我留下不会有什么问题，而且还会得到党的信任。当时我将信将疑，就在这样的情况下我留在北平。"[②]

戴松恩决心留在北平后，将工作重点放在保护北平农事试验场。当时戴松恩和北平农事试验场的大部分工作人员都已经撤离到北平城内，为了防止试验场遭到破坏，戴松恩指导盛家廉组织护场巡逻队，保护北平农事试验场内的财产、仪器设备和档案资料，据黄佩民回忆："当时北平农事试验场里有磨粉机、品质实验机以及从德国进口的精密天平等重要实验仪器，北平围城期间，干部都被抽调到城里去了。戴松恩委托盛家廉组织工人护场队，来防止老乡打砸抢。后来很快就恢复工作，戴先生起到很大作用。"[③]在戴松恩的指导下，北平农事试验场内的财产和仪器都保存完好，这为新中国成立后迅速恢复农业科研工作奠定了基础。

1949年1月22日，傅作义在《关于和平解决北平问题的协议》上签字。1月31日，解放军进入北平，北平宣告和平解放。2月1日，戴松恩带领留在城里的职工一起到北平农事试验场，向陈凤桐领导的接收工作组请示复员事宜。据戴松恩回忆："北平是1949年1月31日和平解放的。北平和平解放的那天夜晚，我和王桂五、麻雯、陈明等人商量决定于2月1日早晨就出城去见军代表准备接受军管，于是通知在城里的职工按时搭交

---

① 戴松恩：《思想和历史自传》，1949年7月28日。存于中国农业科学院。
② 戴松恩：《北平围城期间的活动情况》，1969年8月9日。手稿。资料存于采集工程数据库。
③ 黄佩民访谈，2017年6月15日。

通车出城。我也通知甘仙逸（会计主任）、刘英尧（出纳股长）、陈明（人事主任）分别将会计清册、现金清册、人事清册准备好并带出城去上交军代表核办。"①在陈凤桐和工作组同志领导下开展复员工作的同时，戴松恩和试验场的工作人员一起学习了革命理论，加深了对中国共产党的认识，提高了思想觉悟。戴松恩在1949年所写的《思想和历史自传》中，指出正是通过这次学习《将革命进行到底》《论知识分子及其改造》《中国革命与中国共产党》《论人民民主专政》等文件，他对中国共产党的性质、革命目标、宗旨和路线等有了更清晰的认识，初步了解了马克思主义和毛泽东思想，改变了以前的错误思想，表示"今后多学文件，多做实际工作，使理论与实际结合，工作与群众结合，时时刻刻牢记'为人民服务'的目标，今后一切以准确的行动来表现，希望能够做个优秀的革命职员。"②

1949年2月，北京市军事管制委员会农林水利处派人接管了北平农事试验场，戴松恩留任北平农事试验场场长，并很快投入恢复农业生产和科学研究的工作中。在军管会领导下，戴松恩拟定了1949年农业生产的初步计划。2月21日，军管会召集了原国民党华北农业改进处、原国民党农林部中央农业试验所北平农事试验场等单位的科学专家二十二人，举行第一次工作计划报告会议。戴松恩以北平农事试验场场长的身份参加，并在会议上提出"北平农事试验场今年将侧重农作物的防寒、防旱试验和良种推广等工作"。③

1949年4月，陈凤桐依据当时华北人民政府主席董必武的命令，在原中央农业实验所北平农事试验场、中央林业实验所华北林业试验场、中央畜牧实验所北平工作站、农林部兽医防治处北平分处，以及河北省农业改进所等机构的基础上组建华北农业科学研究所。1949年5月1日，华北农业科学研究所正式成立，陈凤桐任所长，祖德民、戴松恩任副所长。华北农业科学研究所是综合性大区级农业科学研究机构，下设作物系、园艺系、病虫害系、理化系、畜牧系、家畜防疫和森林系，此外还

---

① 戴松恩：《北平围城期间的活动情况》，1969年8月9日。手稿。资料存于采集工程数据库。
② 戴松恩：《思想和历史自传》，1949年7月28日。存于中国农业科学院。
③ 《北平农林畜牧研究机关拟定计划配合农业生产》，《人民日报》，1949年2月27日，第1版。

增设了与中国科学院地球物理研究所合建的农业气象研究室和专门开展遗传、生理、生化等基础研究的应用植物系，并分别由祖德民和戴松恩兼任系主任。

1948年4月30日，中共中央书记处发表"五一口号"，号召"各民主党派、各人民团体及社会贤达，迅速召开政治协商会议，讨论并实现召集人民代表大会，成立民主联合政府。"1949年6月19日，在中共中央统战部的部署之下，为了召集全国科学界会议，研讨科学与生产建设配合的各项问题，"中华全国第一次科学界会议筹委会"成立①，后改名为"中华全国第一次自然科学工作者代表大会筹备会"，戴松恩被选为筹备委员会成员。7月13日，戴松恩参加了在北平中法大学举行的中华全国第一次自然科学工作者代表大会筹委会全体会议。会议由曾昭抡主持，时任华北大学校长吴玉章致开幕词，徐特立、叶剑英、李济深、郭沫若先后作了报告。会议讨论并通过了筹委会简章、报告及各方面的工作经验，选举了筹委会常务委员会，推选自然科学界参加新政协②的代表，准备提交新政协的提案，及筹备召开全国第一次自然科学会议事宜。戴松恩为筹委会委员，在"新政协提案"工作组参加讨论。③

1949年9月21日至30日，中国人民政治协商会议第一届全体会议在北平举行，中国人民政治协商会议正式成立。会议通过了《中国人民政治协商会议组织法》《中华人民共和国中央人民政府组织法》等文件，还通过了关于中华人民共和国首都、纪年、国歌、国旗等重要决议。会议选举毛泽东为中华人民共和国中央人民政府委员会主席，朱德、刘少奇、宋庆龄、李济深、张澜、高岗六人为副主席。还选举了中央人民政府委员会委员五十六人，选举了人民政协全国委员会委员一百八十人。中国人民政治协商会议完成了建立新中国的历史使命，揭开了新中国历史的第一页。

---

① 《全国首次科学界会议筹委会明成立》。《人民日报》，1949年6月18日，第1版。
② 新政协指中国人民政治协商会议，以区别于1946年1月在重庆召开的政治协商会议（"旧政协"）。
③ 《全国首次自然科学会议筹委会今开全体会中共中央统战部昨茶会招待》。《人民日报》，1949年7月13日，第3版。

图 3-1　中华全国第一次自然科学工作者代表大会筹备会合影（戴松恩第一排右三）

当选学部委员参与制定科技远景发展规划

中华人民共和国成立后，戴松恩积极投身到新中国的农业科学事业恢复和发展中。1951年2月23日，戴松恩当选为北京市第三届各界人民会议代表。此后，戴松恩先后在《农业科学通讯》发表了《纪念五一作物育种工作者应有的认识》《我对于提高单位面积产量运动的认识》《新中国五年来农业科学的主要成就》等文章。

中国科学院成立于1949年11月，是我国自然科学最高学术机构，科学技术最高咨询机构，自然科学与高技术综合研究发展中心。在中国科学院成立之初，并没有建立学部。1954年1月，中国科学院开始仿效苏联科学院建设学部委员制度。由于当时学部委员只是一种工作称号，不是荣誉称号[①]，因而首批学部委员的推选，没有采用苏联院士自主选举的办法，而

---

① 1993年10月，经国务院批准，中国科学院学部委员改称中国科学院院士。

是借鉴了当时中国科学院各学科专门委员的聘任办法,"通过一定的民主方式,把科学家中的进步分子适当推选到各级学术领导机构中去",即以专家推荐投票为基础,经过广泛协商来遴选学部委员。从1954年底至1955年初,通过不断征求和吸收各部委、省、市等方面的意见,1955年5月15日,中国科学院党组最后向国务院报送了235人的学部委员名单。5月31日,国务院全体会议批准了其中的233人。1955年6月1日,中国科学院学部成立大会在北京举行,大会宣布成立中国科学院物理数学化学部、生物学地学部、技术科学部、哲学社会科学部四个学部。周恩来总理代表国务院宣布中国科学院四个学部233名委员名单。戴松恩当选为中国科学院生物学地学部学部委员。

中国科学院学部成立后,便组织学部委员参与制定新中国第一个中长期科学技术发展规划《1956—1967年全国科学技术发展远景规划纲要》。1956年4月,戴松恩参加了国家十二年科学技术发展远景规划会议,并主持农业科技规划说明书的全部定稿工作。在规划会议上,他作了题为《关于发展我国农业和畜牧业的问题》的报告,指出当时我国农业和畜牧业科学技术水平和世界先进水平存在较大差距,农业和畜牧业还相当落后。在介绍了当时世界农业和畜牧业先进科学技术成就后,他从水、肥料、复种、选育作物新品种、水稻田机械化、植物保护、改良家畜品种、生产和利用饲料、保护和改良草原等方面提出我国在农业和畜牧业方面应当研究的重要科学技术问题。这一报告为当时我国农牧业科学技术的发展指明了方向,推动了我国农业科学技术事业的

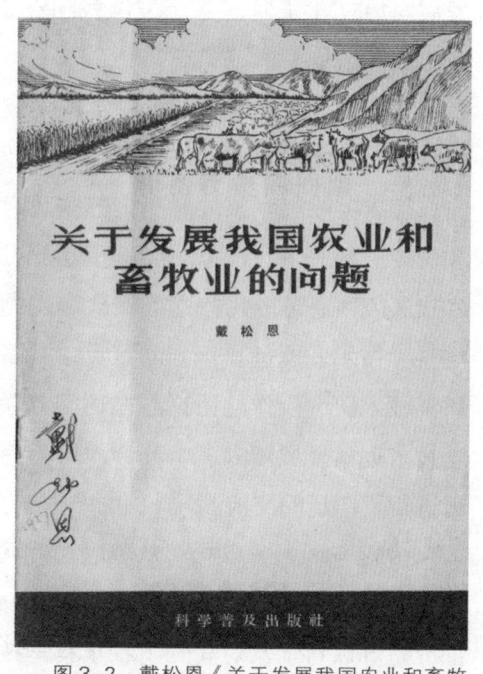

图3-2 戴松恩《关于发展我国农业和畜牧业的问题》(科学普及出版社,1957年7月)

图 3-3 戴松恩（第一排左二）访问苏联期间与专家合影（1957 年 11 月）

发展。1957 年 7 月,《关于发展我国农业和畜牧业的问题》由科学普及出版社出版。

为了进一步完善我国十二年科学技术发展远景规划,1957 年 5 月,国务院将《1956—1967 年全国科学技术发展远景规划（草案）》送交苏联政府,征求苏联科学家的意见,苏联政府组织了科学家对规划草案进行研究和讨论。1957 年 11 月,戴松恩随同以郭沫若为团长的"中国访苏科学技术代表团"赴苏联考察访问,代表团的任务是征求苏联科学家对我国十二年科学技术发展远景规划的意见,并同苏联政府商谈进一步加强中苏两国科学技术研究合作的协议。在访问苏联期间,戴松恩就实施国家十二年科学技术远景发展规划、中苏合作项目等有关农业方面的重大问题与苏联学者进行了广泛的交流。

1958 年 3 月,戴松恩从苏联访问回国后,向全国科联农业各专门学会作了《关于农学及园艺等方面的访苏传达报告》。该报告分两部分,第一部分是苏联科学家对我国十二年科学技术发展远景规划中第四十五项任务"提高农作物单位面积年产量"中有关轮作、栽培、育种、良种繁育、果树、茶叶、蔬菜等七个中心问题和第四十六项任务"荒地开发问题"所提出的意见。戴松恩认为苏联农业科学家帮助我国修订十二年科学技术发展远景规划,提出了许多根本性的意见,肯定了规划的方向,指出了重点,也指出了没有注意到的关键问题。他从轮作、栽培、育种、良种繁育、果树、茶叶、蔬菜、垦荒等八个方面分别论述了苏联科学家的意见,并结合我国具体情况提出了改进建议。他在报告中特别指出,在我国农业发展中"不能完全向苏联照抄",要根据我国各地的具体情况和发展需要来建立相关农业生产制度和开展农业科学技术研究。

在该报告的第二部分中,戴松恩总结了在苏联开展科学规划和合作项目讨论以及参观访问的体会,包括农业科学研究密切结合生产实践;注重通过研究和核算农业新技术、新措施的经济效益,来决定是否进行推广;勤俭办科学,农业科研机构人员精简,工作效率高,科学家亲自进行田间和室内工作;苏联科学家除了强调总结群众经验外,还注重掌握和利用国外农业科学成就和先进经验;农业科学相关学科配合好,充分采用综合性的研究方法;善于抓住农业科研问题的中心环节;创造性地运用各种已有的方法;合理组织研究工作,有效开展不同区域农业科学研究的分工协作。他总结的这些体会,对进一步完善我国农业科学研究工作具有一定的借鉴意义。

戴松恩的这一报告,有助于当时我国农业科学工作者认清我国农业科学技术研究及规划中存在的问题,了解苏联农业科学研究的先进经验,为进一步完善我国十二年科学技术发展远景规划

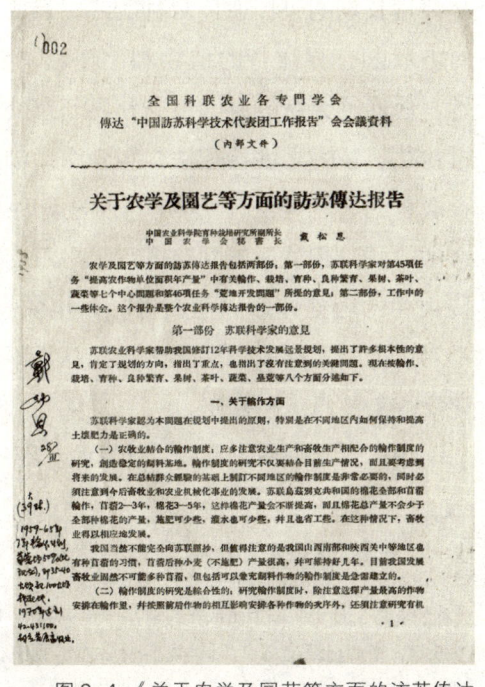

图 3-4 《关于农学及园艺等方面的访苏传达报告》(1958 年 3 月)

第三章 正确抉择,为新中国农业科学奉献　　61

中农业科学技术规划部分提供了重要参考。该报告经修改后被刊发在 1958 年第 9 卷第 3 期的《农业学报》。

卷入遗传学之争

新中国成立初期，由于缺乏经验，我国在政治、经济和文化等领域全面向苏联学习。在遗传学领域，掀起了向苏联学习"米丘林学说"的热潮，并试图用"米丘林遗传学"来改造和替代孟德尔－摩尔根遗传学说。

米丘林（1855—1935），全名伊万·弗拉基米洛维奇·米丘林（Ivan Vladimirovich Michurin），是苏联著名的果树栽培和育种家。1931 年 6 月，米丘林因在创造植物新品种上取得的杰出成就而获"列宁勋章"。1934 年，因在果树育种方面的突出成就，获得"功勋科学技术活动家"称号。米丘林经过长期的果树遗传育种实践，育成了三百多个果树新品种，颠覆了当时苏联园艺界流行的植物驯化理论，强调杂交和培育实生苗方法的重要性。他通过大量的种间杂交和属间杂交，探索出促进远缘亲本杂交的混合授粉法、预先无性接近法、媒介法，创造了将有性杂交法和无性杂交法结合起来的"辅导法"。米丘林通过育种实践总结了果树遗传育种的经验和方法，并对相关遗传问题进行了探索，但并未构建起一个系统阐述植物遗传规律的理论体系。他在世时，也并没有提出所谓"米丘林遗传学说"。在对孟德尔定律的看法上，米丘林并不否认孟德尔定律的价值，只是认为该定律需要修正和补充。

1935 年米丘林去世后，以发明"春化法"而出名的苏联农学家李森科[①]

[①] 李森科（1898-1976）：苏联生物学家，农学家，乌克兰人。1925 年毕业于基辅农学院后，在一个育种站工作。他坚持生物的获得性遗传，否定孟德尔的基于基因的遗传学。他得到斯大林的支持，使用政治迫害的手段打击学术上的反对者，使他的学说成了苏联生物遗传学的主流。1935 年，李森科获得乌克兰科学院院士、全苏列宁农业科学院院士的称号，任敖德萨植物遗传育种研究所所长。1953 年赫鲁晓夫否定斯大林的路线，但继续支持李森科。1964 年 10 月，赫鲁晓夫下台，苏联的生物界得以清除李森科的学说。

以米丘林的继承者自居，并在与持不同意见的遗传育种学家展开论争的过程中逐渐形成了否定染色体和基因为遗传物质的"米丘林学派"。而大多数不同意该观点的遗传育种学家被戴上"反米丘林主义"的帽子，成了"摩尔根学派"。此后，李森科借助苏联政治运动，打压"反米丘林主义"的"摩尔根学派"成员，并利用职务之便，培养"米丘林学派"成员，大肆宣扬所谓"米丘林学说"。1940年开始，李森科试图以"米丘林学说"为基础，加入其理论与观点，建立与"资产阶级遗传学"相抗衡的"米丘林遗传学"。

1948年7月31日至8月7日，苏共中央召开全苏列宁农业科学院会议（"八月会议"）。在斯大林和苏共中央的认可下，李森科借助政治干预学术争论，将两个学派之争混同为两条政治路线斗争，并将坚持基因遗传的摩尔根遗传学说宣判为"完全由外国输入的敌视苏维埃政权的反动生物学"，坚持"米丘林遗传学"则被奉为是坚持辩证唯物主义为指导的唯一正确路线。李森科在会议总结中指出"这次会议表明了米丘林方向对摩尔根主义方向的完全胜利"。农业科学院会议随后形成了支持"米丘林生物科学方向"的决议，指出：在生物科学中存在着两条截然对立的路线，一条是"进步的、科学的"米丘林路线，另一条是"反动的、唯心主义的摩尔根主义路线"。农业科学院的学者应彻底批判"反动的"摩尔根主义，广泛而深入地研究"先进的米丘林学说"。这次会议后，"米丘林学说"被确立为苏联"科学的生物学基础"，摩尔根遗传学派的学者陆续被解除职务并受到打压。苏联的教育和科研机构兴起了树立"米丘林生物科学方向"的热潮，"米丘林学说"在苏联迅速兴起，并且传播到社会主义阵营其他国家。

从1949年12月开始，苏联专家斯托列夫、努日金、格鲁林科、卫卢森科、布尼亚克等陆续来到中国宣传和传播"米丘林遗传学"。1952年10月至1953年2月的米丘林农业植物选种及良种繁殖讲习班在北京举办之后，米丘林学说在我国进一步推广开来。据统计，1949年至1955年7月，我国共计出版关于米丘林学说的书籍一百二十三种，总发行量达到二十万册。

1949年，华北农业科学研究所便组织人员开始系统研究《米丘林全集》，并制定了出版相关著作的计划。1950年2月开始，华北农业科学研究所编译委员会陆续编译出版了《米丘林学说介绍（第一集）》《米丘林学说介绍（第二集）》。戴松恩在《米丘林学说介绍（第一集）》中编译了《米丘林学说的成就和理论》《米丘林介绍》两篇文章。这些著作为当时农业科学研究者研究和学习米丘林学说提供了帮助。

1951年9月至1952年，知识分子思想改造运动在我国展开，运动从听报告、学文件、名人思想检查，开展批评和自我批判等逐步发展到对"反动学术思想"的批评。在批判"反动学术思想"中，"米丘林学说"和"摩尔根学说"学术观点之不同，被混淆为所谓两条对立路线和阶级立场之争。"摩尔根学说"被看成是"资产阶级科学"，信奉该学说的学者被认定为需要进行思想改造的"旧知识分子"。当时中国的遗传学者大多有欧美留学经历，接受过"摩尔根学说"的"毒害"。为表明自己参加思想改造的态度，这些学者迫于压力，不得不公开发文检讨"反动学术思想"，批判"摩尔根学说"，学习"米丘林学说"来改造旧思想。

华北农业科学研究所也开展了引导"摩尔根主义者"学习"米丘林学说"的工作，一些原来支持"摩尔根学说"的研究人员，不得不结合思想改造运动来控诉"摩尔根学说"对自己的"毒害"。华北农业科学研究所的一些遗传育种专家不得不转向支持"米丘林学说"并发表了相关文章。时任华北农业科学研究所副所长的戴松恩也公开发表文章检讨自己在学习米丘林生物科学中犯下的"错误"。1952年6月30日，戴松恩在《人民日报》发表《我对米丘林生物科学采取了错误的态度》，该文随后被转载在当年的《生物学通报》和《科学通报》。通过这篇文章，我们可以发现戴松恩一开始对"米丘林学说"是怀疑的，并且是被动学习的。戴松恩在文章中写道："1949年，我开始接触米丘林生物科学时，抱着怀疑和懊丧的情绪。怀疑的是：外界环境条件果能影响生物的遗传性吗？懊丧的是：我是被迫去学习米丘林生物科学的，因为我深深地感觉到我的老一套技术是不可能玩弄的了，我的技术领导资本成了大问题。当时我被迫着去寻找参考资料，希望很快就能充实我的新的'技术资本'。过了好几个月我才借到一本两个英国人写的小册子《苏联的新遗传学》，看完以后，使我将信将疑，相信的是那么许多新的结果摆在我的面前；怀疑的是该作者把新遗传学批评成为一种没有经过精密研究不很可靠的理论。"①

正是带着疑问，戴松恩进行了一系列的研究和试验。他进行了土壤肥力改变小麦遗传性的试验，开展了秋小麦和春小麦互变的研究，将纯系育种法修正成为系统育种法，对小麦品种内杂交进行效果测定试验，从提早成熟期和提高产量方面研究主要作物的春化处理。"今天我认识到我确是披着米丘林的外衣而进行着摩尔根本质的研究工作，其为害之深，影响之大，是不可想象的。例如：我一面学习米丘林生物科学，一面支持了育种试验，而没有把栽培试验重视起来，没有去总结劳动模范的经验，把它提高到理论水平上来进行研究，因此，丧失了技术领导作用。关于育种试验，我还是采用了不正确的杂交育种和系统育种的方法，既没有掌握住原始材料，又没有控制它们的发育，也没有注意它们的培育条件，使育种工作完全建立在机会主义的基础上。我在技术领导方面毫无预见性，也没有结合当前的实际。例如斯字美棉在华北区早已退化，我没有及时地提出选种，品种内杂交并结合栽培条件来使它'复壮'。又如掌握育种原始材料问题，过去我完全不注意，没有认识到为了开展长期性育种工作，必须掌握全中国甚至全世界的材料，测定它们的春化期和光照期，以便产生优势变异，利于选育优良品种。"②

1952年至1955年，以全国性的"坚持米丘林方向斗争"为先导，米丘林主义者迅速增加，"米丘林学说"的教学和研究工作全面展开，学习和研究"米丘林学说"的热潮迅速升温。"米丘林学说"在高校和农业科学界占据了主导地位，摩尔根遗传学的相关课程在高校被取消，"米丘林学说"独霸高校课堂，对我国遗传学的发展造成了不利影响。

1956年1月，中共中央召开知识分子问题会议，时任中宣部部长的陆定一在会上公开表示，应该鼓励党内外知识分子在学术问题、艺术问题和技术问题上发表自己的意见，建立新的学派。不久，毛泽东主席指出学术

---

① 戴松恩：《我对米丘林生物科学采取了错误的态度》，《人民日报》，1952年6月30日。
② 同①。

思想上的不同意见不应被禁止，并且关注到遗传学领域米丘林学派对其他学派的压制。4月28日，在中共中央召开的政治局扩大会议上，毛泽东指出应该鼓励知识分子对学术性质的、艺术性质的、技术性质的问题提出不同意见。5月2日，毛泽东在最高国务会议上再次重申，艺术问题上百花齐放，学术问题上百家争鸣，应该成为我们的方针。5月29日，中宣部部长陆定一在为起草十二年远景规划的科学家所举行的报告会上做了题为《百花齐放、百家争鸣》的专题报告，详细阐述"双百方针"的基本原则。陆定一指出，自然科学包括医学在内是没有阶级性的，给自然科学理论贴上"资本主义""社会主义""无产阶级""资产阶级"之类的阶级标签是错误的，认为"米丘林的学说是社会主义的"，"摩尔根的遗传学是资本主义的"，同样也是错误的。陆定一还提出首先要在遗传学界开展讨论，两个学派的学者在"双百"方针指导下，面对面地进行学术性交流，结束在这之前一派统治的局面，并通过遗传学的讨论，在贯彻党的"百家争鸣"方针上提供一个榜样。

1956年8月10日至25日，中国科学院与高等教育部在青岛联合召开遗传学座谈会，由中国科学院生物学地学部副主任童第周主持。参加这次会议的有一百一十六人（正式代表四十三人，列席代表七十三人），我国遗传学界两派的主要学者都应邀参加了会议。时任中宣部科学处处长的于光远在会议开幕式上作了报告，他明确表示"不赞成把摩尔根学派的观点说成是唯心论""有遗传物质不是什么唯心论，不是形而上学"。尤其是认为学术观点的分歧要靠学术争鸣来解决，而不是"随便给人扣唯心主义帽子，更不允许你给别人扣政治帽子"。于光远的报告为参加会议的遗传学家们打消开展学术交流的顾虑，领会了中央"百花齐放、百家争鸣"方针的内涵，备受鼓舞。会议按照遗传的物质基础、遗传变异与环境的关系、遗传与个体发育、遗传与系统发育、遗传学研究与教学问题等主题，进行讨论交流共举行了十四次会议。

1956年8月24日上午，戴松恩参加了"遗传学的研究与教学问题"主题座谈会。作为小组召集人的戴松恩首先做了全面总结发言，他从三个方面总结了遗传学教学方面的意见。从会后所编辑出版的《遗传学座谈会发言记录》中可以看到，与会人员对遗传学研究与教学问题进行了广泛而深入讨论，纠正了在高校遗传学教学和研究中的偏向。

遗传学的研究与教学问题第十四次座谈会（8月24日上午，主持人：奚元龄）

奚元龄：今天座谈内容是遗传学的研究与教学问题，会务小组的意见是先由前次分组酝酿的小组召集人发言，开始由一位召集人做全面发言，其他三组召集人作补充，然后进行讨论。

戴松恩：关于遗传学教学方面的意见可以分三方面来谈：一、遗传学究竟教几种。二、遗传学应如何教法。三、其他问题。

关于第一方面即遗传学究竟教几种。

1. 大多数的意见，主张教两种遗传学，其理由是如目前即合为一种未免太快了一些，合并得不好，很难避免偏于一面，故需要有一个过渡时期，在这时期两种遗传学同时教。对两种遗传学名称由下列几种不同意见：

（1）米丘林遗传学；摩尔根遗传学。

（2）遗传学一，遗传学二。

（3）遗传学（这无形中是指摩尔根遗传学）；米丘林学说（包括达尔文主义）。

（4）遗传学（无形中也是指摩尔根遗传学）；米丘林生物学或农业生物学。

上述四种不同意见，其共同点是赞成分两种教。

2. 有一位同志主张合并为一种遗传学称为细胞遗传学，这样觉得唱对台戏，有的同志不同意这样称法。因为细胞遗传学就是指摩尔根遗传学。

3. 有一位同志认为两门都教不易安排，可在农学院内米丘林遗传学列为必修，摩尔根遗传学列为选修。在综合大学两者都可以作为选修。

4. 有两同志主张只教一种，摩尔根遗传学或米丘林遗传学，教哪一种可决定于具体条件，如有摩尔根遗传学教授的则教摩尔根遗传学，如有米丘林遗传学教授的则教米丘林遗传学，但这里没有提到两位教授都应如何教。

关于第二方面，即遗传学应该如何教法。

1. 遗传学的教学大纲：米丘林遗传学原有的，教授有权提出修正补充。摩尔根遗传学分作两阶段处理，如果今年即将开课则由教授自己拟定大纲，到明年建议高教部召集部分教师组织委员会拟订。

2. 综合性大学设立遗传学专业，农学院内应将遗传学独立起来。

3. 如果教两种遗传学何种先教，有人主张摩尔根遗传学先教。因为摩尔根遗传学比较具体，可使学生学习分析研究的方法，有人主张先教米丘林遗传学，理由是米丘林遗传学较为全面。

4. 两种遗传学同时教是否需要批判，大多数人主张客观的介绍，不作批判。有两位同志认为需要批判，但这里有很多困难。如教米丘林遗传学时批判摩尔根遗传学，而这时同学们对摩尔根遗传学还不了解（如果先教米丘林遗传学的话），也有一些意见认为可在课后老师作些分析。

关于第三方面，其他问题。

1. 建议向国外聘请专家，在国内有关大学开讲座两三年。有人提出还从外国试验材料来。有人提出请英国霍尔登（Haldane）教授来我国讲学。

2. 如果要开摩尔根遗传学，首先应开始准备果蝇材料。

3. 中学中达尔文主义可取消，改教普通生物学。

4. 农学院中如有选种专业的，则达尔文主义应当教。

5. 综合性大学内大家都同意教达尔文主义，但为了避免发生偏向，故提出改称为进化论。

6. 农学院中增设生物统计学。

7. 毕业生论文题目建议两种遗传学的都可以做。

8. 增设细胞学课程。综合性大学如有遗传学专业，则细胞学为必修，农学院可作为选修。

9. 两个遗传学派希望能诚心诚意的互相学习，互相提高，最后成为一种遗传学，否则会造成长期的对立。

关于研究部分的意见。

一、组织机构方面。

1. 共同主张在中国科学院下设立遗传研究学术委员会，负责领导全国遗传研究工作。

2. 大部分同志主张尽速的在中国科学院植物研究所遗传研究室基础上成立遗传研究所。

3. 有一位同志认为目前筹设遗传研究所有困难，可责成遗传研究学术委员会开始筹备。

4. 有一位同志建议在中国农业科学院植物栽培研究所内设立遗传研究室，把中国科学院原有的遗传研究室列入农业部，而比较理论性的研究归遗传研究所。

5. 希望在遗传研究所内或在进行遗传工作的部门建立生理、生化、细胞等研究室。

二、培养干部方面，这方面意见很分歧。

1. 派高级人员赴苏联学习，中下级人员由国内培养。

2. 主要派至苏联学习的是中级人员，不派高级人员。

3. 尽可能多派人去苏联学习。

4. 没有派往苏联的必要，国内可自己培养。

5. 综合性大学，农学院、遗传研究所宜及早招收研究生。

6. 实习研究员主要在工作中培养。

另外还预备谈遗传学的方向，但由于时间不够，仅谈了以下几点。

希望今后遗传学研究能给予一定的自由发展的便利，另一位先生建议希望走苏联瓦维诺夫（Vavilov）的道路，应先广泛搜集国内植物资源，进行分析研究。

上述意见仅将要点提出，具体人的发言可看记录。本来还想讨论遗传学的教学分量，实习内容，以及遗传学刊物出版、情报工作等，由于时间不够，都未能讨论。

1956年的青岛遗传学座谈会，是贯彻中央提出的"百家争鸣"方针，在自然科学领域一次较大规模的讨论会。这次会议为摩尔根学派争得了一个与米丘林学派"平起平坐"的地位,"纠正了当时政治上胡乱干扰学术问题的错误"。青岛遗传学座谈会是我国遗传学发展历史上一次重要转折,对我国遗传学科研和教学的发展产生了良好影响。

亲身经历了中华人民共和国成立初期的遗传学之争,戴松恩深刻感觉到我国遗传学的发展还很薄弱,在参加完青岛遗传学座谈会后,他便开始思索如何推动我国遗传学的正常发展。1957年5月3日,戴松恩在北京参加了由三十多位遗传学家参加的座谈会,讨论如何进一步贯彻"百家争鸣"和遗传学研究单位的设置、遗传学的教育等问题。李汝祺、李继侗、戴松恩等认为摩尔根学说和米丘林学说不是不可调和的,对遗传现象有不同的看法,是由于看问题的角度不同,以后只要大家多交换意见,吸取各种学说的优点,是可以融合在一起的。戴松恩在会上说:"把遗传学划分为两个对立的派别,是人为的鸿沟,已经走的弯路应该赶快回头"。参加座谈会的大部分遗传学家认为有必要成立全国性的遗传学学术委员会。① 通过这次座谈会,进一步消除了遗传学的两派之争,推动了我国遗传学的发展回到正常的轨道上。

1957年5月24日至26日,中国科学院学部委员会第二次全体会议大会在北京召开,戴松恩在生物学部的分组会议上,作了题为"发展遗传学问题"的发言。他在发言中首先分析了遗传学在我国没有发展起来的原因,"新中国成立前,专学遗传学,同时又专门研究遗传学的人不太多。新中国成立后,由于遗传学的学习和研究中出现了宗派主义和教条主义",形成了所谓米丘林遗传学和摩尔根遗传学的对立,扰乱了遗传学的正常发展。他指出:"所谓摩尔根和米丘林遗传学都是很年轻,前者有五十几年,后者只有二十几年的历史,因此积累的资料都不够多,尤其是后者的资料更少。这两种遗传学还在发展,许多方面的规律性还没有完全发掘出来,目前很难说哪一种完全对,哪一种完全错,也不应当说米丘林遗传学是结合实际的。""自然科学发展有它的相对独立性,不能看作自然科学的全部发展都是直接从生产发展和经济发展来决定,一切科学理论并不完全是从生产需

---

① 《北京遗传学家举行座谈会主张吸收各种学说的优点》。《人民日报》,1957年5月6日第2版。

要中引申出来的（当然，同时应当强调生产需要对于科学进步的决定意义），要承认前代科学思想发展的意义，承认思想在社会生活中的积极作用。"

他进一步分析这两种遗传学各有长短："摩尔根遗传学派在遗传物质基础、多倍体、人工引变、数量遗传、自交育种等方面都获得了许多有价值的结果；米丘林遗传学派在定向培育、无性杂交、选择的创造性、品种内与品种间复壮、阶段发育分析等方面也获得了不少有价值的结果。"因此，戴松恩建议"两方面应该互相虚心学习，取长补短，打垮遗传学的宗派主义，继续不断地积累科学资料来丰富，只有一种遗传学，因为真理只有一个。当然，根据事实的分析而得到的见解可能不同，会形成各种不同的学派，这是在发展遗传学的工作中自然形成的。"同时，他认为："今后要绝对避免以一块招牌来包办遗传学，形成一种宗派，阻碍遗传学的发展。只要能够迅速地纠正偏向，两方面已经获得的成就对于今后发展遗传学是有很大帮助的。"

最后，戴松恩提出了发展我国遗传学的五条具体措施。（一）解除遗传学家不必要的行政职务和社会活动。这是最基本的研究条件。（二）在中国科学院遗传研究室的基础上迅速筹建遗传研究所，并成立遗传学学术委员会。在统一领导下，把国内双方遗传学家组织起来，并把他们的主要研究课题纳入统一的计划，中国科学院尽可能有计划地在人力、物力、财力方面支持他们，并且做到大胆放手制订研究计划，过早或主观地取消某些主要研究项目会带来不必要的损害。确定研究计划时，希望绝对不要把两方面的研究人员和研究项目区别开来，而把它们纳入统一的计划，给以同等的帮助。（三）从今年秋季学期开始，高等学校中应讲授摩尔根遗传学和米丘林遗传学，给以平等待遇。究竟先教哪一班遗传学，还值得研究。重要的是两方应互相虚心学习，互相补充教材，逐步统一认识，最后产生一种遗传学。对于青年科学工作者和助教们应大力宣传两种遗传学各有长短，都应该认真学习。（四）今后报刊上报道遗传学研究动态时，希望绝对不要宣传摩尔根学派这样，米丘林学派那样，避免加重不必要的对立，希望着重宣传某某遗传学家的研究情况，或者宣传对于某一个遗传研究问题，有哪些遗传学家获得了什么研究结果，有哪些不同的见解。我认为只有这样，才能展开学术争论，逐步形成真正的学派，在不断争论和矛盾统一的过程中发展遗传学。（五）最后希望中国科学院明年能选聘一、二位遗传学家参加生物学部，发挥遗传学方面的学术领导作用。①

---

① 戴松恩:《发展遗传学问题》,《中国科学院学部委员会第二次全体会议大会发言汇集》,1957年,第9—12页。

第四章
聚焦农业增产，推动作物育种工作

中国农业科学院成立后，戴松恩先后担任中国农业科学院作物育种栽培研究所副所长、中国农业科学院副秘书长、第四届北京市人民代表大会代表、农业部科学技术委员会委员、中国作物学会副理事长兼秘书长、第三届全国人民代表大会代表、中国民主同盟北京市常委和中央委员等职。在承担大量农业科研管理工作的同时，戴松恩围绕当时农业生产中最为紧迫的农业增产问题开展研究，提出作物育种要与农业生产、群众经验相结合；从实际出发，因地制宜选择农业增产措施；做好作物育种工作；充分发挥良种在增产上的作用等建议，推动了当时我国作物育种工作的发展。"文化大革命"期间，戴松恩的职务被撤销，下放干校，虽然历经磨难，他不改为祖国农业奉献的初心，坚持学习，期盼科学春天的到来。

协助成立中国农业科学院，担任作物所副所长

新中国成立后，党和政府非常重视农业科学研究工作。在农业科研机

构方面，二十世纪四十年代末五十年代初，我国相继成立了东北、华北、华东、华中、华南、西南、西北七个大区农业科学研究所，其中除华北农业科学研究所由农业部领导外，其他均由各大区农业部（局）领导。1954年6月，大区一级行政机构撤销后，各大区农业科学研究所划归农业部领导。

1954年8月14日，农业部党组向中央农村工作部报告，"选拔一批全国著名的农业科学家组织中国农业科学研究院，以便统一与加强全国农业科学研究工作，实感迫切需要"。[1]同年9月16日，中央农村工作部，批复同意为统一全国农业科学研究工作的领导而成立中国农业科学研究院并先建立筹备小组。[2]10月14日，经时任农业部副部长刘瑞龙批示，中国农业科学院筹备小组成立。

1955年10月31日，国务院批准同意建立农业科学研究工作协调委员会，作为农业部的机构，由农业部领导，同意协调委员会简则及名单。农业科学研究工作协调委员会的主要任务之一是协助国家主管业务部门筹建中国农业科学院，以中国农业科学院筹备小组为农业科学研究工作协调委员会的日常办事机构。

农业科学研究工作协调委员会在1956年7月2日召开常设工作委员会扩大会议，决定由丁颖、朱则民（召集人）、过兴先、沈其益（召集人）、沈隽、何家泌、吴福祯、陈凤桐、陈凌风、周拾禄、冯泽芳、冯兆林、唐川、赛先达、戴松恩组成中国农业科学院成立大会报告起草委员会，并由中国农业科学院筹备组于1956年7月25日函告各有关方面。戴松恩作为中国农业科学院成立大会报告起草委员会成员，参与中国农业科学院成立相关报告的起草工作。

1957年3月1日，中国农业科学院在北京正式成立。中国农业科学院的成立，使中国农科研机构相对集中统一，标志着中国农业科学研究事业走上了统一部署和全面发展的新时期。经中央批准，5月18日，农业部党组颁布《关于农业科学院院长、副院长任命问题》，由丁颖担任中

---

[1] 中央农业部党组：《关于筹建农业科学研究院向中央的报告》，1954年8月14日。
[2] 中央农村工作部：《关于筹建农业科学研究院问题的批复》，1954年9月16日。

国农业科学院院长兼华南农学院院长，金善宝、陈凤桐、程绍迥、朱则民任中国农业科学院副院长，朱则民兼秘书长，刘春安、唐川、李伯林任副秘书长。

1957年8月27日，国务院在中国农业科学院召开科学规划座谈会，同意中国农业科学院在原华北农业科学研究所有关系室的基础上成立作物育种栽培研究所、土壤肥料研究所、植物保护研究所、畜牧研究所、棉花研究所、原子能利用研究室、农业气象研究室。9月1日，中国农业科学院作物育种栽培研究所在原华北农业科学研究所作物系的麦作研究室、杂粮研究室、特作研究室和发育生物系的遗传研究室、生理研究室的基础上正式成立。作物育种栽培研究所的主要任务是进行粮食、油料、麻类等大田作物的新品种选育、原始材料收集利用和生产栽培技术等方面的试验研究和调查研究工作。12月30日，戴松恩被任命为作物育种栽培研究所副所长。①

图4-1　农业部任命书

刘少奇视察中国农业科学院

1959年5月18日，时任国家主席的刘少奇到中国农业科学院视察。戴松恩和朱则民、程照轩等人陪同刘少奇在中国农业科学院东门外的水稻试验田、小黑麦试验地、小麦丰产试验地、小麦原子能利用试验地视察。戴松恩回忆说："1959年5月间的一个下午，上班时我才知道有国家领导人

---

① 王绶为作物育种栽培研究所所长，戴松恩、祖德民、方悴农任副所长。参见：《所志》编纂委员会编：《中国农业科学院作物育种栽培研究所所志（1957—2002）》。中国农业科学技术出版社，2007年，第1页。

第四章　聚焦农业增产，推动作物育种工作　　75

来院视察，但不知是谁。那时我还在作物所工作。我记得大约四五点钟，朱则民叫人通知我立即去东门外见刘主席。我到东门外时，就看见刘少奇主席坐在柳荫下吸烟休息，只有朱则民在，这边站着一人可能是刘主席的警卫人员，程照轩等人已在附近的水稻试验田里。朱则民就介绍说：'这是戴松恩，小麦专家。'刘主席和我握手后，朱则民就说时间不早了，请主席继续视察指导。我就跟着到了水稻试验田，当时的水稻试验田全是小区的秧苗，看不出什么名堂来。我记得没有作什么介绍，就一走而过。当时朱则民就借机向刘少奇提出这样一个问题：'水稻试验地太少了，最好拨一个国营农场才能解决问题。'刘主席说：'小试验也要，国营农场事可和北京市委商量。'离开水稻试验田，就到了小黑麦试验地。朱则民介绍：'这是马缘生，青年小麦专家。'继由马缘生介绍小黑麦杂交的经过及最优品系的表现。刘主席问'什么叫小黑麦'，马缘生就解释。刘主席对这种新品系既粒大、穗大，产量高，又能抗寒，很感兴趣，连说：'好！好！赶快推广！'从这里再到小麦丰产试验田。朱则民介绍：'这是曾道孝，小麦专家。'继由曾道孝介绍所采取的技术措施及其可能达到的高产水平，千斤上下。曾道孝介绍比较详细，费的时间较长。刘主席对这种丰产小麦频频点头，表示很好的意思。究竟讲了什么话我已经回忆不起来了。看完小麦丰产试验地，就进东门到院子里看小麦的原子能利用。当时有徐冠仁、李特特等候在那里。朱则民介绍：'这是徐冠仁，有数的原子能专家。'刘主席认识李特特，所以朱则民未作介绍。徐冠仁、李特特分别介绍了利用原子能创造小麦变异试验的情况，介绍了许多情况，刘主席微笑点头，很感兴趣，并指示应好好搞下去。刘主席和李特特讲了话，因为离得远，不知讲了什么。大概看到下午七时前后，刘少奇主席就在当时大楼后偏东的试验地旁边坐车离开中国农业科学院。"[①]

---

① 戴松恩：《关于刘少奇来院我回忆的材料》，1967年3月5日。手稿。资料存于采集工程数据库。

围绕农业增产推进作物育种工作

中国农业科学院作物育种栽培研究所成立后，我国各省、自治区、直辖市先后成立了农业科学院和作物育种栽培等专业研究所。大约至1958年，我国第一次在全国范围内形成了名副其实的农业科学试验网络。在当时我国农业生产中提高粮食作物单产的客观需求，以及农业科技规划中将作物育种作为重点任务的研究导向下，所有的农业科学研究机构都把农作物育种作为重要任务之一。戴松恩担任作物育种栽培研究所副所长后，便围绕当时农业生产中最为紧迫的农业增产问题，对作物育种工作进行了研究，为推动当时我国作物育种工作的开展，充分发挥作物育种和良种在农业增产上的作用提出了有益建议。

作物育种要与农业生产、群众经验相结合

作物育种工作是为生产服务的，具有较强的专业性，需要依靠专业科研机构和队伍来开展研究、培育新品种。但是广大的农民群众长期直接从事农业生产，在选择、利用、保存、发现作物品种等方面有着丰富的实践经验，尤其是在新品种的示范推广、良种良法配套等方面都需要依靠基层技术人员和农民群众。戴松恩提出应结合农业生产需要，结合群众经验开展作物育种研究。1957年9月6日，戴松恩在《人民日报》上发表的文章《科学家要密切联系群众》中便提出"农业科学研究必须结合生产，联系农民，特别是农业生产是有区域性的，并且是复杂而带综合性和群众性的社会主义事业"。[①]

1958年7月，戴松恩在参加北疆地区小麦现场会议的讲话中，专门就苏联专家对我国十二年科学发展远景规划所提意见"对总结群众经验注意的不够"的问题进行了阐述。"中国农民在小农经济下所积累的经验有

---

① 戴松恩:《科学家要密切联系群众》。《人民日报》，1957年9月6日，第7版。

许多在今天仍然是很好的，不应轻易地加以否定。他们（苏联专家）认为如果科学地总结我国农民长期积累的先进经验，是可以大大地丰富耕作学和栽培学的。"他还对苏联在总结群众经验方面的将试验研究和推广工作结合起来的做法和取得的成绩，举例进行了介绍，并提出"总结群众经验应成为今后试验研究和技术推广单位的主要工作方法"。他认为："一般耕作栽培上的问题都可以通过总结群众经验来解决，必要的高级的研究最好在有条件的研究机关里，在总结群众经验的基础上进行。品种方面，以鉴定、繁殖、推广优良农家品种为主，结合引进外来优良品种，并作一些提高现有品种的试验。"[①] 从戴松恩的讲话中，可以看到虽然他受到当时"科学研究也必须大搞群众运动"思想的影响，但是并没有盲目地鼓吹群众经验，而是对作物育种工作中的问题进行了区分，将科学研究与总结群众经验结合起来，各取所长，分工协作，为农业生产服务。

从实际出发，因地制宜选择农业增产措施

农业生产具有较强的区域性特点，不仅不同国家的气候、土壤、水光热等农业生产条件不同，同一国家的不同区域间农业生产条件也存在差异，因而所种植的农作物品种，所适用的农业增产措施也不同。戴松恩在分析我国农业增产措施时，虽然提出要借鉴其他国家的经验，但特别指出要从我国各地的实际出发，因地制宜选择农业增产措施。

1958年7月，戴松恩参加了我国新疆维吾尔自治区北疆地区小麦现场会议，并做了题为《关于新疆农业增产措施的几点意见》的报告[②]。在报告中，戴松恩结合他在苏联及其他国家考察所见，从深耕、密植、土粪、细菌肥料、颗粒肥料、根外追肥、种子肥育与化学药品的处理、高温速成堆肥等方面进行了论述，对这些措施增产的效果和是否值得在新疆推广进行了客观分析。他一开始便特别指出，"由于我对新疆情况了解不够，所提

---

① 戴松恩:《关于新疆农业增产措施的几点意见》,《新疆农业科学通报》, 1958年第2期, 第34-36页。

② 该讲话后被刊登在《新疆农业科学通报》, 1958年第2期, 第34-36页。

的意见可能不够具体，同时太具体的意见也没有多少用处，因为各地都应该有自己最适宜的增产措施"。可见，他并不是要将苏联和其他国家的经验直接搬到新疆，而是希望新疆因地制宜选择农业增产措施。从戴松恩对深耕、密植、细菌肥料等方面的论述来看，他实事求是地对苏联在这些方面取得经验进行分析，对于这些经验在我国新疆地区是否适用也还存有疑问。如在谈到密植是增产的一项重要措施的同时，他指出："提高密度应该考虑到水、肥条件，水肥跟不上就可能得到相反的结果。苏联经验认为，产一千斤小麦需要二十斤纯氮。根据这个数字推算如要亩产一万斤，则需纯氮二百斤，相当于九百六十斤硫酸铵，或十万斤土粪。这说明肥地才能高度密植。"因此，他建议："播种量最好按照肥地、中等地、瘠地订出三种不同的标准。"在细菌肥料的推广使用上，戴松恩认为推广根瘤菌在花生、大豆上应用是正确的，但是"对固氮菌的推广是有缺点的，作为普遍推广的措施，根据还不足"。他指出当时很多地方都开办细菌肥料工厂，专门生产固氮菌肥料是值得考虑的。当时苏联的两个最大的细菌肥料工厂，只有"10%左右的产品是固氮菌肥料，这种细菌需要土壤中含有大量有机质（至少2%—3%）和足够的氮素和碳素才能生活得很好。苏联目前也只是主要在菜地上推广使用，而菜地有时也有不增产的。尤其是在新疆地区大田作物的土壤中含有的有机质很少，氮素也不多，许多对比试验证明，在这种土壤上，要将固氮菌作为普通推广的细菌肥料，根据还不足。"在种子肥育和化学药品处理上，戴松恩指出当时保加利亚和苏联科学家介绍的种子肥育、溴化钾处理种子、小苏打浸种、麦芽粉液浸种等经验，通过我国各地的试验，并未达到理想的效果，而且当时苏联和保加利亚也没有得出肯定的结论，不宜过早作为增产措施来推广。

总之，戴松恩在参照苏联增产经验而提出新疆农业增产措施意见的过程中，非常注意这些措施在新疆的适用性，并指出某些措施是否有效在当时研究中还存在疑问，不宜推广。他以科学严谨的态度对这些增产经验细致分析，指出应从各地实际出发，因地制宜选择农业增产措施。这在当时全盘向苏联学习的时代背景下，尤为可贵。

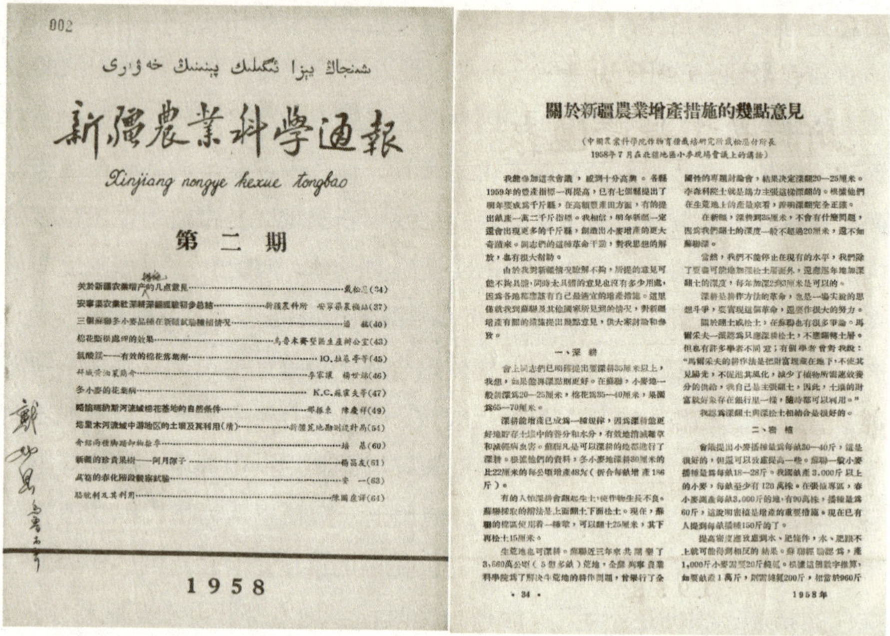

图 4-2 《关于新疆农业增产措施的几点意见》①

做好作物育种研究工作

新中国成立以后,党和政府非常重视农作物品种的选育和良种的繁育推广工作,我国作物育种事业获得了较大的发展,但还难以满足农业发展的需要。戴松恩分析了当时我国作物育种工作存在的问题,提出了有计划地开展国内外引种工作;作物育种区域化,适当集中各地育种力量,组织形成作物育种中心;有计划有步骤地开展各种作物的育种工作和理论研究等建议。

1961 年 8 月,戴松恩在《中国农业科学》发表文章《试论我国作物育种研究工作的发展问题》。他开篇便指出良种在农作物增产上的重要作用,并指出解放以后,我国作物育种事业获得了很大发展,但是还难以满足农业高速发展的需要。为了充分发挥作物育种工作在农业增产上的作用,戴松恩以水稻、小麦、棉花、玉米四种作物为例,从引种、地方良种鉴定、

---

① 《新疆农业科学通报》,1958 年第 2 期。

系统选择、品种间杂交、远缘杂交、杂种优势利用、人工引变七方面进行分析，发现外来品种在当时我国主要农作物生产上发挥着极其重要的作用，引种是当时我国作物育种工作中最基本的方面，因此戴松恩提出："有必要把引种工作放在非常重要的地位，有组织、有计划地开展国内外引种工作，通过区域试验把优良的品种挑选出来，加紧繁殖，迅速在生产上发挥作用。随后，有计划地组织系统选择和亲本特性鉴定，互相提供资料，参考采用。"他进而分析当时我国作物育种工作中存在的问题，认为当时亟须解决的问题有品种单一化、品种丧失抗病能力、新育成良种繁殖推广慢、低产区缺乏抗性较强的丰产品种、理论研究工作做得不够。

为了集中力量做好主要农作物的育种研究工作，从而为一般农作物育种打好基础，戴松恩在该文中特别提出了"育种工作区域化"。基于当时我国各省、市、自治区主要作物育种研究工作的实践，他认为可以考虑在作物品种区划的基础上，把各省已有的作物育种力量加以调整，适当集中，形成某一作物的育种中心。戴松恩认为形成作物育种中心，适当安排辅助育种点有以下好处："（一）有了育种中心，便于有计划地安排工作、安排材料，有关各地辅助点可用不同方法进行培育选择，加速新品种的选育；（二）育种力量比较集中，力量较强，便于进行较系统和较理论性的研究工作，更有利于新品种的选育；（三）可以适当地腾出一些力量开展主要作物以外的一般作物育种工作，谷子、马铃薯、芝麻、高粱等的育种工作；（四）各省院（所）可以逐渐形成不同作物的育种中心，如某省以小麦为中心，某省棉花，某省玉米，某省谷子，等等，这样可以将一种作物突出，另外几种作物作为辅助，并不影响整体安排。"因此，为了更好地发展我国的作物育种研究工作，戴松恩建议有必要把育种工作力量组织起来，适当集中，有计划有步骤地开展各种作物的育种工作和理论研究，使每种作物都不断有改良品种育成，在社会主义经济建设中充分发挥"种"的增产作用。[①]

[①] 戴松恩：《试论我国作物育种研究工作的发展问题》，《中国农业科学》，1961年第8期，第1—8页。

充分发挥良种在农业增产上的作用

1963年，戴松恩在《红旗》发表《充分发挥作物良种的增产作用》，他在文章中指出作物良种是农业生产上一种重要生产资料，选用良种是农业增产的最重要的条件之一，是一项经济有效的技术措施。他认为作物良种在农业生产中的作用是多方面的，对提高产量、增强作物对病虫害和其他自然灾害的抵抗能力、改进产品品质、改变作物成熟期以适应种植制度、改进作物某些特性以适应不同地区的和农业机械化方面的要求等，都有十分显著的作用。因此在农业生产中应该充分利用和推广已有的良种，他建议在良种推广中注意根据良种的地区适应性进行调种；考虑良种所需要的栽培条件；选用良种要综合考虑到良种本身的产量和整个轮作周期中所有作物的总产量；经常注意选用的良种在生产中的表现，及时利用好的变异，并解决发生的问题。

针对农业生产中经常出现的品种退化和种子混杂问题，戴松恩分析了品种退化的原因有天然杂交、不利的栽培条件和不良的自然因素引起品种的不良变异、自然变异，他提出防止品种退化的办法包括连续选择、改变作物生活条件、改进栽培技术、使作物在地区上或时间上隔离、人工辅助授粉等。他指出种子混杂的原因主要是机械混杂，其次是天然杂交。而防止种子混杂的办法，主要通过一定的良种繁育制度来选择，他建议从中央到地方建立和健全必要的良种繁育机构和制度。

当时我国农作物优良品种数量不多，水稻、小麦、玉米、棉花、甘薯等作物的良种还需要提高，其他作物的良种还很少，有的作物甚至没有良种。戴松恩提出要通过系统选择、品种鉴定和引种、品种间杂交和杂种优势利用的方法来不断选育出优良的新品种，促进农业的技术改革，满足农业生产的需要。在选育良种工作中要注意育种目标不能太高，采用的育种方法要适当；选新良种所用的肥水培育条件不能过高；育种在注意作物产量的同时，也要注意质量。

在文章中戴松恩提出，要育成良种，加强育种科学研究工作，首先要明确育种工作的方向与任务:"育种工作主要是为不同地区、不同作物当前大面积生产的要求和不断发展的农业技术改革服务的。因此,选育新品种必须适应某一地区内当前生产上所要求解决的问题,并照顾到改善生产条件后的常用要求。"此外,还要形成全国范围的各种主要作物的育种中心,培养新生的育种研究力量;加强良种区域试验和良种繁育技术研究;研究和提出结合我国实际情况的各种作物优良种子的检验技术和标准;促进良种选育和繁殖事业的发展,从而发挥作物良种在农业生产上的增产作用。①

在该文中戴松恩还通过分析作物育种学的本质和特征,来阐述加强作物育种科学研究的重要性。他认为:"改良作物品种和种子的科学就是作物育种学,是农业科学中的一个分支。这门科学不仅在农业生产上极为重要,而且在生物学上也非常重要。作物育种学是许多基础学科的综合(如遗传学、细胞学、生理学、生物化学等),又是理论与实践的紧密结合。为了发展作物育种学,必须加强育种理论的研究,特别是加强作物特性的遗传规律的研究,只有这样,我们才能掌握作物有机体的生长发育规律,从而加强对有机体的控制,逐步做到按照我们的要求来改变它的遗传组织,产生新品种。通过育种实践和掌握育种理论,可以使许多不同类型的作物互相杂交,加以培育和选择,把许多优良性状组合或复合起来,产生预期的杂交后代,使能适应于某种特定的环境条件或适应于较大的地区,实际上,育种是生物进化研究的发展,它对生物进化过程提供了实验基础。一个新品种的育成就是人们改造自然的结果。因此,作物育种是在人们控制下生物进化中的重要一环,是应该加强的一项科学研究工作。"

为了让作物育种和种子工作者认识到优良品种在农业生产上的重要性,提醒他们注意当时育种工作和种子管理工作上存在的主要问题,戴松恩又撰写了《种子的科学》一文。他首先指出选用优良品种和优良种子是当时经济的增产办法,作物良种具有抵抗病虫害、抗倒伏等特性,能够更

---

① 戴松恩:《充分发挥作物良种的增产作用》,《红旗》,1963年第2期,第25—34页。

图 4-3 《种子的科学》中收录的戴松恩文章

有效地利用有利条件提高产量或者抵抗不利条件减少损失稳定产量，因而优良种子在农业生产上非常重要。接着，他从遗传育种学的角度，通俗地介绍了作物品种选育中的系统育种法、人工诱变法、自交系杂交育种法、人工有性杂交法、无性繁殖法等科学育种法。然后，他指出当时作物育种工作和种子工作需要注意防止品种退化和种子混杂；充分利用和推广现有良种；不断选育优良新品种，为农业增产服务。最后，戴松恩还提出了"加强'育种工厂'的工作极为重要"，并指出"如何形成育种中心，并不断培养新生育种研究力量，是进一步开展作物育种工作，源源不绝提供好品种好种子，不断发挥良种的增产作用的基本环节"。该文后由中央人民广播电台文教科学部所编辑的《种子的科学》一书收录，并于 1964 年 10 月由农村读物出版社出版。

建言作物栽培科学实验

新中国成立后，全国各地对作物栽培的传统经验进行调查研究、推广、现场观摩和宣传等，对作物增产发挥了一定的作用，但是由于作物栽培研究的复杂性，当时各地还存在着一些不同的见解。为了澄清对作物栽培研究的看法，1963 年 9 月 16 日，戴松恩在人民日报上发表了《试论作物栽培的科学实验问题》[1]。在这篇文章中，戴松恩对以往的栽培研究工作进行了简要的总结和评价，并对作物栽培研究的性质、原则、方向、任务、研究内容和方法提出了建议。

戴松恩将当时全国各地栽培研究的做法总结为十二种：①综合调查较大地区内有关生产和自然的基本情况，划出某种作物的自然区划并研究当前增产关键问题，一面调查总结研究，一面示范推广。②调查总结研究群众丰产典型经验。③进行播种期、密度等单项栽培技术试验。④抗盐、抗旱、抗涝、抗寒等特殊栽培技术研究。⑤高产栽培技术研究。⑥高产规律研究。⑦群体动态合理结构的研究。⑧针对一个地区生产上存在的关键问题，在总结群众经验的基础上，研究提出增产技术措施，达到增加产量的目的，即深入科学实验的实际和深入农业生产的实际相结合的研究方法。⑨进行间、混、套作栽培试验。⑩单项栽培理论研究。⑪机械化栽培技术研究。⑫实现农业现代化中的整套栽培技术问题的研究。由此，戴松恩指出作物栽培研究的复杂性，并概括了当时的单项技术研究；总结、研究和推广群众经验；通过密植研究高产的群体结构；研究高产规律等方面存在的争议和分歧。

在此基础上，戴松恩提出了对此后开展作物栽培研究的建议。他首先分析了作物栽培研究的性质和原则，他指出作物栽培是一项综合的技术，作物栽培研究具有复杂性、艰巨性和重要性。由于我国地区辽阔，自然条件复杂，复种指数较高，有着精耕细作优良传统，作物种类和品种繁多，耕作轮作制度多样。因此栽培研究必须结合我国各地区的具体情况，在农牧结合的原则下，在一定的耕作轮作制度的基础上进行。

在作物栽培研究目的和任务上，他认为主要是"研究抗逆避灾、增产稳产的栽培技术，在充分利用已有条件的基础上，因地制宜地抓住关键性技术环节，提出各地区和一定轮作制度相适应的增产栽培技术，作出样板，认真贯彻，并研究提高。"同时，还应组织少数机构和人员研究"有关栽培的规律性问题，即由积累系统资料开始一直到高产规律和群体结构

---

[1] 该文后转载在《新疆农业科学》1963年第11期，第425-429页，并收录于《中国作物学会第二届年会论文》，1964年，第1-6页。

图 4-4　戴松恩《试论作物栽培的科学实验问题》

的研究",这样才能做到目前与长远相结合。

关于栽培实验的主要研究内容,戴松恩总结了九个方面,即大面积栽培条件下主要粮、棉、油料作物的经济施肥和合理用水的问题;保蓄土壤水分的耕作栽培技术,特别是北方旱作地区主要粮、棉、油料作物的保墒、保苗技术问题;盐碱地区,特别是华北和西北次生盐渍化地区,主要粮、棉作物以防盐保苗为中心的综合增产技术问题;低产水稻田地区以提高土壤肥力为中心的综合栽培技术问题;水稻保温育苗,避灾增产栽培技术问题;主要作物需肥需水的诊断技术及其科学依据;主要作物的群体结构,探索高产途径;土壤中水分、养分、盐分运动规律对主要作物生长发育的影响;适合于农业现代化发展的整套增产栽培技术及其科学依据。

在主要研究方法上,戴松恩认为可以在总结群众经验的基础上开展科学实验来研究增产技术,发现新的技术问题,即"先通过农村基点,摸清该地区生产情况、生产特点、自然条件、历年产量变化,当地成功经验,查明妨碍生产提高的主要原因;再通过总结群众经验,引进外地成功经验,作一些对比示范试验,肯定关键性增产技术,进行生产示范;而后提出需要进一步研究的科学技术问题,以内外结合的方式进行研究。"①

---

① 戴松恩:《试论作物栽培的科学实验问题》,《人民日报》,1963 年 9 月 16 日。

饱受磨难，初心不改

"文化大革命"期间，我国科学研究遭受严重破坏和冲击，大批科学研究机构被撤销，许多科研人员被扣上"反动学术权威""资产阶级知识分子"等帽子，并被下放劳动，他们的科学研究工作被迫中断。

1967年12月27日，军队宣传队进驻中国农业科学院。1969年1月，工人宣传队进驻。1970年5月14日，有国家领导人在同中国农业科学院、林业科学院的工、军宣传队，革委会负责人的讲话中指出："科研工作是依靠农科院的七千五百人，还是依靠七亿五千万人口？是依靠研究所还是依靠农民的创造？农业研究要彻底走群众路线，不是靠四十八个研究所，要靠广大群众搞。"他的这番讲话，让中国农业科学院和中国林业科学院在"文化大革命"中遭受重创。8月23日，中国农业科学院被撤销，与中国林业科学院合并建立中国农林科学院。中国农业科学院下属单位大部分被下放给各省、直辖市、自治区领导。1971年，中国农业科学院作物育种栽培研究所整建制下放到北京市，与北京市农科所合并，改为作物研究室。

在"文化大革命"期间，戴松恩被下放到辽宁兴城"五七干校"劳动学习。1975年9月，戴松恩被调回北京。他于9月10日到中国农林科学院工作组报道。戴松恩急切地想要投入到科研工作中，但考虑到他的身体情况，中国农林科学院领导决定先让他休息养病，身体恢复后再开展工作。[1]

---

[1] 《戴松恩写给张作成的信（底稿）》，1974年2月27日。资料存于采集工程数据库。

第五章
率先主持开展小麦非整倍体研究

小麦非整倍体是小麦染色体发生非整倍体性变化所形成的，染色体数目偏离其基数完整倍数的小麦种质资源。小麦非整倍体在小麦遗传分析、小麦进化研究和小麦育种中都具有重要的利用价值。小麦非整倍体的研究开始于二十世纪三十年代，在美国学者西尔斯（E. R. Sears）五十年代创制出全套"中国春"小麦非整倍体材料后，有了较大的发展。从七十年代开始，戴松恩在我国率先主持开展小麦非整倍体研究。他带领课题组成员育成了我国第一套小麦非整倍体的单体系统"京红1号"春小麦单体系统，并获得了1984年农牧渔业部技术改进奖一等奖。

小麦非整倍体研究的缘起

在自然界中，生物染色体数目的变化会导致生物性状发生变异。染色体的数目在一定条件下既可以发生整倍性变化，也有可能发生非整倍性的变化。在生物细胞核中含有一个完整染色体组，叫做单倍体，含有两个染色体组的叫做二倍体。依此类推，还有三倍体、四倍体、六倍体等。染色体整倍体性变化便是以染色体组为单位的变化，成组地增加或减少染色体。而染色体非整倍性变化，则不是染色体成组的变化，而是增加或减少一条或几条染色体，使得形成的个体细胞内均含有不完整的染色体组，染色体数目不是基数的完整倍数。在遗传学上将这样的个体称为非整倍体（aneuploid）。[1]

小麦非整倍体（wheat aneuploids）就是小麦染色体发生非整倍体性变化所形成的，是指染色体数偏离其基数完整倍数的小麦种质资源，包括单个植株或成套系，它们的染色体组中个别染色体或染色体臂多于或少于正常数目。如果染色体是完整的增减称为初级非整倍体，包括缺体、单体、三体和四体；如果所增减的是个别染色体的某一臂则称为次级非整倍体，包括端着丝体和等臂体。

六倍体普通小麦（AABBDD，$2n=6X=42$），一共有 21 对染色体。在六倍体普通小麦的非整倍体中，单体是 21 对染色体中任何一对缺一条者（$2n-1$）；缺体是指 21 对染色体中缺任何一对者（$2n-2$）；三体即 21 对染色体外多一条者（$2n+1$），四体即 21 对染色体外多一对者（$2n+2$）。端着丝体即 21 对染色体中任何一对缺一臂者；等臂体即 21 对染色体中任何一对一臂重复，另一臂缺失者。普通小麦的 21 对染色体分别为 A、B、D 三组，每组 7 对。可按其染色体组合同源转化群（或称部分同源群）归属命名为 1A、2A……7A，1B、2B……7B，1D、2D……7D。故其缺体、单体、三体和四体均可有 21 种。而端着丝体和等臂体则可有 42 种。由 21 种互不重复的初级非整倍体和 42 种互不重复的次级非整倍体可组成若干成套的非整倍体系列。如缺体系列、单体系列……端着丝体系列和等臂体系列。非整倍体系列在小麦遗传分析、进化研究和育种中都有重要的利用价值。[2]

在西尔斯创制出全套的"中国春"小麦非整倍体材料后，国外其他学者利用其他小麦品种也创造出类似的非整倍体材料，但不及"中国春"小麦非整倍体材料的完整和齐备。他们利用这些小麦非整倍体材料在小麦的

---

[1] 高立宏：《小麦（中国春）非整倍体的遗传和表观遗传稳定性分析》。东北师范大学博士学位论文，2015。张改生、曹海录：《小麦非整倍体的遗传及其在育种中的应用》。陕西农业科学，1988 年第 2 期，第 45-48 页。

[2] 刘大钧：《小麦非整倍体》。见《中国农业百科全书·农作物卷（下）》，中国农业出版社，1991 年第 622-623 页。

遗传、进化以及育种上开展了深入的研究。至二十世纪七十年代，国外学者利用非整倍体在小麦遗传育种中的研究主要集中在以下三方面：一是在小麦遗传上的应用，包括利用单体分析进行基因定位、端着丝体定位和分析、染色体配对的调节、品种间染色体置换等；二是在小麦进化研究中的应用，包括辨认小麦个别染色体的染色体组归属、辨认和分析小麦的同源转化染色体、确定同源染色体的染色体臂同源转化性关系、研究外来染色体和小麦染色体的同源转化性等；三是在小麦育种中的应用，如利用非整倍体将外来变异导入普通小麦，创制出具有抗病性的育种材料来选育小麦抗病新品种、利用非整倍体配制杂种小麦等。这些研究使得当时对于小麦的遗传分析、进化研究以及外源性种质导入普通小麦的育种利用方面，进入了一个前所未有的细致和精确的阶段。

当时国际学术界关于小麦非整倍体的研究引起了戴松恩的关注和重视。从现存戴松恩保存的有关小麦非整倍体研究文献资料[①]可知，至迟在1972年，戴松恩已经开始关注国外小麦非整倍体的研究。戴松恩认为西尔斯等人关于小麦非整倍体的研究成果"促使小麦细胞遗传学的发展，包括单体分析、端着丝点染色体分析和染色体模式图的制订，染色体配对的控制，以及品种间代换系、异附加系和异代换系的产生等，在这些发展的基础上，小麦遗传研究和进化研究得以顺利开展，从而促使小麦育种学的发展，促使小麦育种从一种技术逐步上升为一种科学。"[②]

1973年9月，加拿大温尼伯试验站赠送给我国农业科学代表团一套"中国春"小麦单体，由方悴农、李竞雄等人带回国。1974年，戴松恩等人在我国最先开始利用这套"中国春"小麦单体材料开展小麦非整倍体的研究。戴松恩指出，开展小麦非整倍体研究的主要目的是"借助于小麦非整倍体系统材料和染色体技术，进行小麦的基本理论研究，揭示其规律，并探索育种新途径"。[③]

---

① 《小麦非整倍体及其在遗传分析中的应用》。资料存于采集工程数据库。
② 戴松恩、张玉兰：《小麦非整倍体研究第一阶段工作小结》，1979，手稿。资料存于采集工程数据库。
③ 戴松恩、张玉兰：《小麦非整倍体研究第一阶段工作小结》，1979，手稿。资料存于采集工程数据库。

由于小麦非整倍体的研究属于基础理论研究，当时国内对这一研究有着各种不同的看法。有人认为应集中精力研究当时农业生产的实际问题；有人认为这是一项工作量大的理论研究，见效慢，出成果周期长；还有人认为育种就是要培育出新品种，这种理论研究可以放一放。戴松恩等人在开展了五年的小麦非整倍体研究后，在1980年第1期的《农业科技通讯》上发表了《为什么研究小麦非整倍体》的文章，对为何开展小麦非整倍体的研究进行了讨论。在这篇文章里，戴松恩先介绍了当时国外利用小麦非整倍体在小麦遗传学、小麦系统发育、小麦育种方面的研究进展及取得的成果，通过对这些研究内容和成果的综合分析，戴松恩认为："小麦非整倍体研究肯定是有很大发展前途的。它可以更快地、有系统地弄清小麦各种性状的遗传规律及其染色体和近缘植物中的部分同源关系，从而更有计划地选育出各种特殊优良的小麦新品种。所以要在小麦育种上求得飞跃，非进行非整倍体研究不可，这样才能使小麦育种技术上升为小麦育种科学。"同时，戴松恩也指出小麦非整倍体的研究"工作量大，时间长，必须明确方向，坚持下去，才能获得成功。今天下功夫，打基础，正是为了今后小麦育种工作的大发展"。因此，戴松恩认为"有必要安排一定的机构和一定的人力来进行这项研究，列为国家计划，长期坚持下去"。

为了让国内学者更好地认识和开展小麦非整倍体的研究工作，戴松恩翻译了美国学者西尔斯1954年的研究报告《普通小麦的非整倍体》(*The aneuploids of common wheat*)，这篇报告是西尔斯连续十五年开展小麦非整倍体的研究成果，介绍了"中国春"小麦品种的整套非整倍体（如单体、缺体、三体、四体以及端着丝点染色体和等臂染色体系统等），叙述了单体和三体畸变型的来源，描述了七个部分同源染色体群中没群的三个非整倍体，鉴别了染色体的形态，观察并记录了单体、缺体、三体、四体的繁育行为，叙述了端着丝点染色体和等臂染色体以及它们的来源和繁育行为，记录了一些非整倍体的嵌合体，并指出了小麦遗传研究和育种研究的方向。1980年2月，《普通小麦的非整倍体》由中国农业科学院科技情报研究所印刷，这是目前所见国内最早翻译的小麦非整倍体研究著作。戴

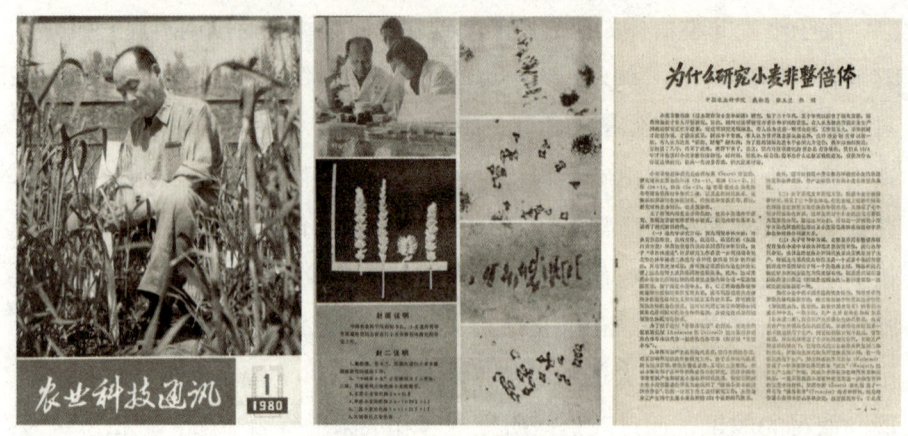

图5-1 《农业科技通讯》刊登的戴松恩研究小麦非整倍体的照片及文章（1980年第1期）

松恩翻译的《普通小麦的非整倍体》为国内开展小麦非整倍体研究的学者提供了重要的参考资料，有学者从中受到启发而做出新的研究成果。李振声院士认为他正是受到戴松恩这一译著的启发，引进了"中国春单体系统"，产生了建立新"蓝粒单体小麦系统"的设想，经过多年的试验和研究，最终不仅获得了蓝粒单体小麦系统，而且获得自花结实的缺体小麦系统，并建立了缺体回交育种法，探索出一条缩短远缘杂交育种时间的新途径。

李振声院士详细讲述了这一过程。"1978年起，戴松恩先生主持'小麦非整倍体研究'课题，翻译了西尔斯的《普通小麦的非整倍体》，在正式发表前，我有幸获得了油印本，读后深受启发。因为这时，我和课题组同志已从事小麦与偃麦草远缘杂交研究二十多年，虽然育成了小偃4、5、6号，但感到耗时太长，正在寻求缩短小麦远缘杂交育种时间的新途径。于是引进了'中国春单体系统'（21份），经过两年的实践，发现繁殖与保纯过程中，后代单株染色体计数工作量过大，难于直接应用与育种。不过，在掌握其基本原理与技术后，利用来自偃麦草的胚乳糊粉层的蓝色色素基因作为遗传标记，我们产生了建立新的'蓝粒单体小麦系统'的设想。经过若干年的努力，不仅获得了蓝粒单体小麦系统，而且获得了自花结实的缺体小麦系统，并建立了缺体回交育种法，探索出一条缩短远缘杂交育种时间的新途径。回顾上述过程，是戴先生的译文，对我们后续研究起了启迪作用。我们非常感激他。"[1]

为了进一步推动我国小麦非整倍体研究工作的开展,在戴松恩的努力下,1980年3月8日至12日,来自全国十四所高等院校和十二家科研单位的三十四名代表在北京召开了"全国小麦非整倍体研究第一次座谈会"。[2] 这次座谈会的目的是"对小麦非整倍体研究交换看法和交流研究成果,介绍先进技术和理论,在此基础上统一认识,明确方向,提出设想和近期研究提纲,以及分工协作的初步意见,使小麦非整倍体的研究工作顺利开展,为小麦育种提供理论依据,谋求早日有所突破"。[3]

时任中国农业科学院副秘书长的戴松恩主持座谈会,并作了题为《关于小麦非整倍体研究问题》的讲话。在讲话中,戴松恩先列举了当时国内

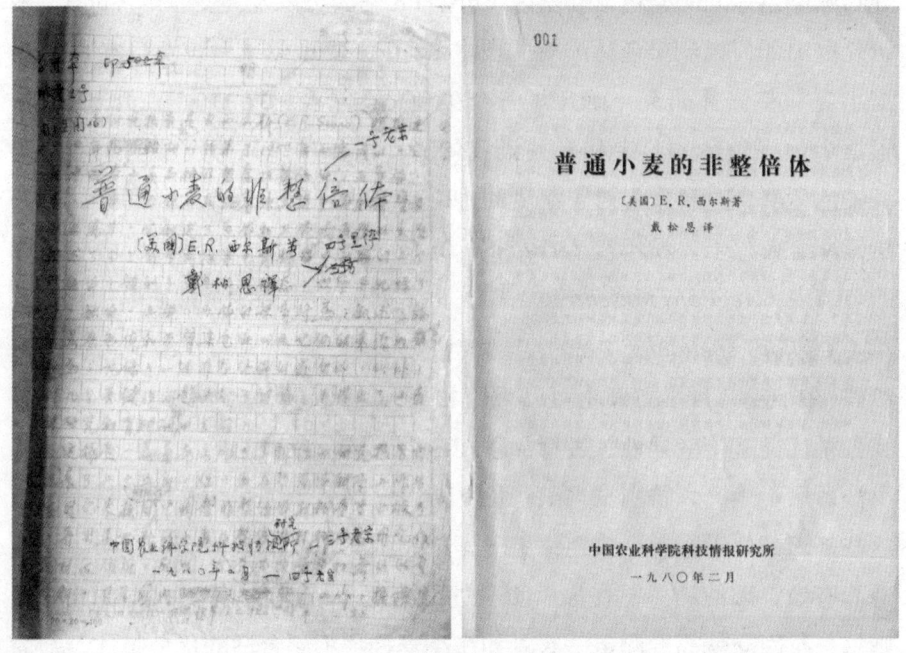

图5-2 戴松恩翻译《普通小麦的非整倍体》手稿和油印本(1980年2月)

---

[1] 李振声:《回忆戴松恩先生对我们工作的鼓励与引导》,《中国科学报》,2017年3月13日,第8版。
[2] 《全国小麦非整倍体研究第一次座谈会在京召开》,《遗传》,1980年第4期,第34页。
[3] 戴松恩:《全国小麦非整倍体研究座谈会纪要》,1980年3月12日。资料存于采集工程数据库。

对于小麦非整倍体研究的各种不同看法，指出国内对小麦非整倍体的研究存在分歧，召开这次座谈会的一个重要目的是在交流研究工作经验的基础上，统一认识，并明确未来二十年的研究设想和五至十年的研究项目。戴松恩提出未来小麦非整倍体的研究内容包括小麦遗传学、进化或系统发育和育种学三个方面。在小麦遗传学研究方面，"首先利用单体分析，对负责形态性状、抗病虫性、抗逆性、品质性状和其他性状的基因分析定位。其次，利用端着丝点染色体（或等臂染色体）、单体或二体进行各种性状的基因分析和定位，由于容易识别'单价体变迁'，所以结果更为可靠，并可测定基因位在染色体的长臂上还是短臂上，及其基因的连锁关系，还可测定染色体的易位情况。此外，还可以利用它（单体或端体）测定抑制部分同源染色体间的染色体和基因（5B，Ph 基因）以及突变基因（ph），并研究提出如何控制染色体配对的技术"。在小麦进化或系统发育方面，"根据小麦非整倍体研究，确定了三个染色体组（A、B、D）。在此基础上，根据个体染色体的鉴定和有关染色体的补偿作用，又确定了七个部分同源染色体群，这种发现对于小麦的进化有着极为重要的作用，通过这种分析，A 组来源于一粒小麦（*Triticum monococcum*），D 组来源于山羊草属的节节麦（*Aegilops tauschii* Coss.），但 B 组原假定来源于拟斯卑尔脱山羊草（*Aegilops speltoides* Tausch），发生了疑问，需要明确 B 组染色体的来源。"在小麦育种学方面也可以采用非整倍体开展研究，"首先在小麦种寻找各种优良遗传变异性，进行品种间杂交，选择最理想的品种间代换系或交换系用于生产，特别是当某些优良特性是由一个或多个基因所控制，而这些基因都位于同一个染色体上时，则品种间代换法较每次回交法更为迅速而有效，因前者只需在最后阶段进行测定（特别像抗病虫性），而后者则每一次回交就需要测定一次。如在小麦种找不到合适的优良特性，则需要采用异源染色体代换的方法，将近缘植物中的优良遗传特性（特别像抗病虫性、高蛋白含量等）转育到小麦品种中。"

随后，戴松恩从理论和实践上对小麦非整倍体研究进行展望，他认为在理论上：一是从小麦种内的角度，利用小麦种内的差异产生大量的品种间代换系，主要研究影响小麦数量性状的基因及其相互作用；二是从小麦种间和属间的角度，弄清小麦染色体、近缘植物中染色体的部分同源关系，Ph 和 ph 基因的作用等。在实践上，戴松恩指出可以根据单体分析和品种间代换系的基因分析，指导品种间杂交育种、品种间代换系和异源代换系的产生。最后，戴松恩认为我国小麦非整倍体的研究，前期应开展大量的细胞学工作，后期开展大量遗传工作，先产生我国的单体和品种间代换系系统，便于分析基因作用、基因相互影响以及定位，而后产生我国的异源染色体代换系和交换系。我国各科研单位需要通过分工和协作来共同推进小麦非整倍体研究的深入和发展。

"全国小麦非整倍体研究第一次座谈会"得到中国农业科学院的支持和重视，参加会议的中国农业科学院领导和专家包括中国农业科学院副院长何光文、作物育种栽培研究所党委书记李博元，所长李奇真，副所长卜慕华、梁勇，专家李竞雄、庄巧生，以及原子能利用研究所所长徐冠仁。徐冠仁和李竞雄回顾了从 1947 年至 1965 年我国曾四次引进"中国春"小麦单体材料而遭到洗劫的历史教训，希望研究人员利用 1973 年第五次引进的小麦非整倍体材料，将我国小麦非整倍体研究坚持开展下去，并在理论上和应用上都取得显著成果。

参会的代表从小麦单体分析、利用小麦非整倍体开展转育研究、采用非整倍体技术分析获得的多种异附加系和异源八倍体等方面进行了交流，会议上还介绍了国外先进技术和理论，如小麦非整倍体的整套技术在理论和应用研究上的作用，在小麦进化研究方面的进展等。在座谈会上还重点讨论了小麦非整倍体研究的重要意义和发展前途，代表们认为小麦非整倍体研究是一项基础理论研究工作。采用常规遗传分析来研究由三组不同来源的染色体组成的六倍体普通小麦存在很大的困难。而利用小麦非整倍体技术，可以测定和分析小麦重要性状的基因的定位、作用和相互影响，有计划地进行染色体的代换，并促进染色体的易位，使小麦和小麦种以及小麦野生近缘植物中的优良性状合成到小麦类型中去，这样产生出来的小麦新品种或新类型才能表现较大的突破，为农业现代化做出贡献。这样也可以避免盲目性，做到比较有计划的进行，使得小麦育种由一种技术逐步上升为一种科学。同时，代表们也认识到小麦非整倍体研究工作量大、难度大、时间长,所以不仅需要一定的条件,还需要长期坚持,才能做出成果。因此,小麦非整倍体的研究应避免全面铺开,而应该有重点地进行,具备条件的单位可以开展这一研究,并列为国家科学规划中的重点项目,给以经费支持。

在这次座谈会上还讨论了研究提纲,确定在以后的研究中,"要继续繁育鉴定'中国春'单体和端体系统,要按照小麦生态区进行小麦单体系统的转育和创造,小麦品种间代换系的创制,有条件的单位可以进行异附加系、异代换系和异交换系的研究工作,并按照地区的需要进行抗病性以及其他一些性状的基因定位研究工作,小麦远缘杂交研究有基础的单位,可采用非整倍体技术加以理论上的分析研究"。会后,代表们还提出为了今后顺利开展小麦非整倍体的研究工作,有必要成立由中国农业科学院牵头的协作组织,以方便科研工作者交流研究材料和资料,互通情况,共同提高。①

"全国小麦非整倍体研究第一次座谈会",是在戴松恩的大力推动下召开的我国第一次全国性小麦非整倍体研究的会议。在此之前,国内学者大部分还将该研究称为"单缺体研究",这次会议上,戴松恩提议统一修改为"小麦非整倍体研究",并得到与会者的认可。据杜娟回忆:"我记得在1980年,戴松恩组织召开了全国小麦非整倍体研究的座谈会,将全国开展小麦非整倍体研究的人集中起来进行讨论。当时我们叫小麦单缺体课题,戴松恩都统一改成小麦非整倍体,在名称上规范了。"杜娟还认为在这次会议上戴松恩提升了小麦非整倍体的研究理论水平。"戴松恩在会上说采用小麦非整倍体材料和方法,测定基因位置和连锁关系,是定向育种的一种新手段。能够通过染色体的附加、代换、异位,可以有目的、有计划地创造新品种,比以前简单的杂交要先进了。当时在会上大家听了信心特别足。我认为戴松恩把研究小麦非整倍体理论又提升了一个高度。"② 因而,可以看出,在戴松恩等人的努力下,通过这次会议,规范

---

① 戴松恩:《全国小麦非整倍体研究座谈会纪要》,1980年3月12日。资料存于采集工程数据库。

② 杜娟访谈,2017年6月13日,北京。资料存于采集工程数据库。

图 5-3　戴松恩《关于小麦非整倍体研究问题》手稿（1980年）

图 5-4　戴松恩《全国小麦非整倍体研究座谈会纪要》手稿（1980年3月12日）

了小麦非整倍体研究课题的名称，统一了相关学者对小麦非整倍体研究的认识，明确了未来研究的基本方向和任务，也了解到小麦非整倍体研究的必要性和艰巨性，为相关学者和研究机构有重点、有选择地开展研究指明了方向，推动了小麦非整倍体研究在全国的有序发展。座谈会后，中国农业科学院将会议纪要寄送有关省农科院，并上报农业部转发有关省科技局和教育局，同时抄报国家科委转发有关省科委，这为当时推动小麦非整倍体研究工作在有关高等院校和有关省农科院安排落实，争取经费和人员支持，创造了良好的氛围。

第五章　率先主持开展小麦非整倍体研究　　97

育成我国第一套小麦单体系统

从 1974 年至 1980 年，戴松恩、张玉兰、杜娟等课题组成员围绕"中国春"小麦单体开展小麦非整倍体的第一阶段研究。在小麦非整倍体研究刚开始时，中国农业科学院作物育种栽培研究所研究员李竞雄、北京大学李正理教授、中国农业科学院原子能利用研究所研究员徐冠仁、中国农业科学院作物育种栽培研究所王崇义都给予了指导和帮助，中国农业科学院作物育种栽培研究所董安书、孙荣锦也参与了部分工作。1974 年，张玉兰等人开始了小麦单缺体的研究。1978 年 8 月，在张玉兰等人的邀请下，小麦非整倍体研究开始由戴松恩主持。据杜娟回忆，1978 年，她刚到中国农业科学院参加工作不久，便和张玉兰一起去戴松恩家中汇报当时她们开展小麦单缺体的研究进展情况，并请戴松恩主持小麦非整倍体课题研究。戴松恩听了她们的汇报后，认为这一研究很有前途，但还需要进一步提升，并答应主持课题。1978 年下半年，年逾七十的戴松恩便开始和课题组成员一起下地做杂交，进实验室工作。杜娟回忆："那时候在中国农科院西门旧大楼后面有个网室，我们就在网室里做杂交。他也是不顾高龄，天天和我们在地里做杂交。我们就说，'您指导一下就行了，不用亲自下地'。他不听，都是亲力亲为。在实验室看染色体他也是亲自在看。因为他视力不好，一会儿戴眼镜一会儿摘眼镜，我们就说，'您不用每个都自己看，我们看完了您看结果就行'，他说'那不行'。他不是只指挥自己不干，他也是亲自参加到课题组里，每项工作都是具体参与操作。"戴松恩还非常注重夯实课题成员的理论基础，进而提升课题研究的理论水平。他定期组织课题组成员学习国外先进的细胞遗传学理论和小麦非整倍体的研究成果。据杜娟回忆："戴松恩参加课题组以后，我认为我们课题比较上档次了。原来只是在低层次简单的杂交、回交。后来我们经常一星期去他家一次，他给我们讲课，讲英文版本的细胞遗传学等，每个星期他先看完，进行翻译过,并做好笔记。我们每个星期去一次,他给我们讲他翻译的书的内容,让我们一块学习。我们去了好长时间,多半本书都快讲完了。在理论基础这块抓得比较紧。"①

在戴松恩的带领下,小麦非整倍体课题组确立了这一阶段研究的两大主要目的:一是利用"中国春"小麦单体系统产生我国小麦单体系统,为分析小麦性状和开展基因定位奠定基础;二是产生我国小麦品种间代换系,用来分析较为复杂的数量性状、经济性状和基因定位,从而指导小麦育种工作。戴松恩指出,随着研究工作的开展"我们将着手研究产生一些异附加系,异代换系和异交换系,以便把近缘植物中特殊优良的特性,为抗病虫性、高蛋白含量、耐盐碱性、耐旱性、耐高低温性等引入到小麦品种中去,有计划地、有步骤地产生新的小麦类型,以适应各方面的需要,达到高产稳产的目的。"② 由此可见,小麦非整倍体研究的最终目的还是选育出具有优良性状的小麦新品种,服务农业生产实践。

在这一阶段,戴松恩带领课题组成员主要从以下四个方面开展了研究工作:一是繁育"中国春"单体和端体;二是在"中国春"单体的基础上转育到"京红一号"和"7605";三是将"中国春"单体和"京红一号"单体系统用双端体植株进行测交;四是对麦芒的性状开展了初步的遗传分析。

戴松恩等人繁育"中国春"单体的方法是先将"中国春"单体种子稀播(单株)于温室或田间,在小麦孕穗初期即减数分裂盛期,用醋酸洋红压片法进行镜检,然后将经过鉴定的单株植株的穗子套袋自交,从而获得单体。由于单体植株自交后

图 5-5 戴松恩在小麦试验地工作

---

① 杜娟访谈,2017 年 6 月 13 日,北京。资料存于采集工程数据库。
② 《小麦非整倍体研究第一阶段工作小结》,1979 年;《小麦非整倍体研究一九七九年工作总结》,1980 年;《小麦非整倍体研究及其应用》,1980 年。资料存于采集工程数据库。

总是产生一定比例的单体、二体（即正常体）和缺体，所以繁育单体必须逐代逐株进行镜检，选择其中真正的单体、缺体进行自交繁殖。而由"中国春"单体产生其他品种的单体的方法是以"中国春"单体为母本和予转品种进行系统杂交，再将其F1植株中的单体继续做母本与父本连续回交，直至五六代，即可产生予转品种的单体系统。

但由于在回交过程中，单价体容易发生变迁，所以在回交快结束时，有必要用相应的双端体进行测交，这是非整倍体研究中成败的关键。如F1植株中出现二十个二价体和一个单价体，则说明予测的单体植株是正确的。如F1植株中出现十九个二价体、一个单体和一个异形双二价体（即一个端体和它正常的同源染色体单价体相配合），则说明予测的单体植株中已经出现单价体变迁，这株单体已经不是正确的单体。

戴松恩等人利用1973年引自加拿大的"中国春"单体系统和1978年从中国科学院遗传研究所和西北植物研究所引入的"中国春"双端体系统，以及作物育种栽培研究所春麦室提供的"京红1号"春小麦，经过连续的实验和研究，育成了我国第一套小麦非整倍体的单体系统"京红1号"春小麦单体系统。

戴松恩带领课题组成员经过镜检、回交、单体选择、端体测定，历时七年，终于获得了核型为二十个二价体和一个单价体的"京红1号"单体系统，这也是我国首次利用"中国春"小麦非整体系统转育成功小麦单体系统。这次育成的"京红1号"小麦单体。在性状上，正常"京红1号"小麦的基本特性是矮秆、早熟、抗锈、抗倒、长芒等，但又与正常小麦在穗长短、稀密、茎秆高矮、粗细等方面不完全相同。这些单体虽然不具有"中国春"单体本身的任何特性，但也有一些性状与它们相应单体的标志特征十分相似。

为了保证转育出的"京红1号"小麦单体的正确性，戴松恩等人采用双端体法对单体系统进行了测交，并对测交后代F1进行细胞学鉴定，发现在17个不同染色体的单体测定后代F1中，凡是具有二十个二价体和一个单价体端染色体核型的被测单体植株都是正确的。通过鉴定，他们还发现了在小麦单体系统的培育过程中难以避免会出现"单价体变迁"的问

图 5-6 戴松恩在试验地做杂交　　图 5-7 戴松恩（左一）与课题组成员一起在试验地做杂交

题，即单体植株中的那个单染色体被转换成为其他染色体。戴松恩等人经过研究，进一步揭示了导致"单价体变迁"的原因，并通过实验验证得出鉴定单体是否正确的方法："凡是正确的单体，用双端体测交后，它的后代 F1 中必须具有二十个二价体和一个单价体核型。如果在大量细胞的镜检中没有相当数量的这种核型，而是各种类型的异形二价体或其他核型，表明被测单体发生了单价体变迁，因而是不正确的。"

"京红 1 号"小麦单体系统，是我国农业科学家自主研究转育成功的第一套小麦单体系统，是我国小麦非整倍体研究的一大突破，为进一步利用其研究基因定位，创造小麦品种代换系奠定了基础，有利于揭示小麦遗传的规律和探索新的小麦育种途径。戴松恩等人还提出了鉴定单体系统的方法和辨别标准，并揭示了转育过程中出现的"单价体变迁"问题的原因，为其他学者开展小麦非整倍体的研究提供了有益的参考。

1984 年，"'京红 1 号'春小麦单体系统的育成和鉴定"获得农牧渔业部技术改进奖一等奖。在申报奖项中，戴松恩认为这一研究是张玉兰开始做的，所以虽然他是课题主持人，但坚持把张玉兰排名第一。他这种不争名利的品质，让亲历此事的杜娟深受感动。杜娟说："在 1984 年的时候，戴松恩先生组织报了一个奖，叫'京红一号'春小麦单体系统的育成和鉴定，获得了农业部的技术改进一等奖。这里我特别受感动的是，当时他是课题主持人，大家都让他排第一，但是他不要。他说，'这是张玉兰开始做的，做到第二代，我才参加'，所以非把张玉兰排在第一。他不争名利、为人特别谦和，让我挺感动的。"①

小麦 ph 基因材料的研究与利用

1981年下半年，由于多方面的原因，戴松恩将小麦非整倍体研究转入中国农业科学院作物品种资源研究所。由于原小麦非整倍体研究材料、设备、资金和人员都留在了作物育种栽培研究所，所以戴松恩刚到作物品种资源研究所时几乎一无所有。时年七十五岁的戴松恩开始了小麦非整倍体研究的"二次创业"。在获知戴松恩遇到的困难后，中国农业科学院及兄弟单位的朋友们向戴松恩提供了无私的援助。戴松恩曾在报告中叙述："此时，中国农科院支援了两台显微镜，品资所麦类室为我们腾出二十平方米的温室和半间工作室。我们手中仅有刚从美国寄来的一些代换系和其他材料，研究工作无法开展。于是我们只好四处求援，中国科学院遗传所胡含先生，西北植物所李振声先生、穆素梅先生寄来了'中国春'单体和双端体材料，陕西农科院薛秀庄先生提供了 ph 基因材料，华中农学院余毓君先生寄来了四体材料，南京农学院刘大钧先生寄来了刚从美国带来的小麦－黑麦附加系材料，中国农科院品资所麦类室支援了小麦属、山羊草属和我国稀有种材料，中国科学院遗传所邵启全先生送来了西藏半野生小麦材料。"这些帮助对处于困境中的戴松恩来说，无异于雪中送炭。戴松恩在经费、设备和研究材料相对缺乏的情况下，带领他的两位研究生刘旭、张洪生开始了艰难的课题起步研究工作。

1982年5月，戴松恩制定了"小麦非整倍体研究及其应用"的课题研究计划，计划从1982年到1985年主要研究"中国春"小麦单体系统，端

---

① 杜娟访谈录，2017年6月13日，北京。资料存于采集工程数据库。

着丝点染色体系统的繁殖，以及单体后代中单价体变迁的端体分析；新小麦单体系统的转育和品种间代换系的产生；小麦稀有种（云南小麦、新疆小麦和西藏半野生小麦）遗传性状的单体分析、染色体组型分析及其近缘种的系统发育关系；利用国内外小麦异附加系和异代换系，将异源染色体导入小麦，逐步产生优异的中间材料，供育种利用；利用缺体5B，四体5D和Ph基因材料[①]，促使部分同源染色体间配对，研究其规律，产生更多、更好的变异类型，为育种提供更多优良材料。由于课题条件的限制，直到1982年秋季，戴松恩等人才开始了计划中的部分研究工作。

1982年9月，在农业部、中国农业科学院和作物品种资源研究所领导的支持下，作物品种资源研究所决定成立"小麦非整倍体研究与利用"课题组，戴松恩为课题主持人。1983年1月，戴松恩开始筹建实验室，逐步添置了显微镜等必备实验仪器，在国内外相关研究单位的支援下获得"中国春"单体、双端体、四体、ph基因等研究材料，建设了加光温室、网室、网田等试验场地，课题成员有刘旭、张洪生、陆平、钱勇等六人。到1984年1月，新组建的"小麦非整倍体研究与利用"课题组已经初具规模。

1982年，戴松恩带领课题组成员首先进行了整套"中国春"小麦单体、两种代换系与我国小麦稀有种进行杂交，但因气候反常，在昆明南繁时损失了大部分材料，致使基因定位以及错分裂等研究资料不完整，无法进行分析。于是，戴松恩将小麦非整

图 5-8 戴松恩在观察小麦试验材料

[①] 小麦Ph基因是指存在于普通小麦染色体上抑制部分同源染色体配对的基因。这里的ph基因材料，包括西尔斯在"中国春"上获得的ph1b、ph2a、ph2b三个隐性突变体在内的研究材料。

倍体研究课题组的重点调整到对普通小麦 Ph 基因材料、小麦－黑麦附加系材料的研究上，还开展了"北京 10 号"的单体转育、小麦稀有种的研究等。

普通小麦 Ph 基因的研究

Ph 基因是由 Okamoto 于 1957 年最先发现的存在于普通小麦的 5B 染色体上的抑制部分同源染色体①配对的基因。1971 年，Wall 等将这个抑制基因定位在 5B 长臂的近末端，距离着丝点 50.65±4.03 个遗传单位，并以部分同源配对 Pairing homoeologous 的缩写将其命名为 Ph 基因。1971 年 Mello-Sampayo 在 3D 短臂上也发现了一个配对抑制基因。1979 年，Mchintosh 将 5B 长臂、3D 短臂上的抑制基因区分为 Ph1 基因和 Ph2 基因。正是由于 Ph1、Ph2 基因的存在，限制了部分同源染色体配对，因此如果这两个基因不存在，不但可以使得小麦 A、B、D 组染色体间配对，而且能使小麦染色体与近缘种属染色体配对。这有助于解决将小麦近缘种的优良基因导入普通小麦的问题，从而培育出小麦新品种。因而，诱发 Ph1 基因和 Ph2 基因变异，引起了细胞遗传学家的广泛兴趣，Wall、西尔斯等人，先后在"中国春"上获得了 ph1b、ph2a、ph2b 三个隐性突变体，统称为 ph 基因系。

戴松恩是在我国较早开展普通小麦 Ph 基因研究的学者之一。1982 年，他便利用陕西省农业科学院提供的 Ph 基因材料进行了研究。经过二代观察发现，每代均分离出"中国春"和"拟斯卑尔脱"两种穗形，其减数分裂中期 I 有四价体、三价体出现，这是繁殖多年后的正常现象，但其结实

---

① 同源染色体（homologous chromosome）是指形态、结构、遗传性质，及基因座位排列顺序相同的染色体。在二倍体生物的体细胞中，成对存在，分别来自父方和母方，并在减数分裂时，可以相互配对，然后又彼此分离，随机地分配到不同配子中去。如在六倍体普通小麦（AABBDD）中，AA，BB，DD 属于同源染色体。见《农业大词典》。中国农业出版社，1998 年第 1657 页。部分同源染色体仅仅是部分区段同源的染色体，由原生是同源的染色体演变而来，它们之间的联会吸引力不如同源染色体那么强。如在六倍体普通小麦（AABBDD）中，ABD 属于部分同源染色体。参考刘思衡编：《作物育种与良种繁育学词典》。中国农业出版社，2001 年第 10 页。

率很低，不便于研究和利用。于是1983年，戴松恩又从美国学者西尔斯那里引入Ph基因材料三份（ph1a、ph1b、ph2）。从1983年冬天开始种植至1984年冬，戴松恩带领课题组成员对这些Ph基因材料（ph1a、ph1b、ph2）进行了形态学、细胞学的观察和分析。在形态上，这三份Ph基因材料基本相似，且与"中国春"的株形、叶形、穗形也无明显区别。通过对Ph基因材料的花粉母细胞减数分裂中期Ⅰ的染色体行为进行了两代观察，发现这三种Ph基因材料在减数分裂中期Ⅰ出现了多种不规则的染色体联会情况，即多价体和带有一至五条不等的单价体。进一步分析发现，三种Ph基因材料在减数分裂中期Ⅰ出现的染色体联会情况存在差异，特别是最重要的ph1b两次实验结果多价体所占比例分别为19.0%和17.0%，接近于20%的细胞出现多价体。这一结果说明A、B、D染色体组之间发生了联会，有联会，染色体就会有交换，因而产生易位系[1]，易位系之间的杂交就有可能产生重复系，可能获得具有特优性状的后代，供育种或生产上利用。

戴松恩等人经过分析发现由于Ph基因的缺失，使得某些部分同源染色体发生了联会。由此他们指出原来的Ph基因材料之所以出现两种穗形（"中国春"和"拟斯卑尔脱"），可能是因为部分同源染色体的交换、易位造成的。戴松恩敏锐地意识到可以利用Ph基因来促使小麦种属间的性状转移，以培育出新的小麦品种。他在报告中写到"利用Ph基因的这种作用，可以使小麦种内部分同源染色体间发生联会，因而产生染色体交换和易位，若利用这些交换系和易位系进行相互杂交产生染色体的重复，则有可能促使小麦现有品种和新的品种间、种间杂种分离出更多经济性状好的、抗病性强的新类型，提供小麦育种工作者进一步研究利用。"[2]因此，戴松恩在"六五""七五"计划期间将Ph基因研究列为课题的重点工作。在1984年，戴松恩和课题组成员便开始将ph1b材料与转育成功或正在转

---

[1] 易位系（translocation line）：非同源染色体间染色体片段的互换或近缘物种的异源染色体间片段互换所形成的品系。这种互换称为相互易位，是染色体结构变异的一种类型，通过它能实现基因在不同染色体间的转移。见《中国农业百科全书：农作物卷下》。农业出版社，1991年第716—717页。

[2] 戴松恩：《小麦非整倍体研究与利用工作汇报》，1984年1月31日。资料存于采集工程数据库。

育中的优良品种的 5B 单体进行杂交，并同时将几个小麦优良推广品种以及我国特有种和 5B 单体杂交后再和 Ph 基因材料杂交。①

小麦 – 黑麦附加系的研究

"小麦 – 黑麦附加系"是有一对黑麦染色体附加于小麦 42 条染色体之中，成为 44 条染色体的研究材料。戴松恩课题研究的材料是西尔斯在 1970 年用"帝国"黑麦与"中国春"小麦杂交创造出来的，1981 年经刘大钧转送给戴松恩。这套材料一共七份，每份才五粒，1982 年，课题组仅对其做了繁种和观察，1983 年对其根尖细胞和结实状况进行了观察与研究，1984 年，重点进行了减数分裂中期Ⅰ，后期Ⅰ的观察，并初步测定了各系蛋白质的含量。

在课题组对"小麦 – 黑麦附加系"的细胞学观察上，发现了小麦 – 黑麦附加系的染色体构型为 21W"+XR"（X 表示黑麦染色体序号），有 44 条染色体。其染色体在减数分裂中期Ⅰ大约有 35.1%—47.4% 的细胞赤道板外有一环状二价体，在后期Ⅰ大约也有 30.7%—51.5% 的细胞有两条染色体落后。这一观察结果表明 2R"、7R" 附加系稳定性差，大约有三分之一的植株只有 42 条染色体，其他各系也有类似情况，但为数较少。不论哪一个系如果只有 42 条染色体，就丧失黑麦性状。

课题组对"小麦 – 黑麦附加系"结实情况的观察，发现七个附加系中，4R"、5R" 附加系的每穗平均结实数和自交结实率均最低，因此，提出可以根据育性来将 4R"、5R" 与其他五个附加系区别开来。在形态学观察上，他们将重点放在黑麦染色体的指示性状上，虽然没有能够形成对"小麦—黑麦附加系"指示性状的定论，但经过连续两年的观察证明，除了 1R"、3R" 附加系还不能区分外，其余五个附加系都可以根据形态特点分出真伪和系别。

---

① 中国农业科学院作物品种资源所"小麦非整倍体研究与利用"项目组：《小麦非整倍体研究与利用项目初步工作总结 1985 年工作计划纲要及"七五"计划纲要》，1985 年 1 月。资料存于采集工程数据库。

小麦稀有种的研究

在戴松恩的指导下，课题组成员还对云南小麦、新疆小麦的染色体组型进行了研究。张洪生用云南小麦分别与具有 AABBDD 染色体组的普通小麦品种"中国春"和具有 AABB 染色体组的四倍体小麦"栽培二粒"种杂交，对其 F1 减数分裂中的染色体行为分析发现，"云南小麦"具有与普通小麦基本相同的 AABBDD 染色体组，但在个别染色体上存在着差异。为了确定云南小麦与普通小麦染色体的差异，对"云南小麦"进行了"N-带"带型分析，发现这种差异可能在 AA 染色体组。另外他还做了"云南小麦"的核型排列和臂长、臂比的计算和统计。

图 5-9　戴松恩（左一）与陆平在温室工作

刘旭用"新疆小麦"为母本，分别与不同染色体组（AABBDD、AABB、AAGG、AA、SS、DD）的小麦或山羊草杂交，通过对其杂种 F1 减数分裂染色体行为的观察，了解"新疆小麦"染色体的特点以及与普通小麦的异同。他对实验结果分析后，认为"新疆小麦"染色体组型基本为 AABBDD，但其中 B 组内至少有两条染色体已经发生了变化，与普通小麦的 B 组不同。"新疆小麦"在系统发育中可能有"波兰小麦"血统的参与。此外，课题组还开展了"北京 10 号"单体转育与鉴定、高蛋白基因的定位、ph 基因转育的探索性研究、抗病基因材料的寻找等工作。[1]

---

[1] 中国农业科学院作物品种资源所"小麦非整倍体研究与利用"项目组：《小麦非整倍体研究与利用项目初步工作总结 1985 年工作计划纲要及"七五"计划纲要》，1985 年 1 月。资料存于采集工程数据库。

第六章
协助恢复作物学会，倡议制定《种子法》

在中国作物学会成立以后，戴松恩当选为第一届理事会副理事长兼秘书长。同时，担任中国作物学会学术刊物《作物学报》第一任主编，提出编辑方针和思想，组织出版《作物学报》创刊号。"文化大革命"中，中国作物学会的所有活动停止，《作物学报》停刊。1978年，戴松恩协助金善宝等恢复中国作物学会、推动《作物学报》的复刊。参加全国科学大会后，戴松恩备受鼓舞，不顾虚弱的身体，积极投身到各项学术活动中，推动我国农业科学研究事业的恢复。他发现当时种子管理存在的问题，较早提出建议制定《种子法》，并为推动《种子法》立法多次呼吁，为改善我国种子管理工作发挥了积极作用。

参与创立和恢复中国作物学会

中国作物学会成立于1961年12月，隶属于中国农学会，是由作物科教工作者和有关单位自愿组成，依法登记成立的全国性、学术性、非营利性法人社会团体，是党和政府联系作物科教工作者的桥梁和纽带，是发展我国作物科技事业的重要社会力量。1961年12月20日至28日，中国作物学会在长沙召开第一次会员代表大会，宣告中国作物学会正式成立。来自全国各省、市（自治区）的代表六十六人，围绕作物育种问题，从作物育种方向、目标、途径、理论与方法等方面开展了学术讨论；代表大会经过讨论，选出了第一届理事会理事，并选举金善宝为理事长，杨开渠、胡竞良、戴松恩、蔡旭、何康为副理事长，戴松恩兼秘书长。理事会讨论决定按作物筹建专业委员会和创刊《作物学报》，以更好地开展学术交流。①

1962年，中国作物学会学术刊物《作物学报》创刊，由戴松恩担任主编。戴松恩在办刊之初，提出了"以反映我国作物科学的研究成果，促进学术交流，推动研究工作，更好地为社会主义建设服务"的编辑方针，希望将《作物学报》办成像美国的《作物科学》一样高水平的理论性作物学刊物。戴松恩在手稿"关于主编《作物学报》的问题"中写到"编辑方针"："以反映我国作物科学的研究成果，促进学术交流，推动研究工作，更好地为社会主义建设服务，编辑思想：当初，我想把《作物学报》办成一种理论性比较强，水平比较高的学术刊物，一开始就以美国的《作物科学》为榜样。"②在这样高水平的办刊思路下，戴松恩积极联系当时著名的作物科学家在《作物学报》创刊号上发表文章。在《作物学报》1962年第一期上，一共发表了十一篇学术论文，作者有金善宝、杨允奎、杨守仁、冯祖寿、崔澄、苏联全苏李森科遗传育种研究所小麦育种系主任基里钦科院士等著名作物遗传育种学家。

戴松恩还非常关注当时年轻学者的科研成果，不吝对青年学者进行鼓励。当时还是青年学者的李振声，至今对戴松恩找他约稿的事情还记忆犹新。李振声院士说："1961年12月中国作物学会成立大会暨第一届作物育种学术讨论会在长沙召开，我去参加了会议。我在会上作了题为'小麦—偃麦草杂种天亡与不育问题的探讨：小麦与偃麦草杂交的研究（二）'的学术报告。这是

---

① 《中国作物学会召开第一届代表大会和作物育种学术讨论会》。《作物学报》，1962年，第1期第76页。

② 戴松恩：《关于主编〈作物学报〉的问题》，1967年。资料存于采集工程数据库。

我到了西北从事研究以后的第二篇文章。当时还有金善宝老先生,我就是在这次会议上认识了金善宝老先生,并建立了联系。我把标本也带去了,金善宝老先生看了我的标本。让我没有想到的事情是,我作完报告之后,戴松恩先生说:'你这个稿子,留下。'要我交给一个编辑,我记不起这个人的名字了。但是,当时我觉得这个稿子还得改一改,我就改了一晚上,还没有改完。在回去的路上,我在火车上继续校对、修改。到了郑州分开的时候,我才把稿子改好给那个编辑。我回西北,编辑回北京。没想到,那篇文章居然发表在《作物学报》的创刊号上。《作物学报》1962年第一卷第一期,戴松恩先生就是《作物学报》编辑委员会的主编。我的文章在第二篇!"[1]李振声院士认为,"这篇文章能在《作物学报》创刊号的第二篇位置发表是对我们小麦远缘杂交研究的肯定和鼓励,调动了课题组同志的工作积极性。"[2]

图6-1 《作物学报》创刊号封面及《创刊词》(1962年第1期)

[1] 李振声访谈,2016年11月5日,北京。资料存于采集工程数据库。
[2] 李振声:《回忆戴松恩先生对我们工作的鼓励与引导》,《中国科学报》,2017年3月13日,第8版。李振声、陈漱阳、李容玲、刘冠军:《小麦—偃麦草杂交种夭亡与不孕问题的探讨:小麦与偃麦草杂交的研究(二)》,《作物学报》,1962年第01期,第19-26页。

在戴松恩的主持下，从 1962 年至 1965 年《作物学报》一共出版了十六期，发表文章 165 篇。据戴松恩统计，这些文章中 145 篇来自省级以上科学研究单位和人员，占 87.9%，来自市、县的只有 13 篇，占 7.9%，其他 7 篇，占 4.2%；理论性的论文 138 篇，占 83.6%，结合实际的研究成果 27 篇，占 16.4%。专家来稿 65 篇，占来稿总数的 9.7%，刊登率为 71%。一般科研人员来稿共计 544 篇，占来稿总数的 90.3%，采登率为 22.5%。[①] 由此可见，在戴松恩办高水平理论性学术期刊的办刊思路下，《作物学报》在初办的四年间，以刊登作物科学研究领域高水平研究学者和研究机构的论文为主，相对注重发表理论性的研究成果。这在当时我国作物科学理论研究相对薄弱的情况下，对推动我国作物科学的基础理论研究发挥了重要作用。

"文化大革命"中，《作物学报》在出版了两期后，被迫停刊，中国作物学会的所有活动也被迫停止。

"文化大革命"结束后，1977 年 9 月 18 日，中共中央发布《关于召开全国科学大会的通知》，决定 1978 年春，在北京召开全国科学大会，制定规划，表扬先进，特别要表扬有发明创造的科学技术工作者和工农兵群众，动员全党全军全国各族人民和全体科学技术工作者，向科学技术现代化进军。《关于召开全国科学大会的通知》明确提出"科研机构要迅速恢复""科学技术协会和各种专门学会要积极开展工作""要抓紧落实党的知识分子政策"等，让全国科学技术工作者感受到我国科技工作即将迎来新的时代。

在《关于召开全国科学大会的通知》精神的鼓舞下，中国农学会积极开展恢复学术活动的相关工作。1978 年 1 月 6 日至 8 日，戴松恩参加了中国农学会在北京民族饭店召开的在京理事扩大会议，时任国家科委副主任于光远、中国科协党组书记裴丽生、农林部副部长肖鹏等出席会议并讲话。会议根据中共中央《关于召开全国科学大会的通知》精神，讨论恢复中国农学会及分科学会工作等问题。当时戴松恩虽然还未恢复相关职务，

[①] 戴松恩：关于主编《作物学报》的问题，1967 年。资料存于采集工程数据库。

但是他不仅获邀参加会议，而且还能够在座谈会上发言，这让他非常激动。在讲话稿中他写道："我至今还是中国农林科学院休干组的一个成员，没有分配工作，而今天都能够参加中国农学会召开的座谈会，揭批'四人帮'对我国农业科学研究工作的严重破坏，还要讨论会后如何恢复和发展中国农学会及其所属分科学会的学术活动，对我国发展农业科学事业，做出应有的贡献，对此我是万分激动的。"随后，戴松恩批驳了"四人帮"对我国农业科学研究所造成的严重干扰和破坏，导致我国农业科学水平与先进国家的差距更大了。因此，戴松恩指出，必须"奋起直追，夺回时间"。他建议"要抓住重点，首先根据农业现代化的需要，下决心解决提出的科技问题，同时要根据农业科学技术发展的趋势，抓住关键，抓住带头的项目，结合国情，学习外国，勇于独创，并抓紧科研机构的发展、科技人员的培养、科学实验设备的采购等措施的落实。"[①]戴松恩的这些建议，对"文化大革命"后我国农业科学研究事业的恢复，提供了有益的参考。根据这次会议的精神，戴松恩协助金善宝等人开始着手恢复中国作物学会。

图 6-2　中国农学会座谈会全体代表合影（北京民族饭店，1978 年 1 月 6 日）

---

① 《戴松恩参加中国农学会座谈会讲稿》，1978 年 1 月。资料存于采集工程数据库。

1978年2月11日，中国作物学会常务理事座谈会在中国农业科学院召开。中国农学会理事长杨显东，以及常务理事、理事及《作物学报》编委等十四人参加了会议。戴松恩以副理事长兼秘书长的身份，在会上传达了中国农学会在京理事扩大会议精神和布置的任务。接着，杨显东理事长讲了话。参会人员讨论了中国作物学会1978年恢复开展活动的计划，并形成了关于《作物学报》复刊、学术活动、科普活动等方面的意见。这些讨论结果由戴松恩总结记录如下。

对于恢复我会（中国作物学会）活动问题，讨论结果提要如下。

（一）关于《作物学报》复刊问题：一致同意要复刊，但由于稿件和编辑出版等问题，先做好准备，成立"作物学报复刊筹备委员会"，由我会（中国作物学会）理事长金善宝同志提名商得农学会杨显东理事长同意后确定。这个筹委会要进行联系工作，摸清各省、市、自治区学术论文情况，并和《遗传学报》编辑部协商分工问题，避免重复。也和中国农林科学院联系商讨和《中国农业科学》协作问题。究竟什么时候复刊，要看二、三季度中国农学会六百人大会上有关作物方面的论文情况和各省市自治区报来的论文情况再行决定。

（二）关于学术活动问题：在全国科学大会召开前，先进行一次学术讨论会，以便活跃学术空气。讨论结果，拟在三月下旬在北京举行一次"我国杂交水稻研究推广座谈会"，其目的是肯定我国杂交水稻研究推广的重大成就，并探讨研究推广中存在的问题，使它能在更稳固的基础上向前大发展。我们拟在全国科学大会前召开这次座谈会，如时间不合适，请领导予以修改。座谈会计划草案附后。此外，还打算举行一次学术报告会，题目是"免耕法"，由娄成后、姜秉权两同志负责主讲，待准备就绪后，和北京市作物学会协商联合举办。这一学术报告会的目的是介绍国外这一新技术的情况以引起领导上的注意并布置一定的科学研究，以确定在我国的应用价值和具体条件。

（三）在中国农学会六百人大会上，我会（中国作物学会）应做的准备工作。首先依靠各地分会及省科协摸清学术论文题目和代表人选情况，拟于近期内函请各地推荐。在这次大会上，关于作物方面，拟着重讨论自花授粉作物杂种优势利用问题，耕作改制问题，并了解掌握作物远缘杂交进展情况。此外，还拟讨论如何促成全国从上到下，强有力的、高效率的科研推广管理体系，以达到在组织起来一盘棋的基础上进行科研和推广工作的合理协调和分工，并讨论作物育种工作的主攻方向，以利多快好省地产生新品种，适应农业现代化的需要。

（四）关于科普活动问题。由于时间关系，未及讨论，以后补办。最近拟征求各理事、各编委的意见，以便明确科普活动的动向和内容。

（五）关于提倡议问题。大家表示一定要搞好中国作物学会的工作，加强农业科学研究，高速度发展我国农业生产多提建设性意见。初步提出了应加速建成全国科研推广管理体系，在农业大学里设立耕作学科，大力改革科学研究的学风，设立农业工程研究所，主要作物的品质问题，明确作物育种的主攻方向，提倡因地制宜进行免耕法的科学研究，加强小麦抗锈育种的协作问题，实事求是地确定杂种优势利用的成就和存在的问题，加强研究设备（如电子计算机、桃李品种资源等），讨论什么是农业现代化，免耕法结合化学除莠剂应用于荒地开垦问题，科学研究特别是作物育种研究的方法问题，恢复中国农林科学院的仪器厂以利供试验用的仪器设备机具的创造问题等。拟由学会分别和会员联系，及时写出有科学根据的倡议书，由我会转报中国农学会。[①]

在戴松恩、中国农学会、中国作物学会理事的共同努力下，1978 年 5 月，经国家科委批准，《作物学报》复刊。

参加全国科学大会，投身学术活动

1978 年 3 月 18 日，全国科学大会在北京人民大会堂召开，时任中共

[①]《中国作物学会常务理事扩大座谈会纪要》《中国作物学会常务理事扩大会议总结》《中国作物学会个人建议书》《全国农业学术讨论会科技工作者建议书》等。资料存于采集工程数据库。

中央副主席、国务院副总理邓小平在开幕式上发表重要讲话。邓小平指出全面实现农业、工业、国防和科学技术的现代化，关键是科学技术的现代化，并阐述了科学技术是生产力这个马克思主义历来的观点，为社会主义服务的脑力劳动者是劳动人民的一部分。大会通过了《1978—1985年全国科学技术发展规划纲要（草案）》：科学的春天到来了。

戴松恩受邀参加了全国科学大会，聆听并学习了邓小平在全国科学大会开幕式上的讲话、方毅在全国科学大会上的报告、华国锋"提高整个中华民族的科学文化水平"的讲话、郭沫若"科学的春天——在全国科学大会闭幕式上的讲话"等文件。戴松恩与度尽劫波的中国科学院学部委员们一起见证了我国科学史上的重大转折，并合影留念。

图6-3 戴松恩（第四排右一）参加全国科学大会后与全体中国科学院学部委员合影（1978年3月）

参加全国科学大会后，戴松恩备受鼓舞，不顾身体虚弱，积极地投身到恢复我国农业科学事业的工作中。为了贯彻全国科学大会精神，1978年7月6日至17日，中国农学会在山西太原举办了"全国农业学术讨论会暨中国农学会第三届全国代表大会"。中国农学会下属的作物学会、园艺学会、畜牧兽医学会、植物保护学会、蚕学会、茶叶学会和热带作物学会等分科学会的七百多名代表参加，加上农业劳模、科技工作者和领导干部，共计一千四百多人，共收到了学术论文和资料五百六十多篇，是中国农学会成立后召开的最大规模的学术会议。时任国务院副总理陈永贵、国家科委副主任于光远、农林部副部长何康、中国科协副主席裴丽生、山西省委领导同志等出席了会议并做报告。我国著名遗传学家谈家桢教授和著名植物生理学家殷宏章研究员分别为大会全体代表作了"基因工程"和"光合作用研究近况"的报告。各分科学会共推选了十九篇论文到大会宣读和交流。会议对加速发展我国农业生产和加强农业科研教育工作提出八十多项建议。

在各分科学会活动环节，戴松恩参加了中国作物学会的学术讨论会，并为会议作了讨论记录。[①]出席中国作物学会学术讨论会的代表有来自全国各省、市、区科研和教育单位的科技工作者、专家、教授、著名劳模、农民专家以及领导干部，共计139人，一共提交125篇论文。在中国作物学会的讨论会上，浙江农业大学的游修龄教授，湖南农业科学院的陈一吾、袁隆平，河南省农业科学院的陈伟程等人，先后宣读了二十篇论文，包括水稻、小麦、玉米、棉花、谷子、大豆、油菜、甘蔗等作物的遗传育种、耕作栽培理论和新技术方面的研究成果，部分论文已经达到或超过了国际先进水平。大会经过交流讨论，撰写了建议书，提出五个方面的建议：农业科学的基础工作和理论工作必须加强；正确看待育种的各种途径和方法；建立育种中心；耕作栽培和选育良种应该同样得到重视；加强良种的鉴定、繁育与推广工作和希望农业部采取措施帮助恢复农业院校的科研工作。其中，在加强良种的鉴定、繁育与推广工作方面，戴松恩针对我国当时种子管理工作存在的问题提出具体建议："农林部种子局，根据我国国情，参考国外经验，在今年拿出中华人民共和国的种子法讨论稿，广泛征求意见，明年修改定稿，报请政府批准执行。在制定《种子法》的同时，当前迫切需要恢复和健全良种审定制度，建立良种繁育基地，在优种优价和种子质量标准等方面，做出明确规定。良种审定委员会宜由行政单位主

---

① 参见《太原全国农业学术讨论会作物育种二组记录》《中国作物学会个人建议书》《全国农业学术讨论会科技工作者建议书》。资料存于采集工程数据库。

持，科研单位配合，并吸收有关专家、教授及农业劳模组成，迅速扭转我国种子工作的混乱状态。"[1] 这是戴松恩首次公开倡议制定《种子法》，此后他又为此专门撰文呼吁。

会议期间，中国作物学会还进行了换届，选举金善宝为理事长，戴松恩、蔡旭、陈永康、方悴农、吴绍骙、孙仲逸、王金陵、李竞雄、袁隆平为副理事长，戴松恩兼任秘书长。选举十一名常务理事和八十五名理事组成了中国作物学会第二届理事会。

1978年7月17日，中国农学会第三次代表大会召开，通过民主投票选举出中国农学会第三届正、副理事长和理事、常务理事，共选出一百零二名理事，杨显东当选为理事长，何康、金善宝等共十四人为副理事长，戴松恩被选为中国农学会第三届常任理事会常务理事。

1978年8月9日至12日，戴松恩在山东济南参加了"纪念毛主席视察山东省农业科学院二十周年棉花学术讨论会"。这次会议是中国农学会联合山东省农业科学院举办以纪念毛泽东主席视察山东省农业科学院二十周年，并总结二十年来关于棉花蕾铃脱落问题的科研成果，交流科研经验。中国农业科学院、中国科学院植物生理研究所、十六个产棉省（市、区）的农业科研单位、高等院校代表共计八十九人参加了这次棉花学术会议。8月9日下午，纪念毛泽东主席首次视察山东省农业科学院二十周年纪念大会召开，时任中共山东省委书记的秦和珍、李振出席了纪念大会，李振在会上讲了话。戴松恩当时担任中国农学会常务理事、中国农业科学院副秘书长。由于当时中国农学会杨显东理事长参加国家科委组织的农业科学考察团已经前往大庆，于是委托戴松恩代表中国农学会参加此次大会并发言。

戴松恩在发言中指出毛主席曾经两次视察山东省农业科学院，不仅是对山东省农业科学院，也是对全国农业科技战线的巨大关怀，更是对我们为建设社会主义强国，向农业科学技术现代化进军的巨大鞭策和鼓舞。毛主席在视察棉田时所作的重要指示，不仅对棉花落桃问题的研究指明了方

---

[1] 《中国农学会全国农业学术讨论会简报（第十九期）》《中国作物学会学术讨论会简报》。资料存于采集工程数据库。

向，而且对整个农业科学研究指明了路线和前进的方向，农业科学工作者要进行农业生产问题的根本性研究，要从生产实际出发，并要向农民学习。随后，戴松恩总结论述了自毛主席两次视察山东省农业科学院以后，山东省农业科学院和各省科研单位，结合农业实际开展农业科学实验和研究所取得的成果，尤其是在棉花落桃问题上取得了显著的成绩。戴松恩认为此次举办棉花学术讨论会，讨论棉花研究的科学规划和协作，将积极促进我国棉花科学研究事业的开展。①

在纪念大会结束后，戴松恩和与会的代表一起到毛主席视察过的棉花试验田考察了丰产棉花试验。在此后的两天时间里，戴松恩和时任山东省农业科学院副院长的秦杰先后主持了学术讨论会，来自十二个单位的代表在大会上宣读并交流讨论了关于棉花蕾铃脱落的研究成果。经过大会代表的讨论，明确了此后棉花科学研究的方向，提出了棉花蕾铃脱落机理、棉花蕾铃脱落比较生理和遗传育种、提高光合效率减少棉花蕾铃脱落的增产途径、棉花蕾铃脱落的化学控制技术、棉花增蕾保铃、减少脱落、增加产量的综合栽培技术五方面的重点研究内容。此外，与会代表还一起讨论棉花科学研究的任务规划、组织协作以及关于成立中国棉花学会的筹备组织和工作问题。

关注种子管理问题，建议制定《种子法》

新中国成立以后，党和政府非常重视农作物种质资源的收集、繁育和管理工作。1950年、1956年，开展了大规模的地方品种征集。1956年7月，农业部成立种子管理局。据统计，至1958年初，全国共收集到四十多种大田作物的近二十万份（含重复）种子材料。为了对全国的种子工作加强管理，1962年11月，中共中央国务院发布了《关于加强种子工作的决

---

① 戴松恩：《在纪念毛主席视察山东省农科院二十周年棉花学术讨论会上的发言草稿》，1978.手稿，资料存于采集工程数据库。

定》,强调"种子工作,是农业生产带根本性的基本建设,不容忽视,不能放松"。针对当时"有不少地方,不少作物,出现了种子混杂退化、带病、带虫和品种单一"的问题,从生产队、农业科学研究单位、示范繁殖农场、种子站、粮食、商业等部门提出应对措施以加强对良种的选育和管理工作。我国种子管理工作逐步走向规范。此后由于"文化大革命"运动的影响,我国种子工作被严重破坏,很多单位保存的农作物种子都丢失,全国出现了种子多、乱、杂的局面。1974年,经检测统计,发现于1962年至1963年收集的一万七千余份蔬菜种质资源中,大约有三分之一左右的种子失去了发芽力。面对这一严峻的局面,1978年5月20日,国务院批转农林部《关于加强种子工作的报告》的通知。在该报告中,指出了当时"大田品种'多乱杂';不少地方还缺少早熟、高产、优质、抗逆性强的品种;种子工作缺少一套科学的管理制度;多数省、地还没有种子生产基地,县以下的种子生产基地也不健全、不够用、种子加工机械化基本上还是一个空白。"提出充分发挥现有良种的增产作用,不断选育出接班品种;成立种子公司,加快良种推广速度;建立种子生产基地,健全良种繁育推广体系;搞好种子机械生产,加速实现种子加工机械化;加强领导,建立健全管理制度等五个方面的意见来加强全国的种子工作。1978年8月,国务院批准农业部成立中国种子公司。我国种子管理的制度体系开始逐渐成型,但是当时依然没有提出设立专门的种子管理法规。戴松恩曾在美国留学、农业考察的经历,以及对当时我国种子工作存在问题的深入了解,敏锐地感觉到亟须对我国种子工作进行规范化的管理,于是向相关部门提出迅速制定《中华人民共和国种子法》的建议。

1978年7月,戴松恩参加中国农学会举办的"全国农业学术讨论会",在会上,他建议当时的农林部种子局,根据国情参考国外经验,制定《中华人民共和国种子法》。戴松恩撰写了《建议农林部迅速制定〈种子法〉》的文章。该文分析了美国、墨西哥培育优良玉米、小麦品种取得的成就,认为"培育优良作物品种是充分发挥作物的内在遗传因素的作用,是提高产量、改进品质的一种最有效、最经济的途径,是现代农业的增产基础"。随后,戴松恩指出"世界各国在重视培育新品种的同时,重视制定《种子法》，把良种的选育、鉴定、繁殖、推广、管理等制度作为法律规定下来，严格执行，这样才能把良种增产作用充分地发挥出来"。戴松恩总结了日本、美国、加拿大、苏联等国家在作物良种审定和管理上的经验，特别提出墨西哥在1961年制定了《种子法》，有比较完善的育种与推广渠道，使得墨西哥良种繁育推广较快，种子质量较好。由此可见，戴松恩认为制定《种子法》的根本目的在于通过立法规范管理种子工作，充分发挥优良作物品种在农业增产上的作用，推动我国农业的现代化。

在总结国外种子管理经验的基础上，戴松恩在该文中进一步分析了我国种子管理的基本情况。虽然解放以后，我国初步建立一套良种繁育推广体系和管理制度，发挥了积极的作用，但是"文化大革命"期间，"尚未完善的良种管理制度被取消了，多年来良种繁育无基地，推广无渠道，这就造成了良种的混乱、退化，严重地影响良种增产潜力的发挥。有的地区良种纯度降至70%以下；有的地区甚至'以粮代种，种粮不分'；有些老品种长期以来未被更换，结果良种不良。此外，种子净度低，秕粒、病粒、杂质未加清除，导致发芽率降低。这一切造成目前推广用种的'多、杂、乱'。针对这种情况，许多省份，如山西等先后成立了品种审定委员会，并在全国范围内成立了种子公司，加强良种管理工作。"但总体而言，戴松恩认为，当时种子工作还不能适应我国农业向现代化发展的要求，针对这些问题，他提出了三条建议。

一、迅速制定适合我国情况的《种子法》。我国解放快三十年了，还没有一部《种子法》。建议农林部种子局迅速组织力量，根据我国具体情况，参考国外先进经验，在今年内制定出《中华人民共和国种子法》讨论稿，广泛征求意见，明年修改定稿，报请国务院批准执行。

二、在制定《种子法》的同时，当前迫切需要恢复和健全良种审定、繁育、推广等管理制度，组织良种审定委员会，建立良种繁育基地，在优种优价和种子质量标准等方面作出明确规定。要恢复品种区域试验制度，良种审定委员会根据区域试验的可靠资料对良种区域化作出决定。为了杜绝病害的传播，对国外进口的种子和国内地区间调剂的种子，都必须实行严格的检疫制度。

三、目前有重点地建立一些科学化的良种仓库和良种轧花厂，逐步向良种生产专业化、加工机械化、管理科学化、质量标准化的目标发展。

图 6-4　戴松恩向农林部建议迅速制定《种子法》的手稿

从戴松恩提出的这些建议中，可以看出，戴松恩认为制定适合我国国情的《种子法》最为重要和迫切。目前所知，戴松恩也是我国较早提出制定《中华人民共和国种子法》建议的农学家。此后，戴松恩又向当时的全国科学技术协会（现中国科学技术协会）寄送《关于迅速制定〈种子法〉的建议》。1978 年 9 月 25 日，戴松恩的建议被全国科协研究室采纳，作为当期封面文章刊登在《科技工作者建议》，并报送国家领导人和相关部门审阅。1979 年 2 月 2 日，《人民日报》还进行了报道："中国农业科学院研究员戴松恩呼吁尽快制定《种子法》，把良种的选育、鉴定、繁殖、推广、管理等用法律形式固定下来。他说，这是克服目前我国农作物种子'多、杂、乱'现象，使种子工作适应社会主义大农业发展需要急待解决的问题。"

为了尽快推动《种子法》的制定，改善当时我国种子管理情况，戴松恩在 1978 年 11 月 22 日完成了对"关于迅速制定《种子法》的建议"的再次修改。在这份建议稿中，戴松恩补充了关于《种子法》内容方面的建议："在这部《种子法》中明确规定育种和推广两条渠道，及其相互关系，特别对良种繁育、推广、管理方面，明文规定国家种子机构包括各级种子

第六章　协助恢复作物学会，倡议制定《种子法》　　*121*

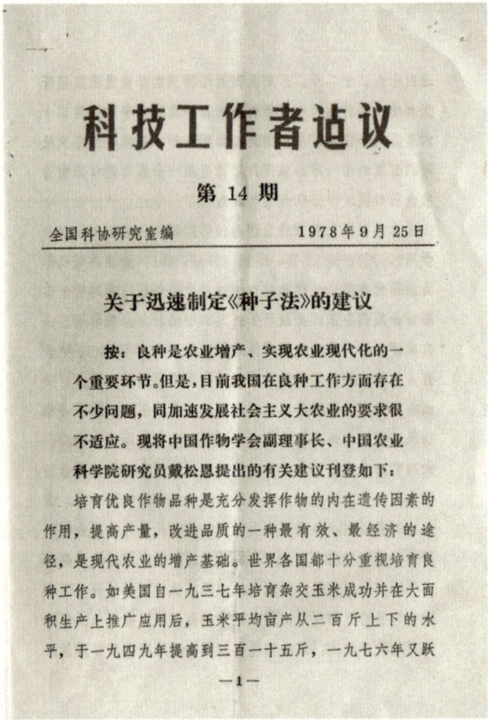

科技工作者建议

第 14 期

全国科协研究室编　　1978年9月25日

关于迅速制定《种子法》的建议

按：良种是农业增产、实现农业现代化的一个重要环节。但是，目前我国在良种工作方面存在不少问题，同加速发展社会主义大农业的要求很不适应。现将中国作物学会副理事长、中国农业科学院研究员戴松恩提出的有关建议刊登如下：

培育优良作物品种是充分发挥作物的内在遗传因素的作用，提高产量，改进品质的一种最有效、最经济的途径，是现代农业的增产基础。世界各国都十分重视培育良种工作。如美国自一九三七年培育杂交玉米成功并在大面积生产上推广应用后，玉米平均亩产从二百斤上下的水平，于一九四九年提高到三百一十五斤，一九七六年又跃

—1—

图 6-5 《关于迅速制定〈种子法〉的建议》（刊登在《科技工作者建议》，1978 年第 14 期）

局、各级种子公司、省地县良种示范繁育场、公社、大队良种场队的性质任务，以及良种区域试验、良种审定、良种搭配、种子检验（包括检疫）、种子贮藏、种子推广和奖惩等制度的原则精神。总之，在《种子法》里要明确规定那些必要的条文，并必须严格执行，执行好的受到奖励，执行不好的受到惩处。”此外，戴松恩还提出农林部恢复“科学技术委员会”的建议。戴松恩完成修改“关于迅速制定《种子法》的建议”后，便将其抄送至《人民日报》科教部王友恭①，希望能够刊发，引起相关部门的重视。1979 年，戴松恩还特地抄录了日本于 1953 年 3 月 20 日修订后的《主要农作物种子法》，为我国《种子法》的起草做准备。

1979 年，国家科委和农业部发出了《关于开展农作物品种资源补充征集的通知》，要求各地迅速行动，及早部署开展农作物品种资源的征集工作。由此开始，我国第二次大规模的群众性作物种质资源收集工作全面展开。随着全国各地收集的作物品种资源增多，完善和加强我国种子管理工作更为迫切。在戴松恩等专家的建议和国家相关部门的推动下，1981 年 12 月 15 日至 12 月 21 日，全国农作物品种审定委员会成立大会在北京召开。新成立的全国农作物品种审定委员会由一百七十九名委员构成，常务委员四十七名，75% 以上的委员是研究农作物的专家、教授和科技人员。委员会下设

① 王友恭曾为《人民日报》记者、《中国科学报》副总编辑、中国科技新闻学会副理事长。

水稻、小麦、玉米、高粱和谷子、甘薯和马铃薯、棉麻、大豆和油料、蔬菜等八个专业小组。委员会的主要任务是审定品种（包括新育成或新引进的品种）在生产上应用的经济价值、适应地区以及相应的栽培技术，提出示范、繁殖、推广的建议。在成立大会上，全国农作物品种审定委员会审议通过了《全国农作物品种审定试行条例》，并讨论拟定了1982年品种审定工作计划。1982年2月，农牧渔业部颁发了《全国农作物品种审定试行条例》，

图 6-6 《关于迅速制定〈种子法〉的建议》手稿

该条例一共十三条，包括条例颁布的目的、农作物品种审定的组织机构、农作物品种审定委员会的任务、分级审定、农作物品种试验和生产试验、报审品种条件、报审程序、品种定名和登记、奖励、惩处、报批和附则。从此，我国农作物品种管理有了国家级的规范性文件，对加强我国作物品种管理，推广和使用育种新成果，发挥优良品种的增产作用提供了法律保障。1984年1月12日，河北省第六届人民代表大会常务委员会第五次会议，通过《河北省农作物种子条例》，共九章四十八条。1月17日，黑龙江省第六届人民代表大会常务委员会第五次会议通过了《黑龙江省农作物种子管理条例》，共十章四十七条。这是我国最早的两个地方种子法规，对于种子工作方针、行政管理、品种选育和审定、种子生产和经营、种子检验和检疫等都做了明确规定，有助于我国地方种子管理工作的规范化，推动了我国种子管理立法的进程。

1989年3月，在戴松恩院士去世两年后，国务院发布《中华人民共和国种子管理条例》，自1989年5月1日开始施行。戴松恩在《关于迅速制定

〈种子法〉的建议》一文中提出的组织良种审定委员会、建立良种繁育基地、种子贮藏制度、对国外进口及国内地区间调剂的种子实行严格的检疫制度、对执行好的单位和个人进行奖励，执行不好者惩处等建议，分别在《中华人民共和国种子管理条例》的"第一章总则""第三章种子选育与审定""第六章种子检验和检疫""第七章种子贮备""第八章罚则"中的相关条文中得到了体现。1991年6月24日，农业部发布了经多次修改完善后形成的《中华人民共和国种子管理条例农作物种子实施细则》，共九章八十五条，依据《中华人民共和国种子管理条例》逐章逐条地提出了必须遵循的有关法规制度，以及具体处理办法等，体现了"放开、搞活、管好"的原则，强调了条例规定的有关优惠扶持政策，全面确保条例的贯彻执行。

2000年7月8日，第九届全国人民代表大会常务委员会第十六次会议通过《中华人民共和国种子法》。

第七章
建言献策，助力农业现代化建设

　　1978年12月18日至12月22日，中国共产党第十一届中央委员会第三次全体会议在北京举行。十一届三中全会作出了从1979年起全党的工作重点转移到社会主义现代化建设上来的战略决策，开启了我国改革开放历史的新时期。在农业发展方面，十一届三中全会深入讨论了农业问题，认为"全党目前必须集中主要精力把农业尽快搞上去，因为农业这个国民经济的基础，这些年来受了严重的破坏，目前就整体来说还十分薄弱。只有大力恢复和加快发展农业生产，坚决地、完整地执行农林牧副渔并举和'以粮为纲，全面发展，因地制宜、适当集中'的方针，逐步实现农业现代化，才能保证整个国民经济的迅速发展，才能不断提高全国人民的生活水平"。[①] 全会同意将《中共中央关于加快农业发展若干问题的决定（草案）》和《农村人民公社工作条例（试行草案）》发到各省、市、自治区讨论和试行，此后，农业方面一些重要的改革文件相继制定和发布，推动了我国农村改革的进程。1979年5月7日，戴松恩被聘为农业部科学技术委员会委员。8月25日，戴松恩当选中国人民政治协商会议北京市第五届委员会委员。10月20日，戴松恩当选中国民主同盟第四届中央委员会委员。

[①]《中国共产党第十一届中央委员会第三次全体会议公报》，1978年12月22日通过。

在党的十一届三中全会公报精神鼓舞下，戴松恩响应党的号召，为加快我国农业的发展积极建言献策，先后在关于农业现代化、粮食增产、农业发展与自然资源保护、农业科学研究、农业教育、农业技术推广等方面提出了一系列的政策建议，其中部分发表在《人民日报》，有的形成政协提案，得到国家相关部门的采纳和重视，为推动农业的发展做出了贡献。

农业现代化与粮食增产问题

新中国成立初期，毛泽东和周恩来等党和国家领导人，以马克思列宁主义为指导，结合中国国情，逐步提出了农业、科学技术、工业和国防四个现代化的战略目标。1954年9月，周恩来在第一届全国人民代表大会第一次会议的政府工作报告中便提出了建设强大的现代化工业、现代化农业、现代化交通运输和现代化国防的目标。在土地改革后，毛泽东逐步形成了农业现代化的内涵，即农业机械化、水利化、化学化和电气化。1964年12月，在第三届全国人民代表大会第一次会议上，周恩来根据毛泽东的建议，将实现四个现代化目标列入政府工作报告中。

1978年，中国共产党的十一届三中全会以后，农业现代化进入全面发展时期。十一届三中全会同意将《中共中央关于加快农业发展若干问题的决定（草案）》下发到各省、市、自治区进行讨论。1979年9月28日，通过《中共中央关于加快农业发展若干问题的决定》，提出发展农业生产力的二十五项政策和措施，并对农业现代化进行了部署。其中将农业现代化与农业合理布局、生产区域化、专业化、社会化，农工商一体化经营农产品加工业以及小城镇建设等紧密联系起来，突破以往农业现代化"小四化"（农业机械化、水利化、化学化和电气化）的局限。

五十年代中期开始，学术界对于农业现代化的内涵以及我国如何实现农业现代化，提出了各种观点，并进行了广泛的学术讨论和实践。戴松恩也密切关注农业现代化问题，他对农业现代化的含义、如何推进农业现代化、农业现代化与粮食增产关系等问题进行了深入探讨，提出了对策建议。

1979年1月11日《人民日报》第一版以《农业科学院、林业科研院、农机科研院许多专家响应党的号召，为加速农业现代化献计献策》为标题，刊登了中国农业科学专家对我国农业发展提出的建议。时任中国农业科学院副秘书长的戴松恩建议，"抓好短期内见宏效的科技工作。例如，全会公报提出的制定发展农林牧业的区域规划，就是当务之急。以前，由于片面强调'以粮为纲'，耕作制度上的一刀切，再加上有的地方搞农作物种类自给自足，宜种的不许种，不宜种的偏让种，这就造成了整个农业布局上的不合理。单打一抓粮食，严重忽视林、牧业。这对农业的全面发展十分不利。现在，各地都有许多按照自然规律和经济规律因地制宜地办农业的成功经验。农业领导部门应当赶紧总结这些经验，利用现有成果，同干部、社员、农业科技人员一起，搞好发展农林牧业的区域规划。又如，种子工作抓好了，也能在短期内见宏效。当前，要抓紧培育良种。但更重要的是抓好现有良种的普查、清理、纯化和繁殖推广工作。认真抓好这项工作，农业大面积大幅度增产马上就能见效。"

1979年1月12日，戴松恩写成《农业现代化和粮食增产问题》的讲稿。在这篇文稿中，戴松恩首先结合党的十一届三中全会后工作重点转移到社会主义现代化建设上来的重大决策，指出作为国民经济基础的农业，还比较薄弱，必须逐步实现农业现代化。然后，他对农业现代化的内涵、解放以来我国农业取得的成就以及与国外先进国家农业的差距、我国农业生产落后的原因、农业科研和生产存在的问题进行了深入而细致的分析，并提出了解决这些问题的建议。[①]

对于"什么是农业现代化"这一当时广受关注的议题，戴松恩从农业生产效果的角度出发，认为农业现代化表现在"单位面积产量的提高、劳动生产力的提高、农业生产日益趋向专业化和工业化"三个方面，而要在这三方面达到世界先进水平，"关键在于实现农业科学技术现代化，但在我

[①] 戴松恩：《农业现代化和粮食增产问题》，1979年1月12日。手稿，资料存于采集工程数据库。

国首先要解决的是思想认识问题，也要强调农业科学技术的普及和人民生活，特别是营养的改善，更重要的是要使我国广大农民都能掌握科技知识和先进技术、方法"。

戴松恩认为解放以后，我国农业生产取得的巨大成就在于以高于世界平均粮食增长率和高于世界平均粮食亩产量的水平实现了粮食总量的增长，保障了人民基本的粮食需求，实现了"我们以不到世界百分之七的耕地养活了世界上超过了五分之一的人口"，"联合国粮农组织把我国列入亚洲完全可以满足居民粮食需要的国家行列，这是我国历史性的巨大成就，是值得自豪的"。我国在新中国成立后所开展的农田基本建设、农田灌溉面积的扩大、科学种田、农业科学和技术推广体制和队伍的初步发展也为农业现代化奠定了坚实的基础。但是，由于"四人帮"的严重干扰破坏，我国当时农业生产水平低、速度慢、机械化水平低、发展不平衡不全面、片面地强调粮食生产、农业科学技术水平低。

戴松恩进而从粮食生产水平、粮食增长速度、农业机械化水平、农业生产发展的平衡程度、对农业科学重视的稳定性五个方面将我国农业与国外先进国家农业进行比较，指出我国农业与国外先进国家存在较大差距，总结出国外先进经验包括"农林牧并举，以畜牧为主；重视农业区域规划；农业机械化水平高和十分重视农业科学技术"，并强调"国外农业的发展是以农业科学技术的发展为转移的"。因此，戴松恩认为学习分析国外农业现代化的经验，需要加紧学习国外农业科学先进理论和技术。而学习国外农业现代化经验最重要的一点是"做到洋为中用，而不是生搬硬套"。

通过国内外农业发展的对比分析，戴松恩指出我国农业生产落后的原因在于农业科学的落后，更重要的是需要解决思想认识问题，他深入地分析和批判了当时存在的"主观而不是实事求是的作风；精耕细作多种多收才能增产，而不是科学地符合作物、土壤、自然条件等要求而进行耕作栽培；认为农业没有科学，只要依靠农民经验就可以解决吃饭问题"等错误思想及其对农业生产造成的损失，指出只有在解决这些思想问题的基础上，才能解决农业生产上出现的各种问题。

最后，戴松恩针对当时我国农业生产中在良种培育和推广（种子问题)、田间管理(耕翻和施肥)、先进农业科学研究手段、农业机械质量问题、工农业剪刀差、农业的国民经济基础地位等方面的问题,结合国外在这些方面的先进经验进行了分析,并提出了相应的建议,如应重视大豆的种植;农业现代化过程中应重视食物营养问题;完善科研和推广体制,制定《种子法》及良种审定、繁殖和推广条例;抓好育种、繁殖基地的建设;自主生产高效的除草剂;做好土壤普查,制订合理种植制度,根据土壤理化特性和作物需要,真正做到合理施肥;注意学习、引进和利用地球资源卫星遥感技术、电子计算机技术、激光技术、人工气候室等先进科研技术和设备来开展农业科学研究等。

《农业现代化和粮食增产问题》的讲稿是目前所见,戴松恩关于我国农业现代化和粮食增产问题的最早论述。从这篇文章可以看出,戴松恩对农业现代化问题的思考非常全面,他密切联系当时我国农业现实,从农业生产效果的视角来阐述对农业现代化的新认识,强调农业现代化的关键在于农业科学技术的现代化。他非常注重结合国情,汲取国外先进农业发展经验,以做到"洋为中用"。戴松恩在分析我国农业现代化时,问题意识非常强,不仅对当时关于农业的一些错误思想问题进行了剖析,而且对农业生产和科学研究过程中的主要问题都进行了分析并提出了解决的建议。尤其是在文章末尾,戴松恩再次强调了农业科学技术在农业现代化进程中的重要意义,并且指出"我们要实现农业现代化,必须向国外先进经验学习,但我们必须承认落后,从补课做起,也必须从现实出发,时刻记住八千亿斤粮食目标,先把它完成,从而做到逐步提高。不管怎样,培养专业人才,掌握先进科学技术是关键,培训广大农民掌握农业科学技术知识是关键。"可见,戴松恩已经认识到农业现代化是一个渐进的过程,在当时的情况下,我国农业发展更迫切需要解决粮食增产、农业科学技术落后、农业科学技术人才培养和农民科学技术知识提升等问题。

1980年2月16日下午,时任中共中央主席、国务院总理华国锋,国务院副总理、国家农业委员会主任王任重视察中国农业科学院,并与三十多名农业科学家就如何加速我国农业现代化建设座谈,戴松恩受邀参加座谈会。华国锋在座谈会上希望参加座谈会的农业科学家谈谈对二十年后农业发展程度的设想,以及如何加速我国农业现代化的建设。

　　针对华国锋在中国农业科学院座谈会上提出的农业现代化问题,中国农业科学院于1980年3月5日至9日,在北京召开了全国农业科学院院长会议,传达了华国锋在中国农业科学院的讲话,讨论我国农业现代化等一系列重要问题。在参加完会议讨论后,戴松恩对我国农业现代化问题进行更为深入的思考。1980年5月30日,戴松恩完成了研究农业现代化问题的文章手稿。这份手稿由六部分组成。"(一)情况、着重和国外对比;(二)着重分析我国粮食生产水平;(三)国外发展农业的主要先进经验;(四)我国农业现代化怎么化?(着重提出指标);(五)几个思想问题;(六)实现农业现代化要抓的几项工作(主要从科技角度考虑)。"①

　　在该文的第一部分中,戴松恩首先回顾了1980年2月16日华国锋视察中国农业科学院的讲话。华国锋在讲话中指出我国人口数量多,建设"四个现代",首先要把农业基础打好,重视粮食生产以解决吃饭问题。要加快农业建设的速度,不仅要重视农业科学研究,而且必须推动农、林、牧、副、渔全面发展。华国锋在这次讲话中提出了"到2000年,中国农业现代化达到什么程度、实现什么目标、如何选择中国农业现代化道路"三大问题,在解决这三大问题基础上,进而明确"五至十年后,我们应该重点抓什么问题"。

　　戴松恩概括了华国锋讲话中提到的四个方面的指标:"人口发展到十二亿;国民生产总值人均达到一千美元;农民每人平均收入由七十元增加到二百元;农村劳动力由三亿多减少到两亿。"戴松恩认为要达到这些目标,必须先弄清楚基本情况,如国内外农业生产水平的对比、动向和经验教训,以及我国的特点,然后才能提出我国农业现代化如何推进,抓什么重点问题。而由于我国粮食问题比较多,所以文章将着重论述粮食问题。

　　为了研究我国农业生产水平的基本情况,戴松恩结合统计数据从粮食增长速度、粮食(小麦、水稻、玉米、大豆)单产水平、畜禽产品率,劳

---

① 《戴松恩遗作书稿》,1980年5月30日,手稿。资料存于采集工程数据库。

动生产率、人均农产品产量、农业机械水平、化肥施用量、灌溉面积、科研实力、农业投入十个方面与美国、苏联、法国、日本等国家对比，发现了我国农业生产水平与国外先进水平之间存在较大的差距，尤其是我国粮食生产水平还较低。接着，他详细分析了我国在1949年至1979年，不同阶段人均粮食生产水平波动的原因。他将1949年至1956年我国人均粮食的增长原因归结为：①农民的解放和土地改革，空前提高农民的生产积极性；②1953年到1955年全国农业科研单位普遍组织的农村工作队，派出了大批科技人员到农村基点蹲点，将科研成果示范推广，并总结推广农民的好经验；③农村各级党的领导贯彻执行了实事求是和艰苦奋斗的优良作风，扎实开展粮食增产工作。而从1957年到1979年的二十三年中，我国人均粮食一直徘徊在六百斤上下的水平上。其原因包括：①浮夸风和瞎指挥风逐渐在农村中滋长起来，使粮食生产受到损失；②1960年到1962年的三年暂时经济困难；③1961年的大精简，把50%以上的科技人员精简下去，造成人力上的大困难；④农业科研工作的机构"三起三落"，不利于农业科技的发展；⑤近几年，各地区盲目提倡育种新技术，缺乏综合研究，没有因地制宜，破坏了农业科研的稳定性、连续性和长期性，造成了损失。

为了借鉴国外经验，戴松恩总结了国外农业发展的先进经验：①农林牧并举，三者相互结合是全面发展农业生产的一个重要途径；②重视农业区划工作，注意因地制宜；③十分重视农业科学技术，如改进化肥质量和施用方法，在提高化肥使用率上下功夫，从育种、品种试验的审定，到良种繁育、检验、加工、贮藏和运销，建立一整套的体系，确保种子质量和增产效益；④十分重视农业技术推广工作，将先进科学技术成果迅速推广普及到生产中去；⑤十分重视农业教育，培养掌握现代科学技术的专门人才，并提高农民的科学文化水平。

随后，他通过简略回顾世界四次农业技术革命的历程，即美国杂交玉米的育成与推广、美国大豆引种和推广、墨西哥矮秆高产小麦的育成与推广、菲律宾水稻良种的育成与推广，进一步论证了作物良种培育和农业技术推广在粮食增产上的重要性。

在对国内外农业生产情况、我国粮食生产水平以及国外先进经验深入分析的基础上，戴松恩探索了"我国农业现代化怎么化"的问题。他认为首先要明确中国式的农业现代化道路、农业现代化、农业现代化指标等基本概念。他指出中国式的农业现代化道路，是从我国当时基本国情出发，吸取国外先进经验，走出我国自己的道路；农业现代化是用现代化的工业装备、现代化的科学技术、现代化的管理方法武装农业；农业现代化的指标，在提高土地生产率的基础上提高劳动生产率，农业现代化的目的是要不断满足人们物质文化生活的需要。在此基础上，他从粮食单产（水稻、小麦、玉米、大豆）、粮食总产量、人均粮食产量、低产田改造四方面提出了具体的增长指标。

而对于当时农业生产和科研中还存在部分错误思想问题，他提出要在思想上重视农业有科学，要农业生产上去，首先必须科研上去，农业科学要从我国实际出发，也要考虑到国际发展动向，不能盲目赶国际先进水平；要有全面的观点，既要有正确的战略思想，也要有正确的战术指导思想；要认识单纯突出粮食的错误思想及其严重危害性，要坚决贯彻"以粮为纲，全面发展，因地制宜，适当集中"的方针。

在农业现代化发展的战略思想上，戴松恩提出六个方面的建议：①农林牧副渔全面发展，相互配合，按地区特点，确定以何种为主。②农区，着重一般农田和低产田，这占三分之二，其余高产农田也放一定力量。特别像肥料，重点应该是三分之二，适当照顾三分之一，因化肥效率相比更高（不宜先注意高产地区，高产田）。还要注意牧区四十二亿亩草原。③因地制宜，千万不能瞎指挥，也不能浮夸。④正确对待国外先进科学技术，要考虑面广的，效果大的，也要支持尖端的，探索性的研究，但不能全面开花，造成不应有的损失。⑤要重视科研成果，在目前更要重视现有科研成果，因地制宜地普及推广。⑥重视农业教育。

在前文深入分析的基础上，为了实现农业现代化，戴松恩从科技角度提出了八个方面的建议：①做好农业资源调查和区划工作，因地制宜推进区域专业化生产。②在农林牧副渔全面发展的同时，抓好粮食工作，主要解决人的口粮问题。在此，戴松恩特别指出要考虑解决畜牧业发展的饲料问题，认为依靠大量进口粮食来发展畜牧业，扭转农业内部的比例失调，是行不通的。因此在加速发展农业现代化，继续抓好粮食生产的同时，要搞好林、牧、副、渔的全面发展。③抓好种子工作，从选育良种、区域试验到品种审定、良种繁育、检验、加工、贮藏和运销，建立一套完整的体系，确保种子的质量和增产效益，充分利用杂种优势，提高三系质量，一切通过试验而后推广。④改进化肥质量和施用方法，提高化肥利用率，提高化肥利用率达50%，而后逐步提高。⑤抓好水利，提高灌溉技术。⑥抓好植物保护工作，防治病虫害，要重点发展高效低毒农药。⑦抓好耕作栽培制度，着重点放在一般农田和低产地区，要注意用养相结合，注重试验结果，反对主观主义。⑧要慎重地抓好新技术在农业上的应用。这些建议，体现了戴松恩作为农业科学家对我国农业现代化问题的独特认知和独到见解，为当时我国农业现代化的讨论提供了新的思路和有益的参考。

1980年5月，戴松恩参与讨论和修改了《关于加速我国农业现代化建设的设想编写提纲（讨论稿）》。提纲（讨论稿）由我国农业的现状和特点、我国农业现代化的目标和内容、我国农业现代化的途径、加速我国农业现代化建设的重大措施四大部分构成。戴松恩认为编写"关于加速我国农业现代化建设的设想"不同于生产规划和科技规划，是为规划服务，为中央决策作参考。戴松恩从国民经济结构调整、国民收入积累、经济建设效果、城乡所有制、工农业增长速度、自然资源和环境保护等方面提出了九条总体性的修改建议。此外他还针对提纲中的具体内容提出一些修改建议，这些建议充分体现了戴松恩对我国农业现代化问题的深入认识和前瞻性思考。

在"第一部分我国农业的现状和特点"中，戴松恩认为提纲中所列出的我国农业基本特点"缺点多，优点少。要强调社会主义的优点，各地区都有优势"，并举例论述了我国西北地区、东北、华北地区农业生产上的特色和优势。这表明戴松恩对当时我国农业现状的全面认识。我国各地区农业特色和优势，实际上是探索中国特色的农业现代化道路的基础。

在"第二部分我国农业现代化的目标和内容"中，戴松恩认为提纲中提出的二十世纪末我国农业现代化实现的各项产品指标只提了总体产量和单产，而应提出"分阶段、分地区指标，如棉花、甘蔗、甜菜、甘蔗、大豆等都须分列出来，粮食也如此。沿海和交通方便地区可以适当进口一些粮食，边远地区原则上还应自给自足。"可见戴松恩充分考虑了农业生产的地域性差异、农业生产的阶段性和不同农作物生产的差异性，他在论述农业现代化问题时，一直都坚持因地制宜和分阶段推进的基本原则。在"农业现代化的基本内容"方面，戴松恩认为农业生态环境建设上，"要强调在植树种草、退耕还林、退耕还牧、退耕还水的前提下，发挥地区的优势"。在水利化上"工程措施和生物措施要并重，投资也并重"。他提出利用水资源的上、中、下三策："利用天上水是上策、地面水中策、地下水下策。"在发展农用化工产品方面，戴松恩提出"肥料结构上，要处理好化肥和有机肥、绿肥的关系。"这些修改建议都充分体现了戴松恩作为农业科学家，从农业科技的角度来研究农业现代化所形成的独特而新颖的观点。

在"第三部分我国农业现代化的途径"中，戴松恩对提纲（讨论稿）中所列原则："从实际情况出发，因地制宜，扬长避短，走我国自己农业现代化的道路"进行了补充，提出"五业并举、突出重点，抓高产地区，同时抓一般地区和低产地区；全面落实各项经济政策，按比例、协调地发展农业现代化；统一规划，综合利用，提高农业现代化的经济效果，发挥各地区的优势，要克服只追求数量和速度的错误做法，实现生态的良性循环，坚决制止恶性循环"。这表明，戴松恩在当时已经形成了我国农业现代化过程中应注意农业的全面发展、注重农业发展质量、强调农业发展与生态环境的良性互动等观点。这些观点在当前农业现代化建设中依然具有很强的现实意义，戴松恩在农业现代化问题研究上的前瞻性由此可见。

1980年6月，戴松恩在向规划组的汇报稿中首先对《关于加速我国农业现代化建设的设想》的意义进行了论述，然后汇报了我国各时期农业、轻工业、重工业比例、积累率和工农业发展速度的关系，自然资源的合理开发和利用问题，农业现代化问题。[①]在这篇汇报稿中，戴松恩将我国农

---

① 戴松恩：《汇报稿（关于加速我国农业现代化建设的设想）》，1980年6月4日。手稿，资料存于采集工程数据库。

业现代化发展放在国民经济长期发展的总体框架下，强调了自然资源的合理开发和保护的重要性，并提出了一系列的政策建议。戴松恩指出中国式的农业现代化，要从已有基础出发，调整国民经济比例，落实农村经济政策。在他提出的建议中，既有解决当时具体问题的，也有着眼未来的。如他提出农业要从盲目追求高速度、高数量转向强调质量，以发挥最高经济效益；提高森林覆盖率、涵养水源，节约用水，提高水质，保护水系、湖泊、海域环境等极具前瞻性的建议。

1978年以后，戴松恩对我国农业现代化问题进行了持续的关注和研究，形成了一批关于农业现代化问题的手稿[①]。其中，1980年5月30日的手稿是目前所见戴松恩对农业现代化问题最为全面和完整的论述。综合分析戴松恩从1979年1月12日写成的《农业现代化和粮食增产问题》讲稿到1980年6月关于农业现代化问题系列论述，我们可以清晰地看到戴松恩对农业现代化问题认识的不断深化，逐步形成了其对农业现代化内涵以及如何在我国建设农业现代化的思想和观点。戴松恩在我国较早地从农业科技的角度探讨了农业现代化、中国式农业现代化、农业现代化指标的基本概念；提出了中国特色农业现代化的具体指标；指出了当时中国农业现代化要克服的错误思想，提出了全面发展、因地制宜、重视农业科技和教育、注意自然资源的开发和保护等农业现代化的战略思想，并提出了一系列推动当时农业现代化建设的具体建议。作为一名长期从事我国农业科研管理工作的农业科学家，戴松恩既熟悉我国当时农业生产的总体情况，又了解我国农业科学技术的发展状况。因此，他能够更为全面地对农业现代化问题进行深入研究，他对我国当时农业现代化建设提出的建议也更有现实基础和可操作性。戴松恩关于我国农业现代化的研究和建议，为当时深化对我国农业现代化的认识和推动农业的发展提供了重要的参考。1980年11月，在戴松恩等农业科学家的共同参与和努力下，中国农业科学院提出"关于加速我国农业现代化建设的设想""我国牧业现代化建设的设想"和"我国农业科学发展的设想"。

---

① 除前文已分析的手稿外，戴松恩还写有《农业现代化是什么样的概念》《遵照华主席关于加速发展我国农业现代化指示的精神》《谈谈农业现代化和我国的实际情况相结合的问题》等。

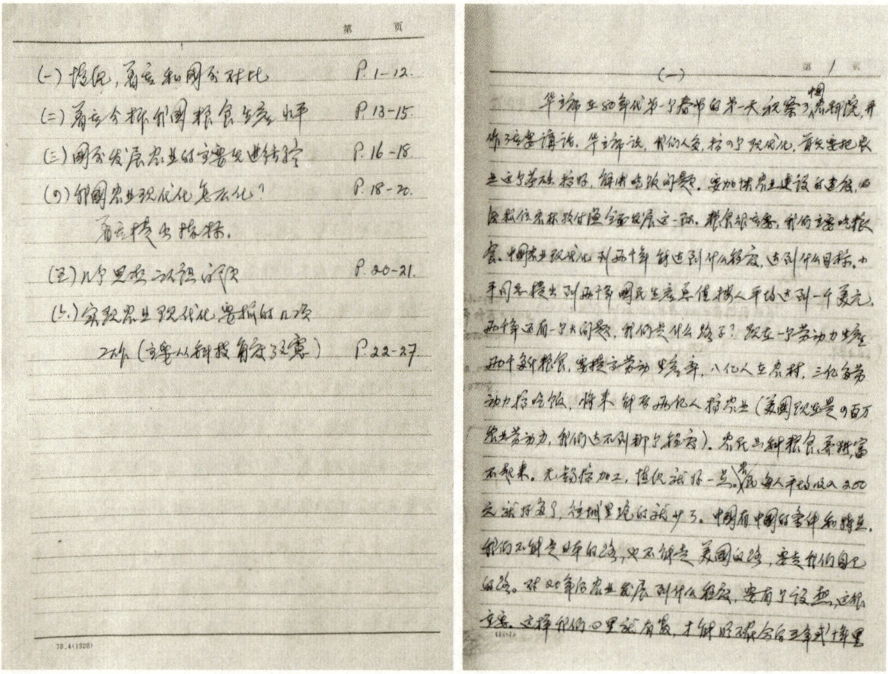

图 7-1　戴松恩关于农业现代化问题的手稿（1980 年 5 月 30 日）

戴松恩在对我国农业现代化问题的研究过程中，始终非常关注粮食增产问题。1979 年，他第一篇关于农业现代化问题的讲稿，便是以《农业现代化和粮食增产问题》为题，1980 年 5 月他完整论述农业现代化问题的文稿中也重点探讨了我国粮食的生产水平问题。戴松恩认为提高粮食生产水平，保障我国人民口粮安全，是农业现代化的基本目标之一。为此，戴松恩多次建议国家相关部门加强种子管理、培育作物良种、改进栽培耕作制度等方法，发挥农业科学技术在粮食增产上的重要作用。在担任中国人民政治协商会议第五届和第六届委员会委员期间，戴松恩两次就粮食增产问题向全国政协会议提交提案，并获得相关部门批复。

1981 年，戴松恩向全国政协提交议案"建议黑龙江省商品粮基地着重提高单产，而不是以开荒来扩大商品粮基地"。1981 年 4 月 7 日，他的这一提案得到农业部的函复："黑龙江商品粮基地应当把主要力量放在提高单产上这是正确的，只要根据当地积温条件、生产条件等因素结合考虑品种区划，采取相应技术措施，粮食单产就可以在目前基础上大幅度提高。有条件的地方，有计划地开垦部分宜垦荒地也是必要的，已垦荒形成生产能力后，也要努力调高单产。"①可见，农业部基本认同和采纳了戴松恩提出的黑龙江商品粮基地要把主要力量放在提高单产上的建议。

1983年6月4日至22日，戴松恩出席中国人民政治协商会议第六届全国委员会第一次会议，并发表题为《必须保证耕地的数量和质量》的发言。戴松恩在发言中指出要保障我国确保粮食生产，尽可能不进口粮食，就必须保证耕地的数量和质量，并提出了保护耕地的建议。②在会议期间，戴松恩提交了《大抓耕地，以确保粮食生产》的议案。

在该提案中，戴松恩先分析了当时我国耕地面积和人均粮食占有量上存在的问题，指出我国耕地面积不仅有限，而且从1957年至1980年趋于下降，1980年仅有14.8958亿亩，比1957年减少了约1.8亿亩，更为严重的是由于各种基本建设占用了大量耕地，全国耕地面积还在继续下降。虽然我国粮食总产量和单产提高较快，但是由于我国人口数量直线上升，人均粮食占有量增长缓慢，与当时世界平均水平依然有较大差距。当时每年还需要进口粮食300亿斤。对比苏联、美国、荷兰和日本粮食生产的经验，戴松恩认为解决我国粮食问题的关键和根本在于保证耕地面积的数量和质量，并提出五条具体建议："(1)要像抓人口问题一样抓耕地问题。要大力宣传保护耕地的重要意义，珍惜每一寸土

图7-2 《大抓耕地以确保粮食生产案》
（1983年6月2日）

---

① 《中国人民政治协商会议第五届委员会提案办理情况汇编（第十一辑）》。中国人民政治协商会议全国委员会办公厅印，1981年4月18日，第4页。

② 《必须保证耕地的数量和质量》。《人民日报》，1983年6月19日，第5版。

地。（2）建立统一的有权威的土地管理机构和有权力的专职业务机构，赶快制定土地法。（3）水利、铁路、公路、厂矿、城市、农村建设（包括农民盖房）等用地计划必须经全国土地管理机构批准。凡是可以不占用耕地的基本建设项目都要严格禁止占用耕地。（4）适当扩大一些粮食播种面积。大力发展木本油料（如油茶、核桃等）和木本粮食，适当压缩油菜和烟草的播种面积。（5）其他粮食增产措施（包括合理开荒在内），农牧渔业部正在抓，此处从略。"[1] 戴松恩的这一提案，由全国政协委员会建议国务院交农牧渔业部研究办理。

自然资源和环境保护

戴松恩对当时我国自然资源开发和利用过程中出现破坏生态平衡、污染环境等问题也非常关注，在论述农业现代化问题时，他便多次论及农业自然资源的保护和开发。正是看到了当时我国自然资源和环境的破坏将给农业和国民经济的长远发展带来严重的后果，戴松恩在不同场合都直指当时农业开发对环境的破坏，并提出了中肯而有益的建议。

1980年8月29日，戴松恩在空军招待所完成了《关于保护森林、草原、湖泊的建议》草稿[2]，随后在中国人民政治协商会议第五届委员会第三次会议提交了《关于保护森林、草原、湖泊的建议案》。在该提案中，戴松恩先论述了当时我国森林、草原和湖泊被破坏的情况："近十年特别是1979年下半年以来，我国森林遭到大面积的破坏，森林覆盖率大面积下降"，同时"我国草原退化、碱化、沙化，鼠害极为严重，沙漠面积在不断扩大"。而由于围湖造田的不断扩大，我国大量湖泊的水面面积急剧缩

---

[1] 《中国人民政治协商会议第六届全国委员会第一次会议提案和提案审查意见（第五分册）》。中国人民政治协商会议第六届全国委员会办公厅印，第115页。

[2] 戴松恩：《关于保护森林、草原、湖泊的建议》，1980年8月29日。手稿，资料存于采集工程数据库。

小。这些"破坏了生态平衡,造成恶性循环,减少降雨量,导致水土的大量流失",森林、草原、湖泊的破坏问题已经非常严重,后果将不堪设想,所以必须立即采取措施加以阻止。对此,戴松恩提出了五条建议:"(1)严格执行《森林法》,并迅速制订《草原法》和《湖泊法》,立即采取果断措施刹住继续破坏的歪风;(2)将保护森林、草原、湖泊资源,作为重点列入国家年度和长远计划;(3)早日分别召开全国林业、草原、湖泊工作会议,总结经验教训,制订出强有力的措施;(4)对全国自然资源保护的重要性进行长期的大力宣传,特别是在县委书记以下的各级领导学习班上增设一门'生态平衡'课程,主要讲森林、草原、湖泊的保护问题;(5)在水利建设和农田基本建设计划中,少上一些没有十分把握和不是非常急需的项目,把这些钱用来建设森林、草原和湖泊。"① 戴松恩的这些建议对于当时加强对我国森林、草原和湖泊等自然资源的保护提供了有益的参考,受到有关部门的重视。1980年9月8日,在全国政协办理回复中表示将该提案"建议国务院交国家农委会同林业部、农业部、水利部研究办理"。

1981年8月6日,戴松恩在《人民日报》第三版发表了题为《围湖造田,后果严重,科技工作者对发展多种经营的建议》的文章。戴松恩分析了当时全国范围内的围湖造田使得各地湖泊面积缩小,破坏了生态平衡,造成了严重的后果。他认为治理湖泊的根本问题,首先需要充分认识湖泊在生态平衡中的重要性。湖泊在干旱期可以调节雨量和气温,在多雨时节,可以蓄洪以防水灾。因而"要大力宣传湖泊在生态环境中的重要性,使珍爱山水田土成为一种道德观念和社会风尚。在对各级领导进行农业科技训练时,要大讲湖泊的作用以及生态平衡的科学道理。"他还建议"成立全国水利资源委员会,把全国江河湖泊等水利资源统管起来,统一规划,综合利用;制订《水利资源法》,以逐步贯彻法治精神;召开有各地有关领导参加的全国范围的湖泊问题技术论证会,研究如何合理利用湖泊问题;报刊对全国湖泊的泥沙淤积、天然动植物资源的破坏、湖泊的污染以

---

① 《中国人民政治协商会议第五届全国委员会第三次会议提案和提案审查意见(草案)》。中国人民政治协商会议第五届全国委员会第三次会议秘书处印,1980年9月8日。手稿,资料存于采集工程数据库。

及围湖造田等问题展开讨论,以谋求合理利用自然资源,发挥湖泊的最大优势"。

为了加强对我国自然资源和环境的保护,戴松恩除了在政协提交议案和在报纸发表文章外,还在参与的会议中积极呼吁对自然资源和环境进行保护。他曾在一次会议发言中专门论述了当时对农业自然资源的破坏情况,并建议将资源环境保护纳入国家长远规划;鼓励集体和私人造林;鼓励知识青年参加植树种草;大力宣传植树种草和改良草场的重要意义;在国务院下成立水土保持和环境保护局,制定环境保护法、草原法、森林法等,严格执行。①戴松恩关于我国自然资源和环境保护的建议和提案,在今天看来,部分内容依然具有重要现实意义和参考价值。这不仅表明他对当时我国自然资源和环境破坏问题的深入思考,而且体现出其所具备的前瞻性思维和战略眼光。

农业科研、教育与推广

戴松恩曾经多次在文章中提出我国农业现代化的关键在于农业科学技术的现代化。他还撰写了多篇文章对我国农业科学技术研究、教育与推广上存在的问题进行了分析,并提出诸多有益的建议。在农业科学研究方向上,他认为要正确认识与当时世界农业发达国家之间的差距,积极学习;从我国农业基础出发,注意目前生产需要与长远发展的结合;加强对农业科学研究的领导、组织和计划;既要注重理论研究,也要加强农业应用技术的研究;因地制宜地推广科研成果。他指出培养专业人才是发展农业科学技术的关键,要加强农业科技推广工作,培训广大农民掌握农业科学技术知识,充分发挥农业科学技术推动农业生产的作用。戴松恩还建议国家

---

① 戴松恩:《关于自然资源和环境保护的问题,谈一点意见》。手稿,资料存于采集工程数据库。

将农业教育、科研、推广相结合，使农业得到更好的发展。[①]

十一届三中全会召开后，科学的春天到来。我国农业科学研究工作亟待恢复，戴松恩积极参与中国农学会、中国作物学会的恢复重建，参加农学界的各项学术活动，还撰文回顾了从1949年至1977年中国农业科学院开展科学研究事业的经过，探讨了农业科学研究的特点以及中国农业科学院的工作性质和任务，为中国农业科学院科研工作的恢复和发展提供参考。

在这篇题名为《回顾中国农科院开展科学研究工作的经过》的文章中，戴松恩按照华北农业科学研究所时期（1949—1957）、中国农业科学院第一阶段（1957—1965）、中国农业科学院第二阶段（1966—1977）系统梳理了各个阶段中国农业科学院主要开展的科学技术研究和推广工作，分析了不同阶段所取得的工作成绩和存在的问题。最后，戴松恩对中国农业科学院的工作任务和农业科学研究的特点进行了深入分析，并提出了建议。他认为作为国家级的农业科研单位，中国农业科学院的工作性质和任务与地方各级科研单位有所不同。"中国农业科学院除协助地方解决科技问题外，还有责任研究解决带领全国性的或大地区的农牧业生产中所产生的重大科技问题。中国农业科学院也有责任组织全国农业科技力量协作起来共同解决某些重大科技问题。"

在农业科学实验方面，戴松恩首先指出不能忽视试验场和实验室的科学实验，这种"内部科学实验"的优点是"可以在比较能控制的条件下，有时可以利用必要的设备进行比较精密的实验工作，便于分析掌握事物发展的规律性，以利于更快地解决问题"。此外，他认为"科研工作应该走在生产建设前面"，而"内部科学实验"可以进行一些为生产开辟途径的研究工作，这些工作"可能当前是不必要的，但是将来是必需的"。他还例举当时在"小黑麦"育种上取得的成就来佐证。戴松恩认为农业科学实验有着极其广泛的群众基础，群众在长期实践中积累的生产经验和品种材料值得农业科技人员认真学习和总结，由此，他提出"农村也是一个重要的科研基地"。

[①] 戴松恩：《对目前国家农业形式的分析以及提出的建议》。手稿，资料存于采集工程数据库。

他充分认识到农业科学实验周期长、出成果难的特点。由于受生物遗传变异、天气变化、自然灾害等因素的影响，农业科学实验需要较长的时间才能看到效果，一般不容易通过突击出成果。因此，他提出："一年的结果、一季度的结果难以肯定，需要重复进行几年或几个季度才行，像一般杂交育种就需要五六年，七八年，远缘杂交育种需要的时间更长。"①

由于"文化大革命"期间对农业科学研究机构的破坏，1978年十一届三中全会后，我国农业科学研究组织管理制度还不够健全。戴松恩撰写了《农业科学研究中存在的问题》《关于加强我国农业科学研究组织管理的初步意见》《农业科学研究方向和粮食增产问题》《积极而稳步地开展农作物育种理论和新技术研究》等多篇文稿，对当时我国农业科学研究组织管理存在的问题进行了深入剖析，并提出了相应的改进建议。

戴松恩在1978年5月30日完成的《农业科学研究方向和粮食增产问题》手稿中较为完整地表达了他对当时农业科学研究方向的建议。在这篇文章中，戴松恩首先指出只有大力开展农业科学研究工作，改变目前农业科学研究落后的状况，才能提高粮食产量，加速发展社会主义大农业。随后，他提出开展农业科学研究工作需要注意的一个根本问题就是农业科研的方向。戴松恩认为当时我国农业科学研究，要以学习当代先进水平为起点，破除迷信，解放思想，善于学习先进，敢于打破常规。具体而言，首先就是要考虑到农业科研和农业生产的特点，从当时我国农业基础出发，注意目前生产需要与长远发展的结合。因此，他特别提出要注意当时农业科研中存在的五个方面的"片面性"，即"要注意忽视当前而专抓长远理论性研究和尖端技术的片面性，也要注意只重当前而忽视理论研究及今后生产上重大问题研究的片面性，要注意专抓提高研究而忽视普及研究的片面性，要注意专抓研究工作而忽视推广已见成效的科研成果的片面性，要注意在推广已见成效的科研成果中盲目搬用而忽视因地制宜和缺乏科学态度的片面性"。其次，应有领导、有组织、有计划地开展农业科学研究。他指出"必须安排一定力量从事农业基础理论研究和新技术应用，如农业

---

① 戴松恩：《回顾中国农科院开展科学研究事业的经过》，1978年。手稿，资料存于采集工程数据库。

生物种质和遗传理论及应用的研究，农作物生长发育的理论和控制技术的研究等"。而为了推动粮食增产，"要大力研究如何更好地利用作物的杂种优势，要根据作物的特性、研究的深度、措施的把握性来决定育种的方法"。加强农业科学理论研究的同时，要注意加强一般技术措施的研究，并组织力量对今后生产上的重大措施进行研究。再者，要注意因地制宜开展农业科研成果的推广工作，重视专业科研队伍和群众的密切结合。①

农业科学技术发展的关键在于人才。戴松恩非常注重发挥农业科技人员在农业科技研究和推广中的积极性。1982年6月19日，他专门撰写文章，呼吁采取措施使高级科技人员能够更好地发挥作用，为实现"四个现代化"和振兴中华做出更大的贡献。戴松恩从科学工作的长期性和持续性，尤其是农业科学研究具有季节性、易受自然条件影响等特点出发分析，农业科技人员的工作需要一定条件来保障，才能获得较大的科研成果。由于受"文化大革命"的影响，当时的科技人员以老年高级农业科技人员为主，而这些老年高级科技人员大部分兼任多个职务，分散了时间和精力，难以持续地开展科学研究工作。为了更好地发挥高级科技人员的作用，戴松恩建议，"除了小部分对科技工作有组织能力和科学管理才能的老年高级科技人员继续安排在领导岗位上以外，把大部分老年高级科技人员安排在合适的科技教育和研究的工作岗位上。如亲自主持和参加某项研究工作，亲自讲课，带研究生或培训其他科技人员，同时为他们创造一些起码的条件，如助手、试验设备、仪器、实验经费等。"这样既减少了高级科技人员的一些不必要参加的活动，使他们集中时间和精力开展科学研究，又为有组织管理能力的中青年科技人员提供了职位。②1981年12月14日，戴松恩在中国人民政治协商会议第五届全国委员会第四次会议的发言稿中再次谈到了"如何更好更快地发挥老年高级科技人员作用"的问题。他指出当时全国普遍存在老年高级科技人员兼职太多而影响科研的情况，建议减

---

① 戴松恩：《农业科学研究方向和粮食增产问题》，1978年5月30日。手稿，资料存于采集工程数据库。
② 戴松恩：《紧急呼吁采取速效措施使高级科技人员能够更好地发挥他们对祖国四化的作用》，1981年。手稿，资料存于采集工程数据库。

少兼职,充分发挥他们在科研、教学、人才培养等方面的作用,让有领导能力和年富力强的中青年科技人员承担管理职务,既有助于干部队伍的年轻化,又可以做到"人尽其才"。①

农业推广是农业科技成果转化为生产力的关键环节,而当时我国受"文化大革命"的影响,农业推广机构体系不够健全,农业推广工作存在较多问题,农业推广成为当时我国农业科技工作中较为薄弱的环节。戴松恩撰文对农业推广的重要性进行了深入的阐述,并两次向全国政协提交议案,提出了健全农业推广体系、培训农业科技推广人员、制定农业推广条例、在中国农业科学院及各地农业科学院建立推广机构,推动实现农业科研、教育和推广三结合等建议。

1982年9月,戴松恩参加了光明日报社举行的学习十二大文件心得体会的座谈会。在会上,他指出当时我国农业技术推广工作薄弱的原因在于奖励政策和制度不够合理,"以往有关部门只重视奖励科研成果,忽视了对技术推广工作的奖励",这样的导向,使得不少人认为推广工作低人一等,而不愿意从事。"其实,农业技术推广工作是一门很高深的学问,涉及很多学科和部门,从某种意义上说,它比科研工作更复杂更艰苦"。戴松恩建议"有关部门在加强农业科研工作的同时,建立和健全农业技术推广机构并制定相应的政策,以鼓励大批有真才实学的科技人员置身到推广工作中去",而对当时我国农业科技人才断层,有些高校却存在重科研轻教学的情况,他建议"要加强农业教育,尽快改变我国农业科技力量薄弱而又青黄不接的状况",并希望"有关部门制定合理的政策,调动教授、副教授和有一定水平的讲师积极从事第一线教学工作的积极性,为我国农业现代化培养具有较高水平的人才"。②

1982年10月5日,戴松恩起草了《论农业推广(资料稿)》。在该文中,他首先论述了农业推广的重要性,认为"农业推广是农业科学研究和农民之间的必不可少的桥梁。农业生产是全国性的问题,要在全国范围上

---

① 戴松恩:《政协五届四次会议在空招所写发言稿》,2018年12月14日。手稿,资料存于采集工程数据库。
② 戴松恩:《努力做好农业科研和教育工作》,《光明日报》,1982年9月19日,第1版。

使得科研和教育真正开花结果变为生产力,必须重视农业推广。"然后指出农业推广是一门综合性的科学,农业推广工作庞大而复杂,应当吸收有才能的年富力强的农业科技人员来从事农业推广工作。接着,他通过梳理国内外农业推广的发展简史,总结了英国和美国农业推广工作经验,结合我国农业推广的情况,从组织机构、人员配备、经费等方面提出了重视农业推广的建议:"组织机构上,建议农牧渔业部设立中央农业推广局,各省(市、自治区)设省(市、自治区)农业推广局,各县恢复技术推广站(改为农业推广站)。人员配备上,安排优秀的有领导能力的农业科技人员在领导岗位上,吸收、培养一大批优秀的农业科技人员从事各级农业推广工作。经费方面,调拨专款开展农业推广工作。"这篇文稿还只是戴松恩对农业推广问题的初步论述。

1982年11月26日,中国农业科学院直属单位党委主编的《政工简报》第三十四期,刊登了戴松恩的一篇文章。戴松恩在文中指出"农业推广是农业科学研究和利用之间必不可少的桥梁和纽带。在我国广阔的国土上要使科学技术真正成为生产力,达到增加农业生产和改善生活的目的,必须要重视农业推广。"然而,我国农业推广当时并没有得到真正的重视,尤其是在"文化大革命"以后,许多基层农业推广机构被撤销,推广工作无人问津。他进而列举了当时农业推广存在的八大主要问题,提出应该树立正确观点,改变轻视农业推广的状况。他认为"农业推广是一门综合性很强的科学,它既包括属于自然科学的农业牧业各学科以及林业、水产业、水利事业、自然资源及其生态保护的有关学科,又包括属于社会科学方面的有关学科。"戴松恩将农业推广提升到一门综合性学科的高度来论述,还提出应该大力宣传"农业推广工作并不低人一等,农业推广和科研、教育同等重要",并且呼吁"从政策和措施方面创造条件来摆正农业推广的地位",有助于改变农业推广长期被忽视的境地。最后,戴松恩提出了大力宣传农业推广的重大意义,调整奖励政策,提高农业推广工作地位;在中央统一领导下,在全国设立各级农业推广机构,安排专职人员负责推动;由中央组织力量按地区因地制宜地清理现有行之有效的农业科技成果,作出评价并制定推广计划,组织科技和推广人员积极执行;在中央统一领导下，将新的农业科研成果进行区域试验、鉴定试验、生产示范和小规模推广工作，以确定适用范围和地区；有领导、有计划、有步骤地培训农业推广人员和农民；中央和地方调拨足够的农业推广专款；召开全国农业推广工作会议，总结经验教训，制订全国农业推广工作条例等八条建议。从戴松恩的这篇文章来看，他从学科的角度对农业推广进行了研究，将农业推广科学地界定为融合农业、牧业、林业、水产等自然科学和社会科学的一门综合性学科。他对当时我国农业推广存在问题的认识较为全面和深入，提出建议的针对性和操作性也较强。

随着戴松恩对农业推广问题认识的深入，他不断修改和完善对农业推广的论述。1982年11月28日，戴松恩形成了提交政协工作组的议案"重视农业推广，使农业科学技术真正转化为生产力"。在这份提案中，戴松恩更为充分地论述了农业推广的重要性，指出农业推广是农业科学研究与农民之间必不可少的桥梁和纽带，要在我国广阔的土地上使得科学技术真正转化为生产力，以达到增加生产和改善生活的目的，必须重视农业推广，但是当时我国农业推广体系没有形成。戴松恩特别指出了当时我国农业推广工作存在的主要问题："①全国缺乏统一的、强有力的农业推广领导机构、领导方法停留在一般布置上，缺乏深入督促，检查奖励制度；②缺乏因地制宜的推广计划；③中间试验（包括区域试验、鉴定试验、生产示范等）和推广缺乏一定的制度；④农业推广人员严重不足，农民技术员更是奇缺；⑤示范繁殖基地和良种繁育场严重不足，管理也不善；⑥农业推广经费严重不足；⑦农民推广人员不受重视，待遇也低；⑧农业推广有成就的很难得到奖励。"针对这些问题，戴松恩提出重视农业推广的七点建议。"①全国（从国家经委、农牧渔业部一直到地方基层组织）恢复（或建立）、健全各级农业推广机构形成一个全国统一的，强有力的农业推广体系。②在中央统一领导下，全国按地区因地制宜地清理现有行之有效的农业科技成果，订出具体推广计划，并由单项推广逐步发展成为综合性推广。③在中央统一领导下，将不断提出的新的农业科技成果进行各种中间试验，生产示范和小规模推广，确定它们的适应范围和推广地区。④在中央统一领导下，采取各种措施培训大量农业推广人员和农民技术员。⑤中央和地方调拨足够的专款和划定足够的基地,大力开展农业推广事业。⑥由国家经委委托农牧渔业部召开全国农业推广工作会议,总结经验教训,制订全国农业推广工作条例,以及各种督促检查奖励制度,以促进全国农业推广事业的迅速而持久的发展。⑦农业推广工作应从全国广大国土着眼。因此农业推广应在结合农业区划提高农牧业生产的同时,有计划地把农业推广和林业、水产业、水利事业、自然资源开发与利用,生态平衡和环境保护,国土整治以及农村人口和农村扫盲等工作紧密地结合起来进行。"

此后,戴松恩又将该提案内容进一步修改,形成题为《要重视农业推广,使农业科学技术真正成为生产力》的文章,向《光明日报》投稿,希望能刊发,获得相关部门的重视。

1982年12月,戴松恩收到全国政协反馈的"重视农业科学技术推广,使农业科学技术真正转化为生产力提案"的审查意见:"建议国务院交农牧渔业部会同有关部门研究办理。"

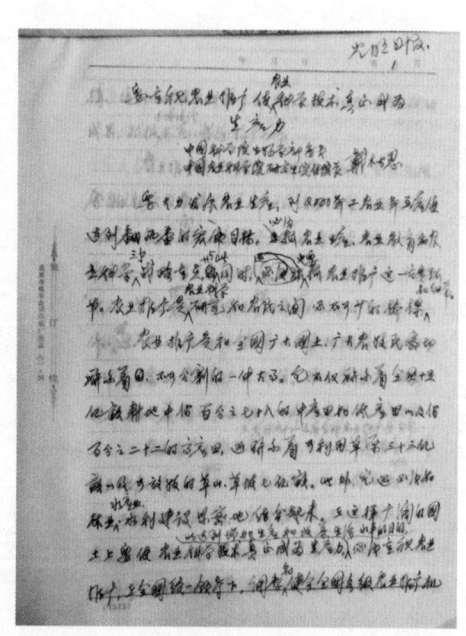

图7-3 戴松恩手稿《重视农业推广,使农业科学技术真正转化为生产力》
(1982年11月28日)

第七章 建言献策,助力农业现代化建设 *147*

1983年6月4日,中国人民政治协商会议第六届全国委员会第一次会议在北京召开。为了推动我国建立专门的农业推广部门,实现科研、教育和推广的三结合,更好地服务农业生产,戴松恩提交了"建议中央和省级农业科学研究单位设立推广部门以利把科研成果迅速转化为生产力"的提案。在该提案中戴松恩指出:"科研、教育、推广三结合是行之有效的出人才、出成果为生产服务的好办法。"虽然当时中央和省级农业研究单位已经开始招收研究生,做到了科研和教育相结合,但还没有设立专门的推广部门,还没有做到科研、教育和推广三结合。戴松恩认为新设立的推广部门的任务:"不仅是直接把成果推广到农村,而更重要的是调查研究成果在推广中发生的问题,并组织力量研究提出改进或补救办法,使推广真正能把科学技术转化为生产力。"接着,戴松恩分析了美国积极推广杂交玉米促使粮食产量迅速增长的经验,最后提出了两条建议:"①建议中国农业科学院设立强有力的推广部门,在农牧渔业部领导下负责全国性重大农业推广问题的调查研究,提出改进办法;②建议各省(市、自治区)农业科学院设立推广部门,在中国农业科学院指导下,负责各地区内农业技术推广,并进行调查研究,提出改进办法。"①

此外,戴松恩还曾对当时我国作物良种的盲目推广问题提出建议,他在《对作物良种推广的意见》手稿中指出农业推广的关键在于"在正确的组织领导下,

图7-4 戴松恩《建议中央和省级农业科学研究单位设立推广部门以利把科研成果迅速转化为生产力案》(1983年6月4日)

---

① 《建议中央和省级农业科学研究单位设立推广部门以利把科研成果迅速转化为生产力》,1983年6月4日。手稿,资料存于采集工程数据库。

有计划地、因地制宜地推广科技成果",回顾过去经常发生盲目推广良种而遭受损失的教训,戴松恩提出:"恢复和健全以县为中心的农业推广体系;加强对科技成果推广的领导;明确指出对某些作物的严格要求,不宜在大面积上只推广一个良种。"[①]

[①] 戴松恩:《对作物良种推广的意见》。手稿,资料存于采集工程数据库。

第八章
致力于培养农业科研人才

1978年全国科学大会召开以后,"文化大革命"造成的人才断层问题逐渐在农业科研领域显现出来。戴松恩看到了当时我国农业人才存在的问题,积极倡导和参与创办中国农业科学院英语培训班,并将晚年大部分精力倾注在中国农业科学院研究生院的建设和研究生教育上,推动了我国农业科研人才的培养。

参与创办中国农业科学院英语培训班

1978年,戴松恩参加全国科学大会后,深切感到我国农业科学研究迎来了新的发展时期。为了让农业科研人员尽快了解和掌握国外农业科技进展,戴松恩认为应提高农业科技人员的英语水平,并建议中国农业科学院开办英语培训班。1978年,中国农业科学院院务会议决定中国农业科学院举办英语训练班。戴松恩撰写了《关于举办英语训练班的计划草案》。在这份草案中,明确指出举办英语训练班的目的是"为了提高科技人员的英语水平,以便迅速掌握国外先进科技资料,使我国农业科学研究工作大干快上，适应农业现代化的要求"。该计划草案中考虑到中国农业科学院的具体情况，将英语训练班分为脱产短训班和业余学习班。

英语脱产短训班主要招收具有一定英语基础，"能初步阅读本专业书刊的科技人员"，目的是使学员"结业时能掌握英文基本文法，日常生活会话，并不用字典能阅读本专业书刊"。要求学员必须身体健康，年龄在四十五岁以下，政治表现好，热爱农业科学，并有一定专业水平和工作能力等。训练时间在 1978 年 10 月中至 1979 年 3 月底，完全脱产学习，并要求学员集体复习和生活。招收人数为四十人左右，由中国农业科学院直属京内外所、室推荐，经中国农业科学院科研部平衡审定，并分为高级班和低起点班，以利于训练工作的开展。英语脱产短训班的教师为吴大昕、李秀云和李伟革。

英语业余学习班则是面向中国农业科学院院部所有工作人员，使学员结业时"能掌握英语简单造句并借助字典能阅读一般简短文章和较浅显的专业书刊。"在 1978 年 10 月中旬至 1979 年 9 月底每周二、五下午各上课两小时，周五晚上复习，辅导两小时。1978 年 9 月底前，由中国农业科学院院部所属各单位推荐人参加，经科研部平衡审定。招收人数为六十人左右。英语业余学习班的教师为黄洪涛。

戴松恩撰写的这份英语培训班的草案，充分考虑到中国农业科学院农业科技人员英语基础的差异，分为英语脱产短训班和英语业余学习班，在英语脱产短训班中又分为高级班和低起点班，在培训时间上，也根据不同培训班的要求和培训对象的具体情况进行了科学的安排。这样有助于在较短时间内提高不同英语基础的农业科技人员的英语水平。这在 1979 年 1 月 11 日，黄洪涛写给戴松恩汇报英语培训班教学情况的信中得到了体现。黄洪涛所带的英语中级班第一次考试中，参加考试一共七十三人，平均成绩为八十七分，其中一百分的三人，九十分以上三十五人，八十分以上二十一人。[①] 通过这封信，我们还可以了解到关于当时中国农业科学院英语培训班的一些细节。如当时黄洪涛所带的英语中级班正式学员七十八人，还有二十余人旁听，超过了计划草案中的六十人，可见当时英语培

---

① 《黄洪涛写给戴松恩的信》，1979 年 1 月 11 日。资料存于采集工程数据库。

训班受到了大家的欢迎,而且"学员学习热情较高,比较自觉,能及时完成作业"。教师所用教材为北京外国语学院英语系业余英语广播讲座教材编写组编写的《英语(中级班第一册)》,参考书包括《英语900句》、*Essential English* 等。

图 8-1 戴松恩(第二排右五)与中国农业科学院英语培训班第一届毕业生合影(1979年)

建言中国农业科学院研究生教育

1978年,国家恢复研究生教育。为了加强农业科技人才培养,中国农业科学院开始申请创建研究生院。1979年1月13日,中国农业科学院以(科)字第5号文,向当时的农林部申请成立中国农业科学院研究生院,经何康、张根生等领导批准成立。由当时的中国农业科学院科研管理部负责筹建,并于1979年招收四十六名硕士研究生。1979年8月25日,中国农业科学院研究生院正式开学。1980年7月,经农业部党组批准,任命中国科学院院士(学部委员)、中国农业科学院院长金善宝兼任研究生院院长。戴松恩于 1980 年 6 月至 1987 年 7 月，担任中国农业科学院副秘书长兼研究生院副院长。

1980 年 9 月 20 日，研究生院第一届党支部成立，章一华担任党支部书记，隶属于中国农业科学院直属机关党委领导。戴松恩、金继运、陆庆光是中国农业科学院研究生院第一届党支部发展的第一批新党员。1981 年 11 月，经国务院批准，中国农业科学院研究生院获得作物遗传育种、作物营养与施肥、昆虫学三个专业博士学位授权，作物遗传育种、作物营养与施肥、昆虫学、作物栽培学与耕作学、微生物学、蚕桑学、生物物理学、植物病理学、饲料科学、农业经济及管理、动物繁殖学、动物生产学、动物营养学、传染病学与预防兽医学、兽医寄生虫学与寄生虫病学十五个专业的硕士学位授权。中国农业科学院成为我国首批博士学位与硕士学位授予单位。同年，经国务院批准，李竞雄、鲍文奎、戴松恩、邱式邦、张乃凤为中国农业科学院首批博士生指导教师。1981 年 6 月，戴松恩被聘为国务院学位委员会农学学科评议组成员。1982 年，农业部批复同意中国农业科学院首届学位评定委员会委员名单，戴松恩为首届学位评定委员会副主席。

表 8-1　中国农业科学院首批博士生指导教师（1981 年 11 月）[1]

姓名	专业名称	就职单位
李竞雄	作物遗传育种	作物育种栽培研究所
鲍文奎	作物遗传育种	作物育种栽培研究所
戴松恩	作物遗传育种	研究生院
邱式邦	昆虫学	生物防治研究室
张乃凤	作物营养与施肥	土壤肥料研究所

作为中国农业科学院副秘书长兼研究生院副院长，戴松恩参与了中国农业科学院研究生院的成立，是中国农业科学院首批博士生指导教师，首届学位评定委员会副主席，并对中国农业科学院研究生院建设选址、招收

---

[1] 中国农业科学院研究生院编：《中国农业科学院研究生院志（1979-2009）》。北京：中国农业科学技术出版社，2001 年，第 15 页。

图8-2 国务院学位委员会聘请戴松恩为农学学科评议组成员的聘书（1981年6月12日）

在职研究生以及如何加强研究生院工作等方面提出了有益的建议。

中国农业科学院研究生院成立初期，办学条件艰苦，没有专用办公用房和教室，也没有学生宿舍。1979年9月，第一届入学的研究生只能暂住在中国农业科学院招待所院内搭建的活动木板房。研究生院办公地点设在中国农业科学院科研部。1980年，研究生院借用中国农业科学院农场平房四间，约二百平方米，加以简单修缮，作为研究生教室、阅览室、教师备课室使用，被称为"农场大教室"。同年秋，中国农业科学院将新建的十八号住宅楼丙单元临时划给研究生院使用，又在土肥村建造了两排活动板房，才暂时解决了研究生宿舍和办公用房。1981年，中国农业科学院将畜牧所在马连洼的集体宿舍楼十四间划拨给研究生院，作为植保所、畜牧所和原子能所一年级研究生宿舍。虽然中国农业科学院研究生院的办公和住宿暂时得到了缓解，但是从长远发展来看，研究生院需要建设一栋专用的办公、教学和试验楼。

1981年，中国农业科学院召开研究生院建设会议，讨论研究生院选址问题。由于身体患病，戴松恩没能参加，但他还是写信给中国农业科学院党组，详细对比分析了中国农业科学院院本部中关村院区与马连洼院区的情况，提出"从目前和长远来看，我认为研究生院建在院本部，比建在马连洼更为妥当"，建议中国农业科学院研究生院建在中关村院区。

戴松恩在信中阐述了中国农业科学院研究生院应该选址在院本部的五个理由："①在院部的研究所（室）有九个，而在马连洼只有三个，这说明绝大部分导师、实验室、试验地、网室、温室等都在院部，图书馆、课堂也都在院部，大部分研究生也在院部。明年二月全院研究生人数可达120人，绝大部分将属于院部九个研究所室。②研究生为了进行论文研究，在实验室工作紧张时，可能工作到深夜，在温室内工作也可能有类似情况。所以院部九个研究所的研究生都必须住在院部，否则无法回到马连洼去。③目前从二年级开始，在北京的研究生都必须再学习英语一年，有的学日语，有的学俄语，而教师课堂都在院部，每日只要有少数研究生从马连洼来院部上课就可以了。④可以利用院部食堂等公共设施，不必另建。⑤研究生院楼可用作国际学术交流及其他培训。"根据上述理由，戴松恩建议在中国农业科学院院部迅速设计建造研究生院楼一栋，面积约三千平方米，包括宿舍、课堂、阅览室、会议室、学术交流及其他培训场所。而中国农业科学院在马连洼的单身宿舍必须留住，"研究生基础课的培训，七九届分别在南京农学院和西北农学院进行，八〇届主要在南京农学院进行，八一届拟分别在北京农业大学和南京农学院进行，今后待北京农业大学条件改善后，拟全部委托北京农业大学培养，所以在马连洼现有单身宿舍两层必须长期留供每年一年级研究生和马连洼三个研究所的二、三年级研究生住宿之用"。①

1983年，在中国农业科学院研究生院成立五周年之际，为了进一步推动中国农业科学院研究生院的发展，戴松恩向中国农业科学院提出了"关于加强我院研究生院工作的请示报告"。在该报告中，他系统地梳理了中国农业科学院研究生院成立五年来所取得的成绩和面临的问题，并提出了加强中国农业科学院研究生院建设的建议。截至1983年，中国农业科学院研究生院已有十六个专业获得硕士学位授予权，三个专业可授予博士学位，累计招收研究生271人。戴松恩认为"这五年来，我院办研究生院是成功的，是培养和输送高级科技人才的重要途径"，但是"目前研究生院尚无院址，暂在家属宿舍楼内办公，住所、永久性的教室也缺，维持现状尚有困难，根本谈不上发展"。因此，戴松恩从六个方面陈述了加强中国农业科学院研究生院的理由，并提出建议将研究生院教职员工增加至三十人、在中国农业科学院院本部建设四千平方米建筑面积的研究生院教学楼

---

① 戴松恩写给中国农业科学院党组关于对研究生院建设提出一些意见的信，1981年11月23日。资料存于采集工程数据库。

和宿舍楼。①

1986年秋开始，中国农业科学院研究生院在院本部筹建研究生院办公实验楼，建筑面积4707平方米，共四层，总投资154万元，1987年12月竣工投入使用。该楼交付使用后，十八号楼丙单元和土肥村的两排平房学生宿舍交回中国农业科学院。中国农业科学院研究生院马连洼校区一直保留，依托中国农业科学院植物保护研究所、北京畜牧兽医研究所和农产品加工研究所培养研究生。2017年中国农业科学院第五次常委会议，审议并原则通过了筹建马连洼院区研究生宿舍相关事项，按照计划，中国农业科学院将在马连洼院区新建研究生宿舍，满足全院研究生教育需求，进一步提升研究生教学条件。

1982年11月，戴松恩发现了中国农业科学院研究生院生源上存在的问题，向中国农业科学院党组提交了《关于我院研究生院招收在职研究生的建

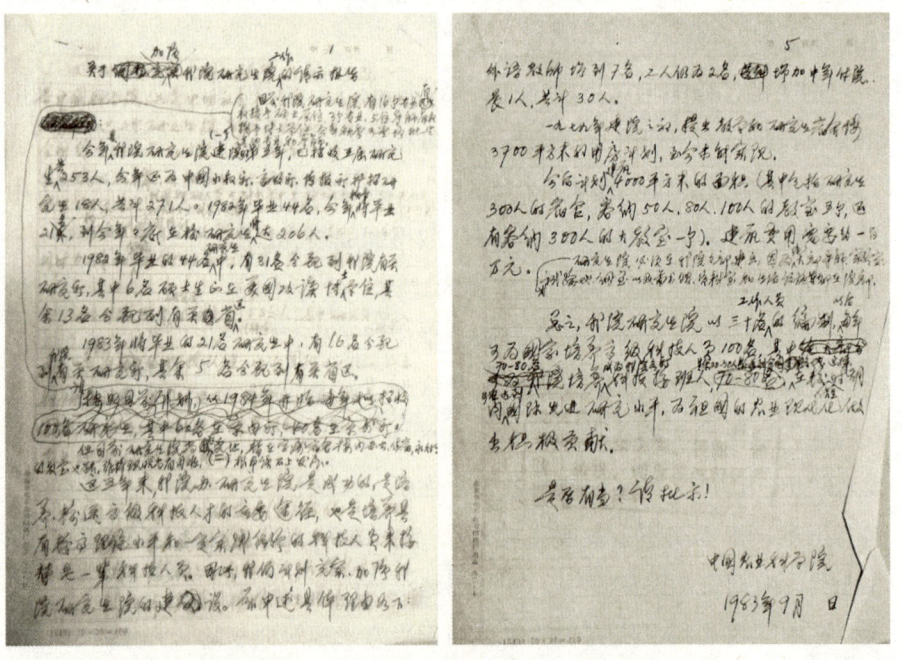

图8-3 戴松恩《关于加强我院研究生院工作的请示报告》手稿（1983年9月）

---

① 戴松恩：《关于加强我院研究生院工作的请示报告》，1983年9月。手稿，资料存于采集工程数据库。

图 8-4　中国农业科学院研究生院第一届毕业生合影（戴松恩在第二排右五。1982 年 8 月 23 日）

议》的信件。戴松恩在信中写道："卢（良恕）、何（文光）院长及院党组：现送上我院研究生院招收在职研究生的建议一份，请审阅。如认为可行，拟请批示并转报农牧渔业部备案。"[①] 在信后所附《关于我院研究生院招收在职研究生的建议》一文中，他详细分析阐述了当时中国农业科学院招收的研究生的生源情况及存在的问题，提出了中国农业科学院自 1984 年开始招收在职研究生的建议及具体办法。

戴松恩在建议中首先阐述了中国农业科学院研究生院 1979 年和 1980 年所招收的研究生的情况："我院研究生院 1979 年和 1980 年招收的研究生多系工农兵大学生。1981 年和 1982 年招收的研究生多系应届毕业生。工农兵大学生大都年龄较大，基础课和专业课基础较差，有不少没有经过专

[①] 戴松恩：《写给卢、何院长并转院党组关于建议研究生院招收在职研究生的信》，1982 年 11 月 14 日。资料存于采集工程数据库。

第八章　致力于培养农业科研人才

图8-5 中国农业科学院研究生院原教学办公楼（1987年12月建成）

业工作的训练，试验地和实验室操作技术很差，外语大都自学，少数水平较高，多数较差；多数已结婚，有家庭负担。应届毕业生则年龄较小，基础课和专业课基础较好，但缺乏工作经验，专业奋斗方向不明确，也不稳定，政治上也不够成熟。家庭负担较小，可以专心学习。工农兵大学生和应届毕业生各有其优缺点，但作为研究生培养对象，他们都不够理想。"戴松恩认为"照目前招收研究生的情况来看，应届毕业生将是最主要的来源"。虽然他曾多次建议"大学毕业工作二年后才准报考研究生"，但由于这样将停招研究生两年，因此没有被采纳。当时全国"还有大量的大学毕业生没有报考或考不上研究生，只好参加工作，但他们到了工作岗位上又不安心工作，还想报考研究生。"通过戴松恩的分析发现，当时研究生院招收的研究生缺乏工作经验，而又有大量参加工作的大学毕业生想要报考研究生。

因此，为了使研究生有一定的工作经验，并使在工作岗位上的大学毕业生安心工作，确立终生业务奋斗方向，戴松恩建议，"中国农业科学院研究生院自1984年起招收在职研究生，加速培养他们成为富有独创精神的高级科研人才。"[①]

戴松恩进一步提出了中国农业科学院研究生院招收在职研究生的十条办法。①建议我院自1984年起在我院各研究所（室）招考在职硕士和博士研究生。通知各所（室）进行必要的宣传动员工作，做好准备。②在具有专业实际经验的在职人员中，通过导师推荐，选拔硕士生和博士生。③在

[①] 戴松恩：《写给卢、何院长并转院党组关于建议研究生院招收在职研究生的信》，1982年11月14日。戴松恩：《关于我院研究生院招收在职研究生的建议》，1982年11月。资料存于采集工程数据库。

职研究生由原单位发原工资。④学习期限硕士生为三至四年，博士生（在硕士学位基础上攻读）为一至二年。⑤年龄适当放宽到四十岁。⑥参加全国统考，只要考试学科及格，即可考虑录取。⑦在职研究生招收名额与脱产研究生招收名额分开，互不干扰。⑧与北京农业大学、北京大学、北京师范大学商讨有关基础课和专业课方面精细代培的协作办法。⑨与院校联系开课确有困难的，可由指导教师辅导、命题和评分。⑩具体办法另订。①

图 8-6　戴松恩《建议研究生院招收在职研究生的信》手稿

在该建议信上，有当时中国农业科学院党组副书记、副院长何光文"拟同意转报部备案"的批示，以及潘哲的批示："请打五份，上报农业部备案。"可见，戴松恩的这一建议得到了中国农业科学院的采纳，并上报农业部备案。

---

①　戴松恩：《写给卢、何院长并转院党组关于建议研究生院招收在职研究生的信》，1982年11月14日。资料存于采集工程数据库。

第八章　致力于培养农业科研人才　*159*

悉心培养研究生

戴松恩是中国农业科学院研究生院作物遗传育种专业首批硕士研究生和博士研究生导师。1980年开始，他先后招收了张洪生、刘旭和钱勇三名硕士研究生。后由于身体原因，他没有再招收研究生。但这三名研究生在戴松恩的悉心指导下，完成了严格的科研训练，毕业后逐步成长为各自研究领域的知名专家。

1980年9月，张洪生和刘旭通过中国农业科学院研究生院的招生考试，成为戴松恩的研究生。当时由于条件限制，中国农业科学院研究生院没有自行开设研究生课程，研究生按照专业分别送到北京农业大学（今中国农业大学）、南京农学院（今南京农业大学）、西北农学院（今西北农林科技大学）、浙江农业大学（今浙江大学）等院校，进行为期一年的课程学习。张洪生和刘旭入学后，即去南京农学院学习基础课程。在他们去南京之前，正在参加全国政协会议的戴松恩还特地约见了他们。据刘旭回忆，"当时凑巧，戴先生正在参加全国政协会议。[1] 我和张洪生，就约好了戴先生，去会上见他。戴先生嘱咐了我们一些事情，要我们努力学习，学好专业，将来报效国家。他还向我们介绍了他所从事的研究方向和课题。当时他从事的是小麦非整倍体研究。"[2] 张洪生回忆，戴松恩还请他们吃了饭，并嘱咐他们在南京农学院应重点选修的课程，告诉他们要注意身体，以后的研究工作会非常艰苦，要做好准备。[3]

这次面谈之后，9月9日，刘旭和张洪生便启程去南京农学院进行课程学习。在南京学习期间，张洪生和刘旭通过信件向戴松恩汇报选课和学习情况。

---

[1] 1980年，戴松恩当选为全国政协第五届委员会委员。中国人民政治协商会议第五届全国委员会第三次会议于1980年8月28日至9月12日召开，戴松恩当时应是在参加此次会议。

[2] 刘旭访谈，2018年2月25日。北京。资料存于采集工程数据库。

[3] 张洪生访谈，2018年2月27日。天津。资料存于采集工程数据库。

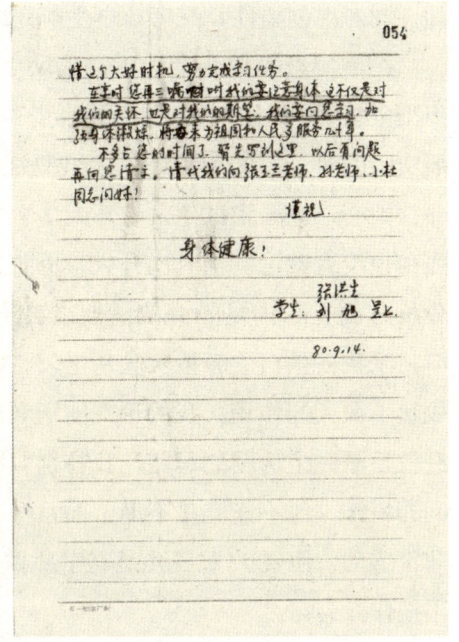

图8-7 张洪生、刘旭写给戴松恩的信

一年以后，张洪生、刘旭完成了在南京农学院的课程学习，回到北京。他们马上面临着研究选题的问题。当时硕士研究生学制为三年，他们只有两年的时间开展研究。对于作物遗传育种研究而言，两年的时间非常紧张，因此研究选题非常关键。据张洪生回忆："在选题上，戴先生下了一番功夫。他考虑选题，既要保证论文的创新性，又要保证两年的试验有一个相对完整的结果，可以按时毕业。他亲自去查阅了大量的资料，并给我们看。最后还是戴先生帮我们确定的题目。刘旭做的是西藏小麦，我做的是云南小麦，为什么选这样的课题？因为这是我们国家特有的半野生的六倍体小麦遗传资源。研究它们的遗传特性、染色体组成、进化和演变，都有重要的意义。当时国内外，尤其是国外学者特别关注我国特有的这几个野生小麦遗传资源，都想要来看这些资源。国内当时只是发现了这些，具体的研究工作做得还不是很多，而且这个研究还需要用到当时的一个新技术，染色体的组型分析。所以说，戴先生在为我们选题的时候考虑很全

第八章 致力于培养农业科研人才

面，既考虑创新性，又考虑学生能完成，同时还采用了新技术。"①

在戴松恩的周全考虑下，张洪生选择做《"云南小麦"的染色体组和组型分析》，刘旭则做《"新疆小麦"染色体组型的初步分析》。他们在开展实验的时，需要用到染色体组型分析新技术，戴松恩也没有用过，但他非常虚心，并派张洪生去南开大学学习。据张洪生回忆："这些新技术，戴先生也没有做过。当时南开大学的张自立教授做染色体组型、染色体分带分析方面在国内是领先的。他亲自给张自立教授写信，询问有关技术细节，派我去张自立教授实验室学习，我在那学习了三个月，对我论文的完成起了很大的作用。我的论文能顺利完成，得益于在那学到的新技术，还有就是戴先生选题的思路。我特别佩服戴先生对科学的孜孜以求，不耻下问的精神，他不懂就是不懂，而且每次都是他亲自写信。连张自立教授都非常感动，他说：'戴先生是老学部委员，还给我写信，这么谦虚。我哪能不把你教会啊。'"

在开展实验的过程中，戴松恩对学生进行指导，让他们不但感受到温暖还深刻体会到戴松恩严谨的治学态度。张洪生回忆："我们做小麦染色体的分析需要考察它几代染色体的变化，时间比较短，有个染色体的加代繁殖的问题。1982年，我们在温室加繁了一代，春节期间正是盛花期。正是做套袋、授粉、杂交的关键时期。那时候我和刘旭都没有回家，整个寒假，包括春节都是在北京过的。那年大年三十，戴先生把我们两人请到他家，吃年夜饭。当时，戴先生那种慈父般的关照让我们心里特别温暖。大年初一，我们去温室做杂交试验。没想到我们刚做不久，戴先生也来了，一直跟我们做到中午。温室热啊，老先生满头大汗，我们都特别心疼，都劝他，'戴先生，您先回去吧，我们这几天都在这做，肯定能做完。'他说，'不行，我得亲自做几个，我自己做的我才放心。'戴先生的套袋、杂交的手法，确实比我们强多了，他特别细致，每次做完了以后，他的镊子都要消一次毒，为了避免串粉。我们做的时候，同一个组合，为了节省时间，就不消毒了。戴先生不是，他每次都要酒精擦擦，消毒。还是老科学家严

---

① 张洪生访谈，2018年2月27日。天津。资料存于采集工程数据库。

谨，这是给我印象最深的。"① 在戴松恩的联系下，张洪生和刘旭后来还去云南昆明繁殖了两代实验材料。

在做细胞学实验和染色体分析的时候，戴松恩不顾年迈体弱，爬上露天铁架楼梯到实验室。他仔细查看学生的实验过程和记录，嘱咐张洪生和刘旭"你们必须把实验的全过程详细记录，从前处理到染色，到最后镜检、拍照。为什么呢？一是可以发现规律性，二是后面的人可以重复你的实验。"而这一点，恰恰是张洪生和刘旭在实验过程中所忽略的。"我们这一点是不注意的，比如过去前处理好几种方法，有时候选好了一种方法，把配比、浓度等都定下来了，我们就不做记录了。但是戴先生，要求每次都必须要做记录。戴先生体现出来的科学家的严谨，一丝不苟，让我佩服不已。"戴松恩这种对待科学的严谨认真和高度的责任心，深深地影响了张洪生等人。"他的这种责任心、认真、严格，也是一贯的。他要求自己必须这样做，对科学负责。戴先生这种品质值得我一辈子学习，也影响我一辈子，我在科学研究中一直遵循戴先生的教导，学习他务实、严格、认真的品质"。②

1983 年，在戴松恩严格的要求下，张洪生和刘旭顺利完成了毕业论文，通过了毕业答辩。学生毕业后，戴松恩还非常关心他们的工作、生活问题，尽力帮助提携。在得知张洪生想去天津工作时，他写信推荐张洪生去农牧渔业部环保所工作。

1984 年，张洪生考取了农业部出国留学名额。当得知张洪生想联系国外学校转做环境保护方面的研究时，戴松恩写信给当时在美国农业部工作的左天觉，让他帮助张洪生联系学校。在他们的帮助下，张洪生顺利拿到了美国马里兰州立大

图 8-8 戴松恩在家中指导刘旭修改论文

---

① 张洪生访谈，2018 年 2 月 27 日。天津。资料存于采集工程数据库。
② 张洪生访谈，2018 年 2 月 27 日。天津。资料存于采集工程数据库。

学的邀请信。在张洪生赴美留学之前，戴松恩还送给他一本生物技术方面的影印本英文书。张洪生回家打开书，看到书中还夹了一张卡片，上面写着：“激流勇进，奋发腾飞，望洪生努力学习，为祖国的环保事业做出重要贡献！”这让张洪生备受感动和鼓舞。张洪生将这一卡片一直珍藏至今。

1982年，钱勇从南京农业大学本科毕业后加入戴松恩课题组。他工作两年后，考取了戴松恩的在职硕士研究生。钱勇认为：“在工作和学习期间，不断获得戴松恩院士的指导、指引和教导，使我终身受益。特别是对科学的好奇、追求、学习、研究和证伪的能力，是我最近发明的‘基因组新抗原免疫新医疗系统’的基础。”回忆在戴松恩指导下学习和工作的时光，钱勇写道：“戴院士总是不断地鼓励我和其他同事努力学习新知识、新方法，取得更大更多成果。不仅如此，还经常关心个人思想的进步和成长。”他觉得戴松恩对他影响最大的是“刻苦认真钻研、不断学习、不断研究、不断发现、不断发明和不断创新”。“戴松恩院士谦虚、谨慎，不夸张、不自大、不骄傲，勤奋、诚实、正直，追求真理，脚踏实地和不追求名誉，值得我们学习和发扬。”①

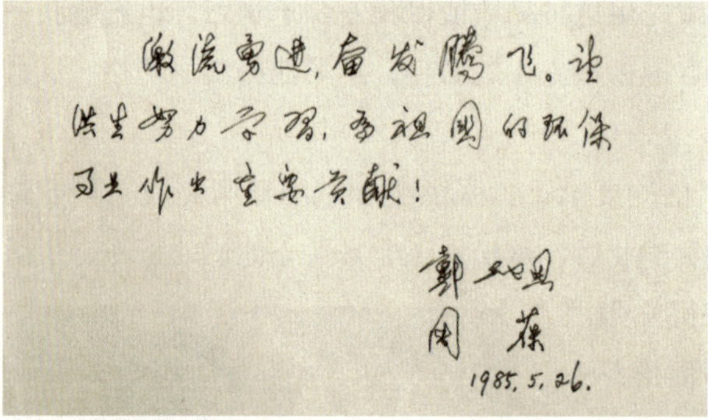
激流勇进，奋发腾飞。望洪生努力学习，为祖国的环保事业作出重要贡献！

戴松恩

1985.5.26.

图 8-9　戴松恩写给张洪生的寄语（1985年5月26日）

① 钱勇访谈，2018年2月7日。资料存于采集工程数据库。

结 语

逆境成才

戴松恩院士是一个从贫寒中成长起来的农业科学家。他不屈于命运,从小自立自强,在逆境中不断学习,追求卓越,树立为国家农业科学献身的理想,坚忍不拔,不懈奋斗,成为我国著名的细胞遗传学家,为我国农业科学的发展做出了重要贡献。纵观戴松恩院士学术成长的历程,他虽然出身贫寒,但穷且益坚,不坠青云之志;从美国留学回国后,立志农业报国,历经磨难也不忘初始之心;他不仅科研成果斐然,还长期在中国农业科学院担任领导职务,平易近人,群策群力。

穷且益坚,不坠青云之志

戴松恩出身贫苦,家中没有一分田地,父母收入微薄,艰难度日。父亲去世后,生活更为困顿。他从小随母亲在集市上摆摊度日,深知生活不易。然而年少的戴松恩并没有向贫穷低头,他自立自强,不畏艰苦。在得到亲友推荐,得以免费入读小学后,他紧紧抓住读书的机会,刻苦学习。一开始,他只是希望通过读书来改变生活。无论是在唐市镇的小学,还是在苏州晏成中学,他都是以第一名的成绩毕业。中学时期的戴松恩希望自己以后能学医济世，然而现实却让他的这一想法难以实现。他只能转而学农，由此，他树立了成为一名作物遗传育种专家的志向。在金陵大学农学院，他半工半读，全力以赴工作和学习。当他完成学业，获得相对稳定的工作，生活得到改善后，没有就此停止追求。他抓住了清华大学首次公开招考公费留美研究生的机会，以作物遗传育种专业第一名的成绩脱颖而出，进入康奈尔大学跟随当时著名作物遗传育种学家洛夫教授攻读博士学位。在康奈尔大学，他以优异的成绩毕业，并获得"金钥匙奖"。在学习成长期，戴松恩从一个贫困家庭的孩子逐步成长为美国名校的优秀博士。他在艰难困苦的逆境中，没有向命运低头，在努力进取中坚守自己的理想与追求，逐步踏上献身祖国农业科学事业之路。

不忘初心，农业报国

戴松恩在获得康奈尔大学博士学位后，面临人生的第一次重大抉择。理想和信念，在人生关键抉择中往往会发挥重要的作用。康奈尔大学的导师希望他留在美国，并承诺将他的妻儿都接到美国。当时的中国内忧外患、积弱积贫，开展科学研究的条件远不如美国。然而，戴松恩并未忘记自己的初心，"为了建设祖国的作物遗传育种事业"，他婉拒了导师的挽留。戴松恩把祖国、民族的利益放在个人发展之上，坚持为祖国农业科学献身的信念，放弃留美的优厚待遇，选择回到祖国。之后，即便是在全面抗日战争期间，他也在有限的条件下坚持开展了小麦、油菜、烟草、玉米等作物遗传育种研究，为贵州烟草事业的发展和战时湖北粮食增产做出了贡献。

北平解放前夕，身为北平农事试验场的场长，戴松恩面临学术生涯的第二次重大抉择。国民党政府命令他将北平农事试验场全部人员、设备及财产运往南京。面对国家时局变换，他该何去何从？戴松恩依然没有忘记自己回国的初衷，为了保护农业科研人才和设备，不让刚刚建立起来的农业科研体系毁于战火，在中共地下党员和民盟盟员的帮助下，他拒绝执行国民党的命令，组织"护场工作队"，留在北平。解放初期，他为恢复我国农业科研事业尽心尽力。新中国成立后，他一直在中国农业科学院从事农业科学研究和管理工作，为我国农业科学事业的发展奉献了毕生心血，实现了他农业报国的理想。

平易近人，群策群力办事

戴松恩是从贫寒家庭中成长起来的农业科学家，他还在不同岗位上担任过领导职务，曾经担任华北农业科学研究所副所长、中国农业科学院作物育种栽培研究所副所长、中国农业科学院副秘书长、中国农业科学院研究生院副院长等职，但他从不以领导的身份自居，他淡泊名利，为人谦和，平易近人，始终把自己置于群众之中。不论是对同事，还是对普通的工人，戴松恩都非常和善。

戴松恩很注重发动群众，依靠群众，群策群力办好事情。他积极组织同事共同完成课题项目，撰写文章，翻译资料，宣传开展小麦非整倍体研究的意义，也发动更多科技工作者参与研究。他筹划并组织召开了全国小麦非整倍体研究座谈会，发动全国同行协作攻关，开展研究，做出成果。

成功要素

唯物辩证法认为事物的内因是事物运动的源泉和动力，是事物发展的根本原因，外因是事物发展变化的第二位的原因。内因是变化的依据，外因是变化的条件，外因通过内因而起作用。在科学家的成长过程中，内在的因素包括个人天赋和品质、勤奋与努力，外在因素则如成长环境、机遇等。从内外因的角度来看，在戴松恩院士的学术成长过程中，影响学术成长的关键因素在于勤奋的学习、坚韧的品质，即使在逆境中也能激发出他的潜能。当然，亲朋师友在关键时候所提供的帮助和机遇也非常重要。

勤奋学习，不断进取

从内因的角度来看，纵观戴松恩的学术生涯，无论是在他学习成长期，还是在工作后的学术发展期，他具有较强的学习能力，勤奋和坚韧的人格品质是他能在学术上取得成就最为关键的内在因素。在戴松恩的求学生涯中，虽然生活条件艰苦，但并没有让他放弃学习，从在唐市镇读小学开始，一直到美国留学康奈尔大学，他都能克服各种困难，勤奋学习，并且均以优异成绩毕业，这充分体现了他较强的学习能力。在工作以后，他也并没有放松学习，无论是在抗日战争时期，还是在新中国成立后，他都能够紧跟学术前沿，不断加强学习，更新理论知识。从他保存的小麦非整倍体资料和学习笔记可知，至迟在1972年，戴松恩便已经开始关注和学习国外小麦非整倍体的研究成果。这对他此后能在全国率先主持和组织开展小麦非整倍体研究，并育成首套小麦非整倍体的单体系统有重要影响。此外，戴松恩晚年还一直坚持学习，这是他能在农业现代化、粮食增产、农业发展与自然保护、农业科学研究、农业教育与农业技术推广等方面为国家提出一系列政策建议的关键所在。戴松恩在求学生涯中逐步形成的坚毅的人格品质，对他开展农业科研工作也发挥了重要作用。他一直坚守在我国农业科研事业的第一线，即使是身患重病，也不忘为我国农业科学事业提出有益的建议。

逆境激发潜能，亲人师友相助

戴松恩无疑是从逆境中逐步成长起来的科学家。在他的成长过程中，我们看到他并没有被逆境击垮，而是激发了他的潜能。他从简单的通过读书改善家庭生活，到立志成为作物遗传育种学家，树立了为祖国农业做贡献的理想。他从小自立自强、坚毅刻苦的品质，在逆境中更加激发他的潜能和斗志，这也充分表明了外因也要通过内因才能发挥作用。当然，我们也不能忽视戴松恩的亲朋师友在关键时刻的帮助与支持，对他成长的推动作用。在戴松恩从"新民社"辞职后，若不是好友唐希贤的资助，或许他就得为了生活而放弃学业，无法入读金陵大学农业专修科。在金陵大学农学院，正是沈宗瀚等老师的推荐，使得戴松恩能破格带薪入读农艺系作物遗传育种专业二年级。由此，他不仅解决了生活问题，而且还能完成大学学业。他也是通过在金陵大学担任沈宗瀚教授的助手，与康奈尔大学作物遗传育种学的洛夫、玛雅思、魏根等知名教授建立了联系。这使他在考取清华大学留美公费生后，进入康奈尔大学攻读博士，水到渠成。

科学思维

科学思维是指用科学的方法思维，是建立在事实基础上的、符合逻辑的、理性的思维方式。综合运用各种创造性思维方法，超越对世界经验性和表象性认识，形成对世界普遍性、本质性和规律性的认识。科学家在长期的科学研究过程中形成的科学思维，是他们在发现新的科学规律、开辟新的研究领域，做出卓越科学贡献的关键。

农业科学思维是在农业科学研究和技术发展过程中，采用科学的试验方法，对客观事实全面考察，在通过合乎逻辑的创造性思维过程，超越农业经验知识和感性认识，达到对农业科学研究对象的本质、联系、规律和原理等的理性认识，并探讨农业科学自身的性质特点、发展规律、发展趋势、社会功能及其与经济和社会间的相互关系，得出理论以指导和促进农业科学实验与生产实践。农业科学技术的研究对象是自然环境—生物—人类社会动态复杂系统。因而，农业科学思维的主体对象包含着丰富的内容，主要可归纳为两个方面：其一，是对农业科学研究和技术开发过程的性质、特点、规律、发展趋势、社会功能等的理论认识；其二，是应用这些理论认识，在提出与制定农业科学技术政策、战略、规划和思路等过程中发挥实际指导作用，推动农业科学技术进步。[①] 作为一名农业科学家，戴松恩院士在这两方面都有着独特的农业科学思维。

质疑思维：不畏权威，另辟蹊径

巴普洛夫曾言："质疑思维，是创新的前提，是探索的动力。"根据质疑途径不同，可以将质疑思维分为怀疑思维和否定思维法。戴松恩在农业科学研究中善于独立思考，突破传统思维定式，敢于对权威和流行的观点进行怀疑和否定，并针对疑问积极探索，通过实验求证，得出新的认识和结论。

---

① 刘旭、戴小枫等编著：《农业科学方法概论》。科学出版社，2011年。

杂交玉米的育成是世界农业生产的一项革命，它为玉米育种开辟了一条新的道路。二十世纪三十年代，我国玉米育种学家先后育成了一批玉米杂交种。抗日战争期间，依然有李先闻、张连桂等玉米育种学家在极其困难的条件下开展玉米品种改良工作。但当时国内外农学界大部分人认为我国应该效仿欧美，直接引进和推广美国杂交玉米品种，就能迅速提高玉米产量。戴松恩对此提出了怀疑，并组织蒋德麒、李先闻、马保之、徐季吾等在贵州贵阳、广西柳州、云南昆明开展了美国杂交玉米品种和当地农家品种的对比试验。通过三年的试验，他指出直接利用美国引进的玉米杂交种，适应性差，增产并不显著，尤其是在当时抗日战争的环境下，物资匮乏，土壤贫瘠，耕作粗放，美国杂交品种优势很难发挥出来，因而并不能解决当时我国玉米增产的问题。他主张改良农家品种，辅以引进国外优良品种，可以使玉米增产达到立竿见影的效果。此外，他提出利用美国杂交品种自交系与中国玉米材料杂交，从而获得适应于中国的高产玉米品种。这对当时及以后我国玉米遗传育种学者开展玉米育种产生了重要影响。

二十世纪三十年代，国内外部分小麦专家认为不能通过育种途径来解决小麦赤霉病问题。戴松恩运用否定思维，通过实验有力地反驳了这一观点，为解决小麦赤霉病问题提供了新思路。从 1937 开始，他组织姜秉权、王焕如等人，在贵阳、荣昌等地连续进行了四年小麦赤霉病抗病性鉴定试验。他指出中国小麦品种中具有抗赤霉病的材料，并在严格接种条件下筛选出云南"牟定火麦""平坝 30"等具有极强抗赤霉病能力，可以作为抗赤霉病杂交育种的基本材料，从而论证了选育小麦抗赤霉病品种的可能性，在小麦抗赤霉病育种研究上具有开拓性意义。

相似移植：他山之石，可以攻玉

相似移植的思维方法，是从事物间的共性或相似性出发，将已知的理论、技术、方法、功能等，移植应用到其他研究对象上，以研究其他未知对象或解决相似问题的一种创造性思维。相似移植并不是简单地照搬，而是从相似性出发，建立在大量观察、实验和推理的基础上，认识事物本质，发现新的规律，它是创造性和实践性的统一。戴松恩在美国留学期间，就体现出具有相似移植的思维，他在 1936 年夏天，参观考察美国二十一个产谷州的农学院和农事试验场，全面了解了当时美国各地区在农作物育种上的技术和方法。1937 年回国后，他撰写了《美国产谷州参观记》，详细论述了当时美国在作物育种试验区排列、杂交育种方法、抗病虫害试验、抗旱育种、小麦品质研究、细胞遗传研究等方面的经验，为我国农学界开展作物遗传育种研究提供了有益参考。1938 年，戴松恩对贵阳农业生产条件进行细致而深入的考察后，认为该地区适宜发展烟草种植。于是，他在对我国六十五个土烟品种和二十个国外烤烟品种进行比较试验的基础上，于 1940 年选育出了来自美国弗吉尼亚州的烤烟品种"佛州黄金叶"品种，在贵州推广，为贵州烤烟事业的发展奠定了基础。此外，戴松恩在小麦抗赤霉病育种研究上的探索，也蕴含着采用功能移植法，即将具有抗赤霉病小麦品种中的抗病功能基因通过杂交育种来转移和表达。

战略思维：长远规划，全面发展

戴松恩院士长期在国家级农业科学研究机构从事管理工作，在恢复新中国农业科学事业中发挥了重要作用。当选中国科学院学部委员后，他参与制定了新中国第一个中长期科学技术发展规划《1956–1967 年全国科学技术发展远景规划》，主持了农业科技规划说明书的全部定稿工作。这些经历使他逐步具备战略思维，能立足长远来开展课题研究和为中国农业科学事业发展建言献策。戴松恩在我国率先主持开展的小麦非整倍体研究课题，属于基础理论研究，难度大，周期长，出成果慢，在当时更多学者愿意选择见效快的应用性课题研究。但戴松恩认为小麦非整倍体研究是小麦育种学发展的基础，正是他在小麦非整倍体上取得的研究成果对此后学者开展小麦遗传育种提供了新的材料和启发。

戴松恩在我国能较早提出制定《种子法》的建议，既是由于他在国外留学考察的经验积累，更多的来自他对未来我国农业现代化建设中种子管理工作的重要性的超前认知和战略考虑。戴松恩对我国农业现代化问题的研究也更加能体现出他的战略思维。1980 年 5 月，他参与讨论和修改了《关于加速我国农业现代化建设的设想》，并撰写了大量关于农业现代化问题的研究文章。他较早地从农业科学技术的角度来探讨中国特色农业现代化的概念和指标，并提出了"全面发展、因地制宜、重视农业科技和教育、注意自然资源的开发和保护"等中国特色农业现代化发展的战略思想。

科学精神

科学精神是近代以来科学发展所积淀形成的独特的意识、理念、气质、品格、规范和传统。一代又一代的科学家在长期的科学实践中不断丰富和拓展科学精神的内涵。戴松恩院士在长期的科学研究中形成了献身祖国、弘农为民的爱国精神；勇于开拓、敢为人先的创新精神；严谨求真、实事求是的唯实精神；坚忍不拔、锲而不舍的探索精神；提携后学、举贤荐能的育才精神；淡泊名利、鞠躬尽瘁的奉献精神。

献身祖国、弘农为民的爱国精神

在金陵大学农学院的学习和工作，使戴松恩完成了从学医到学农的思想转变，他逐渐认识到"医学能治病救人，农业能解决人们吃饭穿衣的问题，同样是人生的重大需求"，便对作物遗传育种产生了浓厚的兴趣，立志成为作物遗传育种专家。在美国留学期间，戴松恩深刻体会到国家贫弱遭受强国凌辱的痛苦，认为"我有责任把贫穷落后的祖国振兴起来"，树立了"科学救国"的理想。在康奈尔大学以优异成绩获得博士学位后，他拒绝了导师的再三挽留，坚定地认为"搞农业离不开土地，只有在祖国的土地上，我那点知识才能更好地为家乡父老，为更多人服务"，他毅然回到祖国。中华人民共和国成立后，戴松恩牢记周恩来总理"希望你用科学技术增产小麦，让人人都能吃上白面"的嘱托，奋战在农业科研事业一线，为祖国农业发展，奉献自己的全部心血。

勇于开拓、敢为人先的创新精神

戴松恩在康奈尔大学留学期间，积极参加遗传育种学术活动，并选择了研究不同普通小麦品种杂交后性状遗传规律的课题。他对来自中、俄、美三国的五个普通小麦开展杂交实验，对杂交后小麦的叶片、叶鞘、秆毛、小穗、外芒、内芒等性状进行研究，探究引起各种性状形态变化的遗传因子，阐明了小麦单性状遗传和性状间连锁遗传的规律，并以英文完成了《中俄美小麦品种杂交之遗传研究》的博士论文。他的研究得到康奈尔大学遗传育种学家的好评。1936年冬，戴松恩获康奈尔大学博士学位，并凭借出色的研究成绩，获"金钥匙奖"，被选为西格玛赛荣誉学会会员。

二十世纪七十年代，戴松恩紧跟国际前沿，在国内率先主持开展小麦非整倍体研究，并于1984年育成了小麦非整倍体的单体系统"京红1号"春小麦单体系统。1980年，他向国内学者翻译介绍了美国学者西尔斯的《普通小麦的非整倍体》；组织召开了全国小麦非整倍体研究座谈会，建议将"小麦单缺体研究"修改为"小麦非整倍体研究"，统一了认识，明确了研究方向和任务，推动全国小麦非整倍体研究分工协作，有序发展。

严谨求真、实事求是的唯实精神

中华人民共和国成立初期，遗传学界出现了"米丘林遗传学"和"摩尔根遗传学"之争，戴松恩一开始对"米丘林学说"中的一些观点持怀疑态度，并认为要通过研究和试验来验证。他以严谨求真和实事求是的精神先后开展了土壤肥力改变小麦遗传性的试验，冬小麦和春小麦互变研究，对小麦品种内杂交进行效果测定试验，从提早成熟期和提高产量方面研究了主要作物的春化处理。但是限于当时的形势，他的这些研究成果不仅不能发表，他还被迫公开发表文章检讨。二十世纪八十年代，《人民日报》曾报道河南新乡附近一个工人用沸水浇灌禾本科作物产生根瘤菌的消息。戴松恩看完这篇文章和照片，实事求是地判断产生的不是根瘤菌，而是小麦的线虫。他的这一结论，在不久后便被科学试验所证明。

戴松恩是中国农业科学院首批博士生导师和第一届学位评定委员会副主席。他以身作则，科学严谨，一丝不苟，悉心培养研究生，与他们在实验室看显微镜，一起在试验地里做杂交。为了避免串粉，他每做完一次杂交都要用酒精将镊子消毒。这让同事和学生们在做杂交时，也更为严谨认真。在实验室里,他严格要求学生,指导他们必须把实验的前处理、染色、镜检、拍照等过程都要详细记录下来。他对学生的实验报告和论文中的标点、简化字、英文单词都一一认真地修改,精益求精,让学生们受益匪浅。

坚忍不拔、锲而不舍的探索精神

作物遗传育种研究,受到作物生长周期、气候等因素的制约,研究和试验周期一般较长,而且容易受到气候、环境和试验条件等变化的影响,甚至被迫中断。这就需要研究者在面对挫折和恶劣环境下,具有坚持不懈、锲而不舍的精神,继续开展试验和坚持研究。无论是在求学时期还是在科学研究中,戴松恩都具有坚忍不拔、锲而不舍的科学精神。戴松恩从美国留学回国不久,全面抗日战争爆发。他辗转多地,在极为艰苦的条件下坚持开展小麦、玉米、油菜、烟草等作物育种研究,取得一些重要成果。他在"文化大革命"期间受到冲击,依然坚持业务学习,不忘农业报国初心,在"文化大革命"结束后,不顾身患重病,积极投身农业科学研究。当小麦非整倍体研究课题遇到重大挫折时,七十五岁高龄的他开始"二次创业",四处求援,争取经费、试验材料和场地,完成了课题组的重建,继续开展研究。戴松恩追求进步,先后于1956年、1964年和1982年三次申请加入中国共产党,终于在七十六岁时如愿成了中国共产党员。

提携后学、举贤荐能的育才精神

戴松恩担任北平农事试验场场长期间,大力引进和培养青年人才,不少人后来成为新中国著名的农业科学家,如庄巧生、吴辅中等。为了给人才充分的科研空间,戴松恩还将一直钟爱的小麦育种研究事业,交给庄巧生负责。这让庄巧生非常感动。正是在戴松恩提携后学、甘为人梯的精神感召下,一大批青年人才到来。在戴松恩和这些专家的努力下,北平农事试验场逐步建立起了各个粮食作物的研究系室、土壤肥料研究系和植保系等研究机构,形成了较为齐全的农作物科学研究体系。到1949年北平解放后,戴松恩将这个体系完整地保留下来,为华北农业科学研究所(今中国农业科学院）的成立奠定了基础。

1978年，在参加全国科学大会后，戴松恩深刻感受到我国农业科学研究迎来了新的发展时期。农业科技人员应尽快提高英语水平，了解和掌握国外农业科技进展。在戴松恩的建议和推动下，中国农业科学院举办了英语训练班。他撰写了《关于举办英语训练班的计划草案》，明确指出举办英语训练班的目的是"为了提高科技人员的英语水平，以便迅速掌握国外先进科技资料，使我国农业科学研究工作大干快上，适应农业现代化的要求"。英语培训班受到农业科技人员的欢迎，第一期正式学员七十八名，还有二十余人旁听。参加英语培训班的农业科技人员提高了英语水平，为出国留学和了解国外科技进展打下了基础。

二十世纪八十年代初，中国农学会换届时，原农业部副部长、中国农学会会长杨显东推荐戴松恩接任下一届中国农学会会长。戴松恩经过反复考虑后，认为自己年龄比较大了，不适合担任，推荐了时任中国农业科学院院长的卢良恕院士担任。

淡泊名利、鞠躬尽瘁的奉献精神

戴松恩勤恳工作，任劳任怨，从不计较个人得失，不图名利。中华人民共和国成立后，党和人民给予他很高的荣誉和待遇。根据他的学术水平和工作成绩，当时要评他为一级研究员，但他看到共和国成立初期，国家经济困难的国情，主动提出降为二级研究员。1964年中国科学院建议党员学部委员取消干部津贴时，他又主动要求和党员一样取消他的一百元学部委员津贴。1984年，"京红1号"春小麦单体系统的育成获得了当年农业部技术改进一等奖。在申报奖项时，戴松恩虽为课题主持人，却将获奖第一名的位置让给课题组其他成员。他的这种淡泊名利、鞠躬尽瘁的精神，让课题组成员深受感动。

戴松恩晚年体弱多病，但仍顽强与病魔斗争，坚持工作。他严于律己、宽以待人、不谋私利、廉洁奉公，把一生献给了作物遗传育种研究。他兢兢业业、无私奉献、全心全意为人民服务，为广大科技工作者树立了光辉的榜样。

附录一　戴松恩年表

1907 年
1月6日（农历十一月二十二日），出生于江苏省常熟市唐市镇（今沙家浜镇）。

1913 年
9月，进入唐市初级小学。

1917 年
6月，以第一名成绩从唐市初级小学毕业。
9月，进入唐市高等小学。
冬，父亲戴瑞儒因病逝世。

1920 年
6月，以第一名的成绩从唐市高等小学毕业。
9月，升入苏州晏成中学，因有学医为人治病的理想，而选择学理科。

1924 年

6 月，从苏州晏成中学毕业。

7 月，参加当地教会所办的苏州新民社，担任交际干事。

1925 年

7 月，因学习成绩优异被金陵大学农业专修科免试录取。

9 月，进入金陵大学农业专修科学习。

1926 年

6 月，以第一名的成绩从金陵大学农业专修科毕业。

7 月，留在金陵大学农学院农艺系任助理，协助沈宗瀚教授进行小麦、水稻遗传育种研究工作。

1928 年

9 月，以工读方式插入金陵大学农学院作物遗传育种专业二年级学习，课余担任沈宗瀚教授助理。

1931 年

1 月，与龚桂芬结婚。

6 月，以第一名的成绩从金陵大学毕业，获农学士学位，获"金钥匙奖"，并被选为"斐陶斐"（Phi Tau Phi）荣誉学会会员。

7 月，在金陵大学任助教，帮助沈宗瀚开展小麦遗传育种研究工作，同时协助美籍教授洛夫、马雅思、魏根斯整理英文信件和讲稿等材料。

1932 年

11 月 13 日，儿子戴天一出生于唐市镇。

1933 年

夏，清华大学第一次公开招考留美研究生，戴松恩以作物遗传育种专业第一名的成绩考取清华大学公费留美生。

1934 年

1 月，由上海搭乘威尔逊总统号邮轮赴美国纽约，进入美国康奈尔大学研究生院攻读作物育种及细胞遗传学博士学位，师从洛夫教授。

1936 年

夏，考察美国二十一个州的农学院和农事试验场，了解各地农作物育种技术和方法。

冬，博士论文《中俄美小麦品种杂交之遗传研究》通过答辩。

1937 年

1 月，获得康奈尔大学哲学博士学位，以优异成绩获"金钥匙奖"，并被选为西格玛赛（Sigma Xi）荣誉学会会员。

2 月，搭乘加拿大皇后号轮船回国。

3 月，受聘到南京中央农业实验所全国稻麦改进所担任技正，负责小麦抗病育种和细胞遗传学研究。

7 月 13 日，博士论文《中俄美小麦品种杂交之遗传研究》的中文摘要在《农报》1937 第 4 卷第 21 期发表。

7 月 20 日，在《农报》1937 年第 4 卷第 20 期发表论文《美国产谷州参观记》。

秋，赴江苏省北部督导小麦增产工作，推广少量的改良小麦品种，利用农贷发动农民增加施用肥料以增加粮食产量。

11 月 12 日，因病返回南京。

11 月 28 日，因日军进攻，南京告急，抱病离开南京。

冬，到达安徽舒城。

1938 年

1 月，抵达广西柳州，进入中央农业实验所工作，因风湿病未痊愈，又患直肠炎，赴柳州省立医院医治，直至 5 月 31 日出院。

3 月 10 日，二女儿戴黔珏（后改名为戴琴珏）出生于唐市。

6 月，抵达中央农业实验所贵阳工作站，开展油菜、烟草、玉米品种改良研究。为贵阳地区引种了烟草品种"佛州黄金叶"，并推广示范栽培技术和烤烟技术，为贵州烟草事业的发展奠定了基础。

7 月，妻子龚桂芬由唐市镇抵达贵阳。

1939 年

12 月 14 日，三女儿戴筑珏出生于贵阳。

在《农报》1939 年第 4 卷发表论文《美国杂交玉米在我国的利用问题》。

1940 年

5 月 1 日，在《农报》1940 年第 5 卷第 13—15 合期发表《菜子人工自交影响研究之初步报告》。

7 月，随中央农业实验所贵阳工作站迁移到四川荣昌中央农业实验所。

1941 年

4 月 30 日，在《农报》1941 年第 6 卷第 10—12 合期发表论文《抗建期中玉米杂交种之推广问题》。

6 月 30 日，在《农报》1941 年第 6 卷第 16—18 合期发表论文《川东及川西菜子栽培调查》。

7 月，在《农报》1941 年第 6 卷第 28—30 合期发表论文《小麦品种抗赤霉病之育种问题》。

10 月，赴四川金堂铭贤农工专科学校任教授兼垦殖系主任。

11 月 30 日，在《农报》1941 年第 6 卷第 31—33 合期发表论文《菜籽育种方法之我见》。

1942 年

4 月，应邀到湖北恩施农业改进所担任所长。

6月12日，完成《鄂西、鄂北林业调查报告》。

1944年

3月28日，《新湖北日报》刊发《湖北农业改进之过去与将来》《告别湖北的农友》，另刊登《送戴松恩博士》。

4月，因痛恨会计的腐败而从湖北恩施农业改进所辞职，离开恩施赴重庆。原计划赴新疆迪化工作，后因飞机停航，新疆政局变化而放弃。

6月，到重庆北碚中央农业实验所任技正兼麦作杂粮系主任。负责小麦改良和推广工作，其间开展了"中农483"的示范以及"中农28"的推广工作。

9月3日，四女儿戴蜀珏出生于北碚。

1945年

6月，经革命人士杨显东（后任中华人民共和国第一任农业部副部长）介绍，任美国对外经济事务局农业组组员。

1946年

1月16日，撰写完成《我国小麦之前途》。

6月25日—7月13日，带领中央农业实验所职工及家属二百余人乘坐木驳船由重庆迁回南京。

1947年

2月28日，从南京到北平任中央农业实验所北平农事试验场场长。主持改良小麦、玉米、谷子、甘薯、蔬菜、洋麻等作物的品种，开展示范及小规模推广工作。

9月，妻子龚桂芬抵达北平。

1948年

12月，在中共地下党和民盟的指导和帮助下，留在北平保护北平农事试验场的人员、财产、仪器设备和档案资料。

1949 年

1 月，与中共地下党员蒋鸿宾接洽，商量新中国成立后北平农事试验场接收事宜。

1 月 22 日，北平宣告和平解放。戴松恩会同工作人员，在北平农事试验场向接收工作组请示复员事宜。

3 月，在 *Peking Natural History Bulletin* 上，发表《Effects of selfing in Chinese mustards》。

5 月 1 日，华北农业科学研究所成立，担任华北农业科学研究所副所长。

6 月 19 日，全国第一次科学界会议筹委会成立，戴松恩为筹备委员会成员。

7 月 13 日，参加在北平举行的中华全国第一次自然科学工作者代表大会筹委会全体会议。

1950 年

2 月 24 日，在华北农业科学研究所参加华北农业技术工作会议。

2 月，在华北农业科学研究所编译委员会编辑的《米丘林学说介绍（第一集）》中刊载《米丘林学说的成就和理论》。

11 月，参与北京农业科学工作者联名发表抗击美国侵略的书面意见，在《光明日报》刊发《我们要求予侵略者以打击，华北农业科学工作者二十六人联名发表书面意见》，要求采取一切有效办法，粉碎美国的侵略计划，巩固中国国防，并且号召所有的农业科学工作者克服一切困难、改良生产技术、用增产来支援反侵略运动。

1951 年

2 月 23 日，当选为北京市第三届各界人民会议代表。

7 月，成为中华全国科学技术普及协会会员。

10月，在《农业科学通讯》发表《二年来华北农业科学的进展》。

11月，在《农业科学通讯》发表《我对于提高单位面积产量运动的认识》。

1952年

1月，在《生物学通报》发表《我对米丘林生物科学采取了错误的态度》。

5月，在《科学通报》发表《批判我接受米丘林学说的抵抗思想和我所修订的系统育种法》。

6月30日，在《人民日报》发表《我对米丘林生物科学采取了错误的态度》。

7月，在《科学通报》发表《我对米丘林生物科学采取了错误的态度》。

9月27日，在《人民日报》与农业科学家联名发表《国际科学委员会的报告书给全世界科学家指出了道路》，结合《调查在朝鲜和中国的细菌战事实国际科学委员会报告书》的发布，谴责在朝鲜战争期间帮助美国使用细菌武器的"科学工作者"。

1954年

6月25日，当选北京市第一届人民代表大会代表。

9月，在《农业科学通讯》发表《新中国五年来农业科学的主要成就》。

1955年

6月，当选为中国科学院生物学地学部学部委员。

11月4日，被聘为中国科学院植物研究所学术委员会委员。

1956年

4月，参加我国十二年科学技术发展远景规划（1956—1967）会议，并主持农业科技规划说明书的全部定稿工作。在规划会议上作了《关于发展我国农业和畜牧业问题》的报告，提出了有益的建议。

5月26日，作为参加国家十二年科学技术发展远景规划（1956—

1967）会议的科学家参加了周恩来总理在中南海怀仁堂举行十二年科技发展远景规划招待酒会。周恩来总理希望他搞好小麦研究工作，嘱咐他"希望你用科学技术增多小麦，让人人都能吃上白面"。

6月14日，作为参加国家十二年科学技术远景发展规划（1956–1967）会议的科学家受到毛泽东、周恩来、朱德、陈云、林伯渠、邓小平、聂荣臻等国家领导人的接见。

7月27日，第一次向党组织提出入党申请。

8月10日—25日，在青岛参加由中国科学院生物学地学部副主任童第周主持，中国科学院与高等教育部联合召开的遗传学座谈会。

8月24日上午，戴松恩作为小组召集人，在"遗传学的研究与教学问题"第十四次座谈会上，对遗传学研究和教学问题发言。

12月26日，当选北京市第二届人民代表大会代表。

1957年

3月，被聘为中国农业科学院学术委员会委员、中国农业科学院农学组副组长。

4月，在北京参加作物遗传选种座谈会，并总结出席代表提出的意见。

5月3日，在北京参加如何进一步贯彻"百家争鸣"和遗传学研究单位的设置、遗传学的教育等问题的讨论会，并在会议上发言。

5月15日—5月18日，受邀参加中国农业科学院中共党委会农业科学家整风座谈会，讨论农业科学工作中的矛盾和对该院党组织提意见，以帮助整风。

5月24日—5月26日，参加中国科学院学部委员会第二次全体会议，在生物学部的分组会上，就发展我国遗传学的问题作了发言。

7月24日，被聘为国务院科学规划委员会农业组委员。

7月，在国家十二年科学技术发展远景规划会上作的报告《关于发展我国农业和畜牧业的问题》，由科学普及出版社出版。

9月6日，在《人民日报》发表《科学家要密切联系群众》。

11月，随同以郭沫若为团长的"中国访苏科学技术代表团"赴苏联进行为期两个多月的考察访问。

12月30日，被农业部任命为中国农业科学院作物育种栽培研究所副所长。

1958年

3月，从苏联访问回国后，在《农业学报》发表《关于农学及园艺等方面的访苏传达报告》。

7月，《新疆农业科学通讯》刊登他在北疆地区小麦现场会议上的讲话：《关于新疆农业增产措施的几点意见》。

10月，参与制定的《1956—1967年科学技术发展远景规划纲要（修正草案）通俗讲话》，由科学普及出版社出版。

1959年

3月，在《中国农业科学》发表《鼓舞和启发》。

8月25日，撰写《1959年国庆到1969年国庆十年红专规划》。

8月30日，批改《作物所干部十年红专规划》。

1960年

2月21日，撰写《海南科学工作鉴定》。

10月19日，撰写《自我鉴定》。

12月，被任命为中国农业科学院副秘书长。

12月26日，当选为第四届北京市人民代表大会代表。

1961年

8月，在《中国农业科学》发表《试论我国作物育种工作的发展问题》。

1962年

10月上旬，受国家科学技术委员会和农业部邀请参加在北京召开的农业科学家会议，商讨大力加强农业科学研究工作和农业科学技术队伍的问题，以适应我国农业技术改革的要求。会议期间受到周恩来总理、谭震林副总理、聂荣臻副总理的接见。

10月20日—11月7日，在北京参加由国家科学技术委员会和中央文化部召开的全国科学教育电影会议，并在会议上演讲。

1963年

1月，在《红旗》发表《充分发挥作物良种的增产作用》。

6月29日，被聘为中国科学院《科学通报》第五届编辑委员会委员。

7月13日，撰写《参加研究计划科学习到现阶段的收获》。

9月17日，在《人民日报》发表《试论作物栽培的科学实验问题》。

9月19日，与茅以升、王顺桐、张维、沈其益等一起赴北京站欢迎来我国参加1964年科学讨论会筹备会的朝鲜代表团和越南代表团。

9月24日，与侯德榜、管大同、沈其震、刘大年、黄继武、夏鼐等人一起在北京机场和车站迎接来我国参加科学讨论会筹备会的十二位外国科学家。

10月12日，陪同朝鲜、古巴、尼泊尔等三个国家的八位科学家到杭州访问。

11月，在《新疆农业科学》发表《试论作物栽培的科学实验问题》。

12月11日，当选北京市第五届人民代表大会代表。

1964年

2月13日，第二次向党组织提出入党申请。

4月，在 China Reconstructs 发表论文 Direction of Agricultural Research。

8月12日，成为北京科学讨论会的中国科学家代表团成员。

8月21日，与沈其益、程今吾等人一起在北京机场迎接参加北京科学讨论会的达荷美植物学教授格努姆·米歇利纳，马尔加什中华学校校长拉比阿扎·艾梅，塞拉勒窝内经济政治研究事务所秘书长菲利·法博埃以及加纳和几内亚科学代表团的部分成员。

8月31日，参与亚洲、非洲、拉丁美洲和大洋洲各国的二百七十位科学家联合签名，抗议美国侵略越南。

10月，《种子的科学》一文被中央人民广播电台文教科学部编入《种子的科学》中，由农村读物出版社出版。

12月，当选中华人民共和国第三届全国人民代表大会代表。

1965年

4月14日，妻子龚桂芬逝世。

10月10日，与周葆结婚。

1966年

3月30日，撰写《新中国的农业科学家们都在愉快地工作，为社会主义建设贡献出力量》。

4月，在 China Reconstructs 发表论文 Mass effects to extent improved seed。

1967年

3月5日，撰写《关于刘少奇来院我回忆的材料》。

1968年

3月25日，撰写《在这次"文化大革命"运动中认识到我是怎样一个人》。

7月10日，撰写《回忆在康奈尔大学参加的活动》。

10月13日，撰写《学习毛主席关于广大干部下放劳动的最新指示和〈关于正确处理人民内部矛盾的问题〉中〈知识分子〉的体会》。

10月20日，撰写《学习毛主席十月十六日最新指示及〈红旗〉杂志第四期社论的体会》。

10月25日，撰写《再学毛主席关于"吐故纳新"最新指示的体会（提纲）》《批判油料作物会议上的方针》。

11月25日，撰写《北平围城期间我和蒋鸿宾的接触情况的补充交代材料》。

12月，撰写《检查交代》。

1969 年

2 月 11 日，撰写《交代我的罪行》。

2 月 17 日，撰写《学习的文件要点和学习心得》。

6 月，撰写《关于华北所审干学习（即忠诚老实学习）的材料》。

8 月 9 日，撰写《北平围城期间的活动情况》。

9 月 21 日，撰写《关于在北平与国民党上层人物联系的情况》。

10 月 3 日，撰写学习心得及思想汇报。

1974 年

8 月 3 日，撰写《我的历史问题的检查交代》。

10 月 25 日，撰写《关于组织应变委员会的问题》《关于收藏反动证件的问题》《关于农林垦牧训练班讲课的问题》《关于农工运动委员会的问题》《关于国民党特别党员的问题》《关于参加素友社的问题》《关于美经局问题》。

1975 年

8 月，接到干校通知，调回北京。

9 月 10 日，到中国农业科学院政工组报到。

1977 年

10 月 18 日，撰写《要有一个好的科技规划》，在《人民日报》发表。

1978 年

1 月 6 日—8 日，参加中国农学会在京理事扩大会议并发言。

2 月 5 日，准备中国作物学会常务理事会座谈会材料。

2 月 11 日，参加中国作物学会常务理事扩大座谈会，并撰写《中国作物学会常务理事扩大座谈会纪要》。

2 月 26 日，撰写《中国作物学会一九七八年恢复活动计划纲要（草案）》。

2 月，撰写《中国作物学会常务理事扩大会议上的发言草稿》。

3月5日，撰写《缅怀敬爱的周总理》。

3月，出席全国科学大会。

7月6日—7月17日，参加在太原举行的全国农业学术讨论会并为作物育种二组记录。

7月27日，撰写《中国作物学会一九七九年学术会议计划之一、二、三（草案）》。

8月9日，在纪念毛主席视察山东省农科院二十周年棉花学术讨论会上代表杨显东发言。

9月25日，在中国科协研究室编的《科技工作者建议》上发表《关于迅速制定〈种子法〉的建议》。

10月6日，在南京参加中国遗传学会成立大会。

11月20日，填写《科学技术干部登记表》。

11月22日，撰写《关于迅速制定〈种子法〉的建议》，并抄送至《人民日报》科教部王友恭。

1979年

1月11日，与农业科学院、林业科研院、农机科研院等专家响应党的号召，为加快农业科技事业发展献策。

1月12日，撰写《农业现代化和粮食增产问题》。

1月26日，参加中国科学院在京学部委员在人民大会堂举行的茶话会。茶话会由中国科学院副院长、技术科学部主任严济慈主持。王震、方毅、邓颖超同志出席茶话会，并先后讲话。

1月27日，向全国科学技术协会建议尽快制定《种子法》，把良种的选育、鉴定、繁殖、推广、管理等用法律形式固定下来。

5月7日，被聘为农业部科学技术委员会委员。

5月12日，在北京出席农业部科学技术委员会成立大会。

8月25日，当选中国人民政治协商会议北京市第五届委员会委员。

10月20日，当选中国民主同盟第四届中央委员会委员。

11月1日，出席中国科学院建院三十周年纪念会。

1980 年

1 月 4 日，撰写《普通小麦非整倍体的理论和应用的研究》。

1 月，在《农业科技通讯》发表《为什么研究小麦非整倍体》。

1 月，撰写《中国科学院学部委员戴松恩》。

2 月 16 日，在中国农业科学院，参加华国锋主席与农业科学家的座谈会，就如何加速我国农业现代化建设进行讨论。

2 月，译著《普通小麦的非整倍体》由中国农业科学院科技情报研究所出版。

3 月 8 日—12 日，在北京主持召开了全国小麦非整倍体研究第一次座谈会。

3 月 12 日，撰写《全国小麦非整倍体研究座谈会纪要》。

3 月，参与撰写《小麦非整倍体研究第一阶段工作小结》。

4 月 29 日，向中国农业科学院领导汇报全国长期规划座谈会会议的基本情况。

5 月 1 日，提交入党申请书。

5 月，修改《关于加速我国农业现代化建设的设想调查、编写提纲》。

6 月 4 日，撰写向规划组的汇报稿《关于加速我国农业现代化建设的设想》。

8 月 25 日，当选中国人民政治协商会议第五届全国委员会委员。

8 月，被任命为中国农业科学院研究生院副院长，同时担任国家科委发明委员会农林组组员。

8 月 29 日，撰写《关于保护森林、草原、湖泊的建议》提案草稿。

12 月 10 日，参与撰写《小麦非整倍体一九八〇年工作总结》。

1981 年

3 月 20 日，在《中国农业科学》发表《"京红一号"春小麦单体系统的育成》。

6 月 12 日，被聘为国务院学位委员会农学学科评议组成员。

6 月 25 日，被聘为《中国农业百科全书》总编辑委员会委员。

7月18日，被聘为《中国大百科全书》农业卷编委会委员兼农艺编写组主编。

8月6日，在《人民日报》第三版发表《围湖造田后果严重，科技工作者对发展多种经营的建议》的文章。

11月，参加中国人民政治协商会议第五届全国委员会第四次会议。

12月11日，中国人民政治协商会议第五届全国委员会第四次会议结束后，在空军招待所写发言稿，对依靠政策和科学，加快农业发展，提高全体劳动者的科学文化水平，大力组织科研攻关提出建议。

1982年

2月5日，提交入党申请书。

4月10日—15日，在陕西武功出席中国遗传学会召开的植物体细胞遗传和染色体工程学术讨论会，并在会上成立的染色体工程协作组中负责非整倍体研究。李振声参加并提交了论文《蓝粒单体小麦研究》。

4月20日，被聘为《中国农业百科全书》农作物卷编辑委员会委员。

5月9日，撰写《课题名称与一九八二年进度要求》《小麦非整倍体研究及其应用》。

5月31日，撰写对董玉琛晋升研究员的评述。

6月1日，参加谈十二大战斗任务会议，并发言。

6月19日，撰写《紧急呼吁采取速效措施使高级科技人员能够更好地发挥他们对祖国四化的作用》。

7月31日，第三次向党组织申请入党。

8月24日，撰写《对中国共产党的认识（着重三中全会以后）以及我为什么参加党（补充材料）》。

8月25日，撰写《入党志愿书的补充部分》。

8月27日，撰写《戴松恩个人情况及入党志愿书》。

8月30日，在支部大会上被通过为中共预备党员。

9月19日，参加光明日报举办的学习十二大文件心得体会座谈会，作了题为"努力做好农业科研和教育工作"的发言。

10月5日，撰写《论农业推广》。

10月14日，撰写《戴松恩自传》（留底为《山西农业科学》发表准备）。

11月15日，撰写《关于我院研究生院招收在职研究生的建议》。

11月28日，撰写《重视农业推广，使农业科学技术真正转化为生产力》。

11月，参加中国人民政治协商会议第五届全国委员会第五次会议。

12月20日，修改《品资所"六五"规划和"七五"设想》。

12月，为《现代农学家传记》约稿写初稿。

12月，撰写《1983年小麦非整倍体研究计划草稿》。

1983年

1月，《献身于祖国的大农业》被《科学家谈理想》收录，由安徽人民出版社出版。

2月21日，在中国农业科学院领导向农业部部长何康汇报改革情况的会议上，汇报中国农业科学院与北京农业大学（今中国农业大学）协作培养研究生的意见和方案。

2月24日，准备正式上报材料《小麦非整倍体研究与利用》。

3月3日，撰写《一点贡献》。

5月8日，当选中国人民政治协商会议第六届全国委员会委员。

6月2日，撰写《中国人民政治协商会议全国委员会委员提案：大抓耕地以确保粮食生产以及提案的草稿》。

6月4日，撰写《中国人民政治协商会议全国委员会委员提案：建议中央和省级农业科学研究单位设立推广部门以利把科研成果迅速转化为生产力》。

6月4日—6月22日，出席中国人民政治协商会议第六届全国委员会第一次会议，并发表题为"必须保证耕地的数量和质量"的发言。

7月，在福州参加中国遗传学会第二次代表大会。

8月30日，在中国农业科学院研究生院党支部大会上转为中共正式党员。

9月，撰写《关于加强我院研究生院工作的请示报告》。

12月27日，当选为中国民主同盟第五届中央委员会顾问。

1984 年

1月11日，获中国农学会表彰。

1月11日，给刘旭撰写申请硕士学位个人评语（草稿）。

1月30日，撰写《小麦非整倍体研究与利用工作汇报》。

2月26日，被中国农学会评为"从事农业科研、教学、推广或行政工作五十年以上；年逾七十五岁的老一辈农业科学家"。

2月27日，撰写《小麦非整倍体研究与利用1984年工作计划》。

3月5日，撰写《小麦试验材料播种计划表》。

10月15日，撰写《关于"小麦非整倍体研究与利用"课题的工作汇报》。

12月5日，撰写《小麦非整倍体研究与利用一九八四年实际执行情况的文字摘要》。

12月，获中国农业科学院学术委员会表彰。

1985 年

1月31日，撰写《小麦非整倍体研究与利用项目初步工作总结、1985年工作计划纲要及七五计划纲要》。

6月10日，获中国农业科学院学位评定委员会的表彰。

7月，获中国民主同盟北京市委员会颁发的荣誉证书。

8月，获国务院学位委员感谢信及纪念品。

10月9日，获中国科学院颁发的"从事科学工作五十年"荣誉奖状。

1987 年

1月8日，被选为中国民主同盟中央参议委员会委员。

7月31日，因病在北京逝世。

附录二 戴松恩主要论著目录

一、论文

[1] 戴松恩. 中俄美小麦品种杂交之遗传研究摘要 [J]. 农报, 1937, 4 (21).

[2] 戴松恩. 美国产谷州参观记 [J]. 农报, 1937, 4 (20).

[3] 戴松恩. 菜子人工自交影响研究之初步报告 [J]. 农报, 1940, 5 (13-15).

[4] 戴松恩. 抗建期中玉米杂交种之推广问题 [J]. 农报, 1941, 6 (10-12).

[5] 戴松恩, 姜秉权. 菜子育种方法之我见 [J]. 农报, 1941, 6 (1-3).

[6] 戴松恩, 姜秉权, 王焕如. 小麦品种抗赤霉病之育种问题 [J]. 农报, 1941, 6 (28-30).

[7] 戴松恩. 川东及川西菜子栽培调查 [J]. 农报, 1941, 6 (16-18).

[8] 戴松恩. 鄂西、鄂北林业调查报告（1943年6月12日）[J]. 湖北档案史料, 1984年第四辑.

[9] 戴松恩. 告别湖北友 [N]. 新湖北日报, 1944-03-28.

[10] 戴松恩. 湖北农业改进之过去与将来 [N]. 新湖北日报, 1944-03-28.

[11] 戴松恩. Effects of selfing in Chinese Mustards [J]. Peking Natural History Bulletin, 1948.

[12] 祖德明, 戴松恩, 叶笃庄. 米丘林介绍 [N]. 人民日报, 1950-01-25 (4).

[13] 戴松恩. 米丘林的理论和成就 [C] // 华北农业科学研究所编译委员会. 米丘林学说介绍第一集.1950.

[14] 戴松恩. 关于米丘林方向的研究问题 [J]. 农业科学通讯, 1950, 10.

[15] 戴松恩. 纪念五一作物育种工作者应有的认识 [J]. 农业科学通讯, 1951 (5).

[16] 戴松恩. 关于改变植物遗传性试验的问题 [C] // 米丘林生物学介绍. 1951 (6).

[17] 祖德明, 戴松恩. 二年来华北农业科学的进展 [J]. 农业科学通讯, 1951 (10).

[18] 戴松恩. 我对于提高单位面积产量运动的认识 [J]. 农业科学通讯, 1951 (11).

[19] 戴松恩. 我对米丘林生物科学采取了错误的态度 [J]. 生物学通报, 1952 (1).

[20] 戴松恩. 批判我接受米丘林学说的抵抗思想和我所修订的系统育种法 [J]. 科学通报, 1952 (5).

[21] 戴松恩. 我对米丘林生物科学采取了错误的态度 [N]. 人民日报, 1952-06-30 (3).

[22] 戴松恩. 我对米丘林生物科学采取了错误的态度 [J]. 科学通报, 1952 (7).

[23] 戴松恩. 华北农业科学研究所一九五三年农村工作的初步成绩 [N]. 光明日报, 1954-01-11 (2).

[24] 戴松恩. 新中国五年来农业科学的主要成就 [J]. 农业科学通讯, 1954 (9).

[25] 戴松恩. 遗传学座谈会发言记录 [C] // 遗传学座谈会发言记录. 科学出版社.1956.

[26] 戴松恩. 发展遗传学问题［C］//中国科学院学部委员会第二次全体会议大会发言汇集.1957.

[27] 戴松恩. 科学家要密切联系群众［N］. 人民日报, 1957-09-06（7）.

[28] 戴松恩. 只有在中国共产党领导下才能开展我国社会主义农业科学研究工作——斥民盟提出的反社会主义科学纲领［J］. 中国农业科学, 1957（9）.

[29] 戴松恩. 我们面临的新任务与新形势［C］//1956—1967年科学技术发展远景规划纲要（修正草案）通俗讲话.1958.

[30] 戴松恩. 把心里话讲出来, 把心交给党和同志［C］//中国农业科学院整风办公室. 交心运动大字报集锦.1958.

[31] 戴松恩. 关于新疆农业增产措施的几点意见［J］. 新疆农业科学通讯, 1958（1）.

[32] 戴松恩. 关于农学及园艺等方面的访苏传达报告［J］. 农业学报, 1958.

[33] 戴松恩. 上了深刻的一课——参观天津专区洼地改造的体会［N］. 1958.

[34] 戴松恩. 鼓舞和启发［J］. 中国农业科学, 1959（3）.

[35] 戴松恩. 试论我国作物育种研究工作的发展问题［J］. 中国农业科学, 1961（8）.

[36] 戴松恩. 我对"以农业为基础"的一点体会［N］. 中央盟讯, 1962-11-30.

[37] 戴松恩. 充分发挥作物良种的增产作用［J］. 红旗, 1963（2）.

[38] 戴松恩. 试论作物栽培的科学实验问题［N］. 人民日报, 1963-09-17（5）.

[39] 戴松恩. 试论作物栽培的科学实验问题［J］. 新疆农业科学, 1963（11）.

[40] 戴松恩. Directions of Agricultural Research［J］. China Reconstructs, 1964（4）.

[41] 戴松恩. 试论作物栽培的科学实验问题［N］. 人民日报, 农业科学

文选（第二辑）.1964.

[42] 戴松恩. 新中国的农业科学研究工作［J］. 国庆特稿，1964.

[43] 戴松恩. 种子的科学［M］// 中央人民广播电台文教科学部编. 种子的科学. 农村读物出版社，1964.

[44] 戴松恩. Mass Effects to Extend Improved Seed［J］. China Reconstructs，1966（4）.

[45] 戴松恩. 缅怀敬爱的周总理. 内部资料，1978.

[46] 戴松恩. 关于迅速制定《种子法》的建议［C］// 中国科协研究室编. 科技工作者建议.1978（14）.

[47] 戴松恩. 为什么研究小麦非整倍体［J］. 农业科技通讯，1980（1）.

[48] 戴松恩. 关于保护森林、草原、湖泊的建议案［C］// 中国人民政治协商会议第五届全国委员会第三次会议提案和提案审查意见（草案）第61号.1980：88.

[49] 戴松恩. 建议黑龙江省商品粮基地着重提高单产，而不是以开荒来扩大商品粮基地案［C］// 中国人民政治协商会议第五届全国委员会提案办理情况汇编（第十一辑）第136号.1981：4.

[50] 戴松恩. 围湖造田，后果严重：科技工作者对发展多种经营的建议［N］. 人民日报，1981-08-06（3）.

[51] 戴松恩. 京红1号春小麦单体系统的育成［J］. 中国农业科学，1981（3）.

[52] 戴松恩. 关于学习赵总理《经济振兴的一个战略问题》讲话的一些体会（一）［J］// 政工简报，1982（34）.

[53] 戴松恩. 重视农业科学技术推广，使农业科学技术真正转化为生产力案审查意见［C］// 中国人民政治协商会议第五届全国委员会第五次会议提案和提案审查意见，第四分册，第373号.1982：55.

[54] 戴松恩. 重视农业科学技术推广，使农业科学技术真正转化为生产力案［C］// 中国人民政治协商会议第五届全国委员会第五次会议提案和提案审查意见，第四分册，第373号.1982：137.

[55] 戴松恩. 献身于祖国的大农业［C］// 科学家谈理想. 安徽人民出版

社，1983.

［56］戴松恩. 大抓耕地，以确保粮食生产案［C］// 中国人民政治协商会议第六届全国委员会第一次会议提案和提案审查意见，第五分册，第 470 号.1983：15.

二、著作、译作

［1］戴松恩. 关于发展我国农业和畜牧业的问题［M］. 科学普及出版社，1957.

［2］E. R. 西尔斯. 普通小麦的非整倍体［M］. 戴松恩，译. 中国农业科学院科技情报研究所，1980.

参考文献

[1] 江苏省常熟市地方志丛书《沙家浜镇志》编纂委员会. 沙家浜镇志[M]. 北京：方志出版社, 2013：61-62.

[2] 戴松恩. 献身于祖国的大农业[C]//科学家谈理想[M]. 合肥：安徽人民出版社, 1983：40-46.

[3] 葛明宇. 中央大学农学院和金陵大学农学院的比较研究[D]. 南京农业大学, 2013：12.

[4] 沈志忠. 近代中美农业科技交流与合作研究[D]. 南京农业大学, 2004：19.

[5] 石松, 盛邦跃. "教育援外"视角下的"中国作物改良合作计划"[J]. 南京社会科学, 2016（10）：146-151.

[6] 沈宗瀚. 沈宗瀚自述（中）——克难苦学记[M]. 黄山书社, 2011, 130;168-169.

[7] 沈志忠. 近代中美农业科技交流与合作研究[M]. 中国三峡出版社, 2008：31.

[8] 张瑞胜. 金陵大学与康奈尔大学作物改良合作计划研究（1925-1931）[D]. 南京农业大学, 2014.

[9] 金富军. 清华大学留美公费生考试制度考察[J]. 清华大学学报（哲学社会科学版）, 2015（3）：141.

[10] 曾宇石, 吴元厘, 黄侃如. 抗日战争时期的中央农业实验所[J]. 中国科技

史料, 1992（3）: 59-65.

［11］孔玲. 抗战时期"贵州农业改进所"对贵州农业经济开发的推动作用［J］. 贵州社会科学, 1995（3）: 90-95.

［12］何辑五. 十年来贵州经济建设［M］. 南京: 南京印书馆, 1947: 79.

［13］贵州省志编纂委员会, 贵州省志·烟草志［M］. 贵阳: 贵州人民出版社, 2000: 8.

［14］裴晓红. 风雨同舟话当年: 记曾经在贵州省农业改进所工作过的农业科学家［J］. 贵州农业科学, 2005（S1）: 123-125.

［15］程玉香. 孔祥熙与其创办的铭贤学校［J］. 山西档案, 2009（3）: 51-53.

［16］陈刚. 湖北省农业改进所研究（1937-1949）［D］. 华中师范大学, 2009: 8-10.

［17］杨珉. 中央农业实验所与中国农业改进（1932-1949）［D］. 南京农业大学, 2011: 22.

［18］沈宗瀚. 沈宗瀚自述（下）: 中年自述［M］. 黄山书社, 2011: 331-336.

［19］谈家桢, 赵功民. 中国遗传学史［M］. 上海科技教育出版社, 2002: 442-443.

［20］樊洪业. "中华全国第一次自然科学工作者代表大会筹备会"留影［J］. 中国科技史杂志, 2013, 34（1）: 74-77, 143.

［21］王扬宗. 1955年第一批学部委员的选聘［N］. 中国科学报, 2014-05-09（19）.

［22］郭沫若. 加强中苏科学合作为促进科学事业的大跃进而战斗——访苏科学技术代表团总结报告（摘要）［J］. 科学通报, 1958（7）: 198-202.

［23］瑜. 我国访苏科学技术代表团、中国科学院代表团赴苏［J］. 科学通报, 1957（22）: 702.

［24］赵功民. 建国初期的中国遗传学（上）［J］. 生命世界, 2009.

［25］张淑华. 米丘林学说在中国的传播［D］. 中国科学技术大学, 2012: 28, 101.

［26］Lenin Academy of Agricultural Sciences of the U.S.S.R. 生物科学现状——全苏列宁农业科学院1948年会议逐字记录［M］. 华北农业科学研究所, 东北农学院, 译. 财政经济出版社, 1955: 632-635.

［27］陈清泉. 陆定一推行"双百"方针始末［J］. 炎黄春秋, 2000（9）: 30.

［28］陈清泉，宋广渭．陆定一传［M］．中共党史出版社．1999：414-417.

［29］毛泽东．建国以来毛泽东文稿：第6册［M］．中央文献出版社，1992：105.

［30］陆定一．陆定一文集［M］．人民出版社，1992：510-511.

［31］赵功民．建国初期的中国遗传学（下）［J］．生命世界，2009：73.

［32］遗传学座谈会会务小组．遗传学座谈会发言记录［M］．科学出版社，1957：256-268.

［33］黄佩民．中国农业科学院成立的前后［J］．古今农业，2007（02）：101-109.

［34］中央人民广播电台文教科学部．种子的科学［M］．农村读物出版社，1964，72-89.

［35］中国农业科学院．中国农业科学院院志：1957—1997［M］．中国农业科学技术出版社，2001：19-20.

［36］刘大钧．非整倍体在小麦遗传育种研究中的利用［J］．南京农业大学学报，1981（4）：21-31.

［37］戴松恩，张玉兰，杜娟．为什么研究小麦非整倍体［J］．农业科技通讯，1980（1）：2，5-7.

［38］所志编纂委员会．中国农业科学院作物育种栽培研究所所志［M］．中国农业科学技术出版社，2007：316.

［39］叶兴国，樊路．小麦Ph基因系的研究与利用现状（综述）［J］．麦类作物学报，1991（6）：17-19.

［40］张洪生．云南小麦的染色体组和组型分析［D］．中国农业科学院．1983.

［41］刘旭．"新疆小麦"染色体组型的初步分析［D］．中国农业科学院．1983.

［42］邓小平．在全国科学大会开幕式上的讲话（一九七八年三月十八日）［J］．农林科学实验，1978（01）：7-14.

［43］马世昌．喜迎科学的春天：中国农学会召开全国农业学术讨论会［J］．中国兽医杂志，1979（01）：43.

［44］纪念毛主席首次视察山东省农业科学院二十周年棉花学术讨论会纪要［J］．山东农业科学，1978（03）：5-8.

［45］纪念毛主席视察山东省农业科学院二十周年棉花学术讨论会纪要［J］．棉花，1978（05）：1-2.

［46］周长年．为加快四个现代化建设，很多专家、学者积极献计献策［N］．人民日报，1979-02-02（4）.

［47］河北省、黑龙江省制订出地方种子法［J］. 种子通讯，1984（01）：48.

［48］中国农业现代化建设理论、道路与模式研究组. 中国农业现代化建设理论道路与模式［M］. 山东科学技术出版社，1992.

［49］农业科学院、林业科研院、农机科研院许多专家响应党的召号，为加速农业现代化献计献策［N］. 人民日报，1979-01-11（1）.

［50］听取加速农业现代化建设的意见，华国锋等同志同农业科学家座谈［N］. 人民日报，1980-02-17（1）.

［51］戴松恩. 围湖造田，后果严重：科技工作者对发展多种经营的建议［N］. 人民日报，1981-08-06.

［52］中国农业科学院研究生院. 中国农业科学院研究生院志（1979-2009）［M］. 中国农业科学技术出版社，2001：2-3，11，93.

［53］中国农业科学院. 中国农业科学院院志（1957—1997）［M］. 中国农业科学技术出版社，2001：140-141.

后 记

戴松恩学术成长采集项目的顺利完成是课题组所有成员辛勤劳动的成果，正如魏源所言"孤举者难起，众行者易趋"。课题立项时，戴松恩院士仙逝近三十年，许多戴松恩院士的同事也已过世，口述访谈工作难度大，而戴松恩院士家属处所存资料也较少，单位仅有人事档案，资料采集甚至曾一度陷入停顿。在课题组成员的坚持下，不断通过各种方式拓宽资料采集途径，抓住关键线索，深入挖掘资料。我们先是在常熟档案馆采集到大量戴松恩院士的手稿、照片、论文、著作等资料，随后在家属的帮助下，又采集到了大量戴松恩院士未刊发的文章手稿、照片等珍贵资料。在贵州档案馆、贵州省烟草科学研究院我们采集到了戴松恩院士在贵州工作时期的相关资料。聚沙成塔，集腋成裘，至2017年底，我们居然一共采集了2020件资料，其中有1043件实物资料，这不仅超出了我们的预期，也让课题管理方称赞。这一切没有课题成员的群策群力，众志成城，仅凭某人一己之力，实在是难以做到。正是基于这些资料，我们对戴松恩院士学术成长进行了研究，最终形成了这份研究报告。

感谢课题组所有成员的辛勤付出，感谢刘旭院士对课题的总体协调和指导，感谢祁葆滋研究员和陈新华研究员对研究报告的审读和建议，感谢杨建仓研究员对课题日常的管理以及不遗余力地寻找和联系访谈对象，感谢李平、王雯玥在资料采集整理、口述访谈等工作中的付出。感谢戴松恩院士的家属戴蜀珏女士、孙序女士等对采集工作的大力支持。感谢中国农业科学院作物科学研究所景蕊莲研究员、李立会研究员，西北农林科技大学中国农业历史文化研究中心樊志民教授、中国农业博物馆曹幸穗研究员、中国科学院自然科学史研究所曾雄生研究员对研究报告提出的诸多有益建议。

感谢在采集过程中提供过帮助和支持的所有单位和个人。感谢中国农业科学院、中国农业大学、清华大学、中国国家图书馆、中国第二历史档案馆、南京农业大学、南京大学、江苏省农业科学院、贵州省农业科学院、贵州省烟草科学研究院、贵州省档案馆、常熟市档案馆、常熟市图书馆等单位为我们查阅资料提供便利。感谢庄巧生院士、李振声院士、钱曼懋、朱德群、陆平、戴蜀珏、祁葆滋、黄佩民、杜娟、张洪生、钱勇等戴院士生前好友、同事、学生及家属接受访谈并提供了珍贵的资料。

感谢老科学家学术成长资料采集工程的樊洪业研究员、张藜研究员、熊卫民研究员、吕瑞花研究员等专家对采集工作的指导和建议，感谢中国科协和北京市科协的高文静、张海新、陈静、刘阳等对我们工作的帮助和指导。感谢北京理工大学老科学家学术成长资料采集工程馆藏基地的王彦煜、高天平、陶平、李志东等在资料归档上提供的帮助。

苏轼曾言"古之立大事者，不惟有超世之才，亦必有坚忍不拔之志"。戴松恩院士家境贫寒，是逆境中成长起来的农业科学家。若以超世之才来形容，或许有所过誉，但他坚忍不拔，为祖国农业献身之志，实可当。"文章千古事，得失寸心知"。历史人物的刻画，难在传神。我们的研究偏重于戴院士学术成长历程及其科学精神，然而戴松恩院士不仅是一位农业科学家，还是一位父亲，是一位师长。我们只是试图勾画出他科学家的肖像，即便如此，由于部分资料缺乏，我们的研究还有待完善。欲言饱满尚难，更奢谈传神。期盼更多的学者从不同的侧面进行研究，使戴院士的形象更为立体和生动。由于撰写者才疏学浅，不当之处，还请各位读者和方家指正。

老科学家学术成长资料采集工程丛书
已出版（139种）

《卷舒开合任天真：何泽慧传》　　《此生情怀寄树草：张宏达传》
《从红壤到黄土：朱显谟传》　　　《梦里麦田是金黄：庄巧生传》
《山水人生：陈梦熊传》　　　　　《大音希声：应崇福传》
《做一辈子研究生：林为干传》　　《寻找地层深处的光：田在艺传》
《剑指苍穹：陈士橹传》　　　　　《举重若重：徐光宪传》

《情系山河：张光斗传》　　　　　《魂牵心系原子梦：钱三强传》
《金霉素·牛棚·生物固氮：沈善炯传》《往事皆烟：朱尊权传》
《胸怀大气：陶诗言传》　　　　　《智者乐水：林秉南传》
《本然化成：谢毓元传》　　　　　《远望情怀：许学彦传》
《一个共产党员的数学人生：谷超豪传》《没有盲区的天空：王越传》

《含章可贞：秦含章传》　　　　　《行有则　知无涯：罗沛霖传》
《精业济群：彭司勋传》　　　　　《为了孩子的明天：张金哲传》
《肝胆相照：吴孟超传》　　　　　《梦想成真：张树政传》
《新青胜蓝惟所盼：陆婉珍传》　　《情系梁菽：卢良恕传》
《核动力道路上的垦荒牛：彭士禄传》《笺草释木六十年：王文采传》

《探赜索隐　止于至善：蔡启瑞传》《妙手生花：张涤生传》
《碧空丹心：李敏华传》　　　　　《硅芯筑梦：王守武传》
《仁术宏愿：盛志勇传》　　　　　《云卷云舒：黄士松传》
《踏遍青山矿业新：裴荣富传》　　《让核技术接地气：陈子元传》
《求索军事医学之路：程天民传》　《论文写在大地上：徐锦堂传》

《一心向学：陈清如传》　　　　　《铃记：张兴铃传》
《许身为国最难忘：陈能宽传》　　《寻找沃土：赵其国传》

《钢锁苍龙　霸贯九州：方秦汉传》
《一丝一世界：郁铭芳传》
《宏才大略　科学人生：严东生传》

《虚怀若谷：黄维垣传》
《乐在图书山水间：常印佛传》
《碧水丹心：刘建康传》

《我的气象生涯：陈学溶百岁自述》
《赤子丹心　中华之光：王大珩传》
《根深方叶茂：唐有祺传》
《大爱化作田间行：余松烈传》
《格致桃李半公卿：沈克琦传》
《躬行出真知：王守觉传》
《草原之子：李博传》

《我的教育人生：申泮文百岁自述》
《阡陌舞者：曾德超传》
《妙手握奇珠：张丽珠传》
《追求卓越：郭慕孙传》
《走向奥维耶多：谢学锦传》
《绚丽多彩的光谱人生：黄本立传》

《此生只为麦穗忙：刘大钧传》
《航空报国　杏坛追梦：范绪箕传》
《聚变情怀终不改：李正武传》
《真善合美：蒋锡夔传》
《治水殆与禹同功：文伏波传》
《用生命谱写蓝色梦想：张炳炎传》
《远古生命的守望者：李星学传》

《探究河口　巡研海岸：陈吉余传》
《胰岛素探秘者：张友尚传》
《一个人与一个系科：于同隐传》
《究脑穷源探细胞：陈宜张传》
《星剑光芒射斗牛：赵伊君传》
《蓝天事业的垦荒人：屠基达传》

《善度事理的世纪师者：袁文伯传》
《"齿"生无悔：王翰章传》
《慢病毒疫苗的开拓者：沈荣显传》
《殚思求火种　深情寄木铎：黄祖洽传》
《合成之美：戴立信传》
《誓言无声铸重器：黄旭华传》
《水运人生：刘济舟传》
《在断了A弦的琴上奏出多复变
　　最强音：陆启铿传》

《化作春泥：吴浩青传》
《低温王国拓荒人：洪朝生传》
《苍穹大业赤子心：梁思礼传》
《仁者医心：陈灏珠传》
《神乎其经：池志强传》
《种质资源总是情：董玉琛传》
《当油气遇见光明：翟光明传》
《微纳世界中国芯：李志坚传》
《至纯至强之光：高伯龙传》

《弄潮儿向涛头立：张乾二传》
《一爆惊世建荣功：王方定传》
《轮轨丹心：沈志云传》
《继承与创新：五二三任务与青蒿素研发》

《淡泊致远　求真务实：郑维敏传》
《情系化学　返璞归真：徐晓白传》
《经纬乾坤：叶叔华传》
《山石磊落自成岩：王德滋传》
《但求深精新：陆熙炎传》
《聚焦星空：潘君骅传》

《逐梦"中国牌"心理学：周先庚传》
《情系花粉育株：胡含传》
《情系生态：孙儒泳传》
《此生惟愿济众生：韩济生传》
《谦以自牧：经福谦传》

《世事如棋　真心依旧：王世真传》
《大地情怀：刘更另传》
《一儒：石元春自传》
《玻璃丝通信终成真：赵梓森传》
《碧海青山：董海山传》

《追光：薛鸣球传》
《愿天下无甲肝：毛江森传》
《以澄净的心灵与远古对话：吴新智传》
《景行如人：徐如人传》

《材料人生：涂铭旌传》
《寻梦衣被天下：梅自强传》
《海潮逐浪　镜水周回：童秉纲口述人生》

《采数学之美为吾美：周毓麟传》
《神经药理学王国的"夸父"：金国章传》
《情系生物膜：杨福愉传》
《敬事而信：熊远著传》

《恬淡人生：夏培肃传》
《我的配角人生：钟世镇自述》
《大气人生：王文兴传》
《历尽磨难的闪光人生：傅依备传》
《思地虑粮六十载：朱兆良传》

《心瓣探微：康振黄传》
《寄情水际砂石间：李庆忠传》
《美玉如斯　沉积人生：刘宝珺传》
《铸核控核两相宜：宋家树传》
《驯火育英才　调土绿神州：徐旭常传》

《通信科教　乐在其中：李乐民传》
《力学笃行：钱令希传》
《与肿瘤相识　与衰老同行：童坦君传》

《没有勋章的功臣：杨承宗传》　　《科学人文总相宜：杨叔子传》